任正非找北

王育琨 著

中国出版集团　东方出版中心

目　录

序言一

企业家的伟大不在于征服世界而在于服务世界

当代华为研究正从“任正非中心论”“华为神秘论”的机理转变为“历史发展过程的华为中心论”“华为社会空间中心论”。20多年来王育琨与华为伴生，成为享誉国内外的“华为文明”的诠释者，借助《任正非找北》，育琨深入挖掘华为公司优秀的文化基因，诠释了华为创新制胜的先进理念，实现超越华为内部和中国社会的文明交流。“千锤万凿出深山，烈火焚烧若等闲”，不少企业家通过阅读育琨的文字提高了企业管理效率，转变了企业战略。

1. 企业家的伟大之处不在于征服世界而在于服务世界

任正非是一个对世界充满感恩、充满谦卑的人物。他曾主动谢却中国100名“改革先锋”等表彰称号，他既没有把个人荣誉看得那么重，也不觉得自己有多么伟大。任正非属于当代中国最具历史境界的企业家。企业家的伟大之处不在于征服世界而在于服务世界。这一点任正非与乔布斯具有共同之处，他们都创造性地进化了自己的精神世界。任正非与乔布斯都是饱受磨难、坚忍卓绝的企业家，他们与同时代企业家相比更具有颠覆性。他们都想创造自己所受训练以外的至上产品，他们都有过灰暗沮丧的低谷经历，更拥有“千淘万漉虽辛苦，吹尽狂沙始到金”的苦尽甘来之时。他们都乐于自我批判，当没有或缺少对手时，坚持挑战自我，在原有的基础上不断进步。他们都是真正的强者，总想着去尝试更高的创新；他们都是商业大英雄，总想着去迎接更强的困难与挑战！

可以说，当代美国最伟大的企业家是乔布斯，当代中国最伟大的企业家是任正非。他们不是醉心于控制某种垄断产业，而是要摧毁旧有产业的完美，并以此不断改变自己，也不断改变自己的企业。他们始终追崇于创造唯美的世界产品，并力争把这些产品推向自己国度以外的世界，这就是伟大的企业家服务精神：用户不但是企业服务的中心，而且是企业家的精神中心。企业不竭追求的是技术竞争力，而华为的生命力就是依靠竞争获得的全球服务能力。19世纪美国杰出的诗人惠特曼也说过：“缺一即缺二，看不见的由看得见的证实，看得见的成为看不见的时，也会照样得到证实。”无论从产业知识相互激励的角度，还是从产品类升级竞赛方面来衡量，华为与美国市场都是永远相通的，中国与美国人民的友好也是不可分的！

华为对世界的改变是巨大的，他们实现了第一次不是由美国企业引导的信息基础设施的建构；任正非对中国企业家，特别是对中国科技企业家的影响也是巨大的，创造各个产业界的“华为”正在成为一大批中国企业家的行动目标！华为产品改造世界与华为精神改变中国企业是同等重要的，前者造就的产品伴随江河流转会不断转变，而后者则会不断融合成为世界文明的一部分！

2. 华为是世界高端能力体系的全新样本

华为公司的基本理念："公司坚持以客户为中心、以奋斗者为本，持续改善公司治理架构、组织、流程和考核，使公司长期保持有效增长。"不少人近期与我讨论，觉得这些话有些陈言老套，并且认为华为产品并不是以消费者权益为核心的，其从3G到5G快速升级的信息基础设施，乃是由消费者最终承担了成本；中国通讯费用之昂贵，华为、中兴居间难辞其咎。我告诉他们华为的可贵之处在于，它并不是一家以追求市场垄断、价格控制的寡头地位为核心的企业，相反华为的生产力导致中国信息产业处于积极市场化的健康状态；华为也没有以控制金融、通讯、地产、基础设施等垄断产业为根本，"华为30年坚持聚焦在主航道，抵制一切诱惑；坚持不走捷径，拒绝机会主义，踏踏实实，长期投入，厚积薄发"。华为推动中国拥有了高端的现代产业集团，推动了世界信息文明的进步。华为既从事基础网络产品制造，也主营消费终端业务，其从3G到5G不断快速升级信息基础设施的动力更多来自中国的市场需求。作为北京第一代大哥大的使用者，在那个时代用户需要先缴纳2万多的费用，还要等待半年才能够开机使用，今天可以说饥饿消费信息产品的时代已经一去不复返了，中国通讯费用的昂贵并非制造类业企业之过。可以说，华为公司推动公司有效增长的核心力量是技术创新与奋斗者文明，这使得华为模式具有可持续性，华为是世界高端能力体系的全新样本！

3. 拥抱新的产业范式：一个世界，一个或多个共通的系统

我认为，虽然目前华为的年度科研经费投入已经超过中国科学院的年度经费，但是华为仍然处于追赶世界最领先的产业知识发明方式与产品消

费方式的状态；乔布斯发明的智能手机仍是主流，安卓系统仍引领着世界潮流，目前华为正处于转型成为发明知识综合体的大结构、大过程中。通过5G网络、5G终端、5G平台大的竞争互动，华为不是要战胜对手诺基亚、爱立信、Verizon等对手企业，而是要把世界最伟大的智力集中起来，构造一个可持续、不断智能化、拥有美感的社会。现今，网络、星端、云端、终端、芯片、机器学习等都面临着巨大颠覆与革命，这是一个让创造者、革新者可以有大发现、更有作为的时代！未来将会形成国际信息产业新范式：一个世界，一个或多个共通的系统！

4. 华为的发展说明了世界可以拥有多种创造的可能

正确认识华为，不但要从企业发展的方法论入手，也要立足于华为创新的认识论，只有从华为文明体系的独特性与交互性的角度才可以更友好地理解如下结论：华为的成功不在于说明世界只有一个可能，而是一个拥有多种创造可能的世界；如何实现这个无限可能的选项并不是华为主导的，而是由我们这个社会主导的；华为的历史不是一个被称为华为的企业要支配世界的历史，而是华为希望参加世界文明竞赛的过程！基于此，我认为华为发展的本质不是商业社会的征服者，而是商业文明的传播者！

值此全世界与新冠肺炎疾病博弈之际，王育琨完成了新作《任正非找北》，据我所知，华为集团内部也少有能这么废寝忘食、全身心投入研究华为文化、思考华为文明的“愚痴”了！但愿这份创造性的“愚痴”，走进每个新文明创造者和奋斗者的心里。

武建东

中国科学院研究员

2020年2月20日

序言二

任正非的意义

每一个时代都有一些杰出的人，他们的智慧和勇气，是这些时代的天空中闪亮的星辰，启发和指引了无数在自己的领域里摸索前行的人。在我看来，任正非就是我们这个时代的杰出者之一。然而即便是任正非，也有找不着北的时候，这是王育琨先生这本《任正非找北》引起我极大兴趣的原因之一。

很少有人像育琨这样把一个当代中国企业家的人生和思想进行如此深度的梳理和提炼。在中国，企业家是一个非常特殊的群体，既备受关注，又备受冷落。他们的成功与财富，总会成为人们关注的焦点，但他们的磨难、担当和自我涅槃，却很少有人真诚地关注。在一个排行榜流行的时代，人们热心于数字，而习惯了忽略鲜活的灵魂。

任正非先生的经历，是中国一代民营企业家的缩影。过去的30年，对于中国民营企业家来说，是一个波澜壮阔的时代，也是一个波诡云谲的时代，遍布机遇，也危机四伏，只有内心无比坚强、信念无比坚定、精力无比充沛的企业家才最终坚持了下来。正如任正非先生所说，“烧不死的鸟才是凤凰”。

他挺了下来，并且让华为成了一个史诗般的企业，但很少有人知道，任正非“奥德赛”般的人生经历如何成就了华为。

没有任何杰出是天生的。杰出是在大痛苦、大悲伤、大绝望中淬炼出来的，其中的甘苦，作为同时代的企业家，我有切身之感。我经营企业近30年，经历过迷茫、痛苦、绝望，被撕裂过，被碾碎过，被孤立过，也被误解过，甚至也曾经有过自杀的念头，全凭一口气坚持了下来。这口气，来自心中的信念、担当、使命感和一种与生俱来的乐观主义精神，对未来永远充满信心，抱有希望。我相信走过二三十年把企业带到今天的企业家们，或多或少都有过这样的经历。这也是为什么任正非的经历能够在一代企业家中引起广泛共鸣，也赢得了广泛尊重的原因之一。

育琨从任正非的人生历程切入，深度分析任正非内在的价值观、经营观和宇宙观，提炼出极有说服力的“正非灰度哲学”，其中也不乏著者自己的独到见解，令人耳目一新、受教良多。书名虽然叫《任正非找北》，但育琨写作本书的志向，恐怕也是在为中国企业家找北，为中国的制造业找北。这是一件非常有意义的工作，在倡导“实业兴国”的今天，任正非有先知般的洞见和实绩，他的身上汇聚了一个伟大企业家应该具有的人格、智慧、力量和精神感召力，毫无疑问，他是我们这个时代最伟大的中国企业家，育琨这本书，让我们更确信这一点。

罗　红

北京好利来集团董事长兼总裁

2020年2月8日

序言三

保持沉默是对任正非的最大支持

20多年前，认识任正非的人并不多。

那时候华为还在初创阶段，没有足够的影响力，任正非无法引起社会的关注。再加上那时的自媒体还没有起步，“人人传媒”的时代还没有到来，任正非幸运地被“冷落”在一旁，而能够专心致志地带领华为搞他的“产学研”，开发产品，服务客户。

这对任正非是幸运的事情。对一个一个专心于研发的科技及科技产业的管理人员而言，没有什么比拥有自由的空间更快乐了，因为研发需要思考，而思考最好不要被喧嚣随意打断。

在通讯技术及设备供应商群体里，华为的起步是最晚的。华为虽然起步很晚，但市场要求，绝不能因为生产及供应商的起步晚，就因此放低要求，从而降低标准。当今社会，对产品的出品标准，还是那句流行的话语：不问出处，只问价格和性能。也就是今天流行的概念——性价比。

任正非深知要从当时通讯业各大品牌雄踞天下、割据一方的格局中杀出一条血路，华为只有在性价比上下功夫，以远远高于其他品牌的性价比，才能在国际通讯市场这块大蛋糕里，切下属于华为的那一大块。

任正非经历的苦难，许多人想必都知道一些。那些年，华为从“十几个人、七八条枪”的团队，经过时光的磨炼和日月的荡涤，成为一个让世界惊叹的华为，出现在世人面前。基于性价比下的技术优势，华为取得傲人的战绩，而今雄霸天下。

市场来了，荣耀来了，麻烦当然也会来的。这是事物发展的基本规律。

我国由于科技长期落后的历史，所以一旦在某一方面取得成就，很多人就会雀跃起来。他们往往带着自己的揣测甚至臆想，自己把自己与华为绑架在一起，为华为呐喊，为华为“战斗”，满世界的偏激口号甚至观点极端的文章像雪片一样飞扬着……他们以为这样可以为华为助力，为中国人出气。

但是，他们哪里知道，华为已经是一个国际化大公司，拥有国际的资本、国际的人才、国际合作的研发、国际的供应商……当然，也会有国际纠纷。

许多人对国际司法不够熟悉，他们以为高昂的情绪可以淹没纷争和非议，根本不懂得一个铁的事实，那就是：有时一亿个口号，不如大法官的一张投票。

时光如梭，一转眼，华为经营这么多年，不可能没有一点瑕疵，就像一个人在成长的过程中，不可能没有一点疾病一样。尽管华为在不断地修正，但也难免不被别人找到这样那样的把柄。

如果大家都理性地支援华为，痛华为所痛，急华为所急，把对华为的爱护悄悄地放在心里，默默祈祷，而不是满世界的叫嚣。反之，用平和的情绪，把对华为的爱给足，一个对华为质量的肯定的支持的眼神，甚至真诚地说上一句：华为我越用越喜欢呢——这是华为人，也是华为的领路人任正非最需要的支持。

华为已经处在风口浪尖，任正非正是这浪尖上的一朵浪花。这朵浪花可以化成美丽的冰凌，也可被击得粉碎；这朵浪花可化成美丽的水雾消失；然而也可变成一颗璀璨的钻石……这都需要悄无声息的蓄足能量的内应力，这种内应力要在任正非的正确操盘下才能爆发，最后到达耀眼的顶峰。

王育琨本质上是个哲学家，做的是人的学问。在芸芸众生中，他选择了企业家作为他的观察、研究对象，这对转型中的中国，具有特别的意义。当今社会，又有哪类人有企业家那样丰富的人生阅历和跌宕起伏的落差？而中国商人中，又有谁经历了任正非的从创业到名扬天下、名扬天下到卷入国际纷争、从成立一家小作坊到成为国际领先公司的人生轨迹？王育琨选择了任正非，就像他当年选择稻盛和夫一样。这两位都是具有特性的企业家，对当今社会文明的推进无疑更具有标本价值。

几乎全世界都已经知道，任正非这次所处的浪尖更高、更险、更急。

王育琨深入华为体验、研究数年，他比我们大多数人都了解、理解任正非。任正非对王育琨来说既是研究的对象，又是知音。王育琨认真思考了任正非和他的华为公司，有时是跨越时空的畅想，有时是驰骋纵横的样本比对。他极为认真又无比从容地推敲自己的新著《任正非找北》里的每一个词、每一句话。《任正非找北》既是作为华为和任正非的研究者的学术探讨，也是王育琨对任正非的暗暗助力；《任正非找北》既是试图让华为及其领路人任正非快速走出困境的方案评估，也是王育琨对任正非的深深爱护；《任正非找北》既预示了华为在任正非的智慧的引领下的一次新的涅槃，也是王育琨对任正非一定能找到解决问题方法的坚信！

时间一天天地度过，任正非在马不停蹄地完善及修正华为这艘巨轮航行的方向和更合理的架构。王育琨作为研究华为的第一人，也在不断细致记录、深入思考，力图把一个个疑问变成系列合理的答案——这也是任正非及华为演化前进的过程中不可或缺的一部分。

我们坚信，在不久的未来，“任正非找北”一定能取得非凡的成功——这个“北”一定是透亮的、光明的。那么，现在这个“北”在哪里呢？我想，就在任正非的眼里、心里、情怀里。

最后我只想说：我们要相信任正非的智慧和定力。我们保持沉默，给任正非一个相对安宁的空间——这就是对华为、对任正非的最好的支持。

聂圣哲

同济大学教授、博士生导师

2020年1月8日于姑苏城外政华堂

序言四

寻找“真北”

前不久，王育琨老师发来他的新作《任正非找北》，读过之后，引发了我的强烈共鸣。

华为的发展史就是中国民营企业奇迹的诞生史。华为不仅超越了当初的梦想，还在无厘头的重压之下岿然屹立于市场。华为始终坚持“以客户为中心，以奋斗者为本，长期艰苦奋斗、坚持自我批判”，硬是把一群知识分子打造成了一支敢打硬仗、能打胜仗的铁军，这一点值得特驱集团和所有企业学习。

15年前，从创办特驱开始，我就一直关注、学习华为和任正非先生。刚刚创业的华为要在世界通信领域“三分天下有其一”的雄心壮志，对当时的我是一种莫大的激励。

“我们是凡人，但想凡人所不敢想；我们是常人，但做常人所不能做。不要问为什么，拼命干，打硬仗，打胜仗，答案只有一个：我们必须超越自我，成就一番伟业。”特驱创业之初，我在市场调研途中写下了这首一直激励着所有特驱人的“特驱宣言”。

华为对客户需求有着宗教般的虔诚。2000年前后，为了客户的利益，华为弃选小灵通技术战略，少赚了上百亿，几乎将华为推到倒闭的边缘，这件事给我留下了极其深刻的印象。

我们的梦想是打造一家世界级的农牧企业和食品企业，我们一定要拿出中国人的“神户牛肉”和“西班牙火腿”，为客户提供最好的产品，这需要几代人的努力才可能实现。为此，我们建立了国内顶级的科学家技术团队，以贯彻食品安全的全场域技术战略；我们正在建构养殖场3平方公里内的层层场域建设，我们还斥巨资从德国引进了产品技术保障体系。我们要把底盘打扎实，如琢如磨，拿出如华为5G一样“让大家不得不买”的好产品。

任总说：“我和华为没有成功，只有成长。”这话说到了我的心坎里了。做企业，永远只有成长，没有成功。我们要把这份生命成长的执着融入每个员工的血脉，勇于“折腾自己”“折磨干部”，以打造出一批超能力、超毅力、超执行力的“超人”，锻造出一支能长期保持艰苦奋斗精神的铁军。

有幸在学习华为和任正非先生的过程中，与王育琨老师成为知己。他撰写的《苦难英雄任正非》，我是最早的读者之一。几年来，我曾多次邀请他到特驱参观、考察、交流。今年春节前夕，我还曾邀请他到成都，当面向他请教“灰度哲学”和“反熵增”在企业经营管理上的运用，而这正是新书《任正非找北》的重要组成部分。

“灰度”这个词太有魅力了。我常常问自己和团队：“你灰度了吗?”场景不同，这句话的含义也不同，比如：“你空杯了吗?”“你开放了吗?”“你包容了吗?”“你担当了吗?”“你艰苦奋斗了吗?”“你自我批判了吗?”“你放下自以为是了吗?”“你开阔心胸了吗?”“你受得了委屈吗?”“你超越自己了吗?”每一问都会使自己心里一咯噔，都会使团队成员一激灵。“生命以负熵为生”，“华为以反惰怠为生”，华为的一系列“反熵增”文化，都引起了我的深度共鸣，特驱文化中的不少精神营养也由此而来。

在这里，我要真诚感谢华为和任正非先生，他们开启了许多企业寻找“真北”的征程。我也要感谢王育琨老师，他像一个至诚的布道者，传授着华为和任正非先生的“真北”，使人们能够在“没有方向、支离破碎、怀疑一切”中找到前进方向，不断健康成长。

王德根

华西希望集团副董事长，特驱事业创始人，德康集团董事长

2019年12月21日

序言五

光　明

要给育琨老师的新著《任正非找北》写序，于是我放下手头的一切，阅读手稿。在此间，我感受到了提升、整合和鼓励。

华为的历程，是任正非先生的一场内在精神体验，是对世间怀抱一颗温暖的“大悲心”，而不是从理性出发，以逻辑推理的方式揭开存在奥秘的一种冷漠的演绎思维的活动。此心经过长久的准备，百折不挠，发荣滋长，而成荫蔽众生的“菩提心”大树。执此“悲”“智”双运之心，任正非先生走在了坦荡的康庄大道上。他的心力和脚步坚定，纵使千难万险，也无法将他诱离正途。

只有觉悟可以击中存在的根本事实，因此开悟就是人生的一个转折点。任正非先生一次次的觉醒，透彻而又孑然直立。唯有坚强的灵性方可饱饮不竭的生命之泉。华为经历的每一场战役，都是任正非先生的“心战”。虔诚应战，不慌不乱，此心不动，随机而动。心中笃定，心体光明，世界就无有黑暗，智慧就无处不在。故而任正非可以游刃有余地应对诸般挑战，继而一胜到底。

一路迈进，任正非先生谨言慎行地践行着宇宙法则的客观规律，面对每一次劫难，他都以凝神近道、守中抱一的状态，与外在空间信息不粘连、不叠加 ，遇事降维处理，在此种境界里，生命会自现光明，自启能量。我们生活在一个叠加的、多维的平行世界里，每一个人都是独一无二的存在而且瞬息万变。敬仰任正非先生的“灰度”生命状态，可以游走在多维平行世界之间。他终将大彻大悟，走向无我，只为万有服务。有偈云：

受尽九磨十难，
了知世事无常；
涤尘尽现性光，
遍照天地十方。

细读《任正非找北》，育琨老师的文字是他这些年来与任正非先生持续的以心印心、悲智同体心的自然流淌。凝神聚气沉浸在手稿中，了了分明地触摸到一颗温柔的心，也感受到了写书人心无挂碍的纯然呈现——念如止水，光明自在。

敖丽金函

杭州豪兴医疗科技有限公司文化顾问

2019 年 12 月 17 日于杭州

前　言

华为以反惰怠为生

我用20多年的时间和精力，专注去凿任正非和华为这一口深井。聚焦一个目标，一究到底。哪知这口井越凿越深，越凿越泉思涌动，诚可谓，一透一切透。

2018年12月1日，孟晚舟被拘，她第一时间传给任正非的消息是："爸爸，这一切都是针对你的！"危机来势汹汹，不知去处。当时华为高管有一点紧张和焦虑。危急时刻，战士任正非毅然决定按计划赴阿根廷参加华为公司的变革会议；同时公司上下紧急动员起来进入战时状态，并有条不紊地展开了法务、"补洞"、公关三箭齐发的反击。在这种形势下，2019年初我推出了《苦难英雄任正非》。在我看来，任正非本是个俗人，硬是被一个又一个"灭顶之灾"，折磨成了一个英雄。

2020年初冠状病毒的疫情汹涌，同样不明来处也不知去时，人们六神无主陷入恐慌，做了不少傻事。宅在家里，我借机重温、梳理了这一年多来的诠释任正非访谈纪要的手稿。关于任正非的系列访谈实录有100多万字，它们最后发布时都由任正非亲自校对。他对文字很有感觉，每篇访谈，都充盈着他对宇宙人生更深远的追求和理解，诚可谓："淡泊呀，心如沉静的大海；狂飙呀，疾风无边无际。"以至于张五常在2019年5月23日读了一篇访谈就喜不自胜地说：

> 昨天晚上读了任正非先生不久前接受的近2万字的长访问，读了几遍，得到的结论是，在中国的悠久历史上，算得上是科学天才的有一个杨振宁，算得上是商业天才的有一个任正非。其他的天才虽然无数，但恐怕不容易打进史书去。谨在这里向任先生致意。

品味每一篇访谈，我都会静下心来，仿佛是在跟一个长辈隔空晤对。任正非给文字赋予了自己内在的价值和灵魂的深度，沉浸其中，我品味出灵魂的一种香味，那是任正非心的和声。拳拳到肉，心乐齐鸣。虽然时有进不去出不来的徘徊，然而"徘徊"往往酝酿着创造性的生成，在我凝神、冥想、跑步、登山或睡梦中，新鲜的触点会突然显现。因此，一年多的过程虽苦，我却一直沉浸在突破一个个卡点（或惰怠）的幸福之中。利用疫情被"宅"的机会，我不断变化思路把钻石串了起来，就有了这本书。

任正非是一个为观念奋斗的硬汉。活下去的倔强，是他骨子里天然就有的。一路百折不挠，在把华为带进世界通信设备供应商第一的2012年，他写了篇反省文章——《一江春水向东流》，阐述了在华为一路走来的过程中灰度哲学的缘起和作用，其中有两句话格外引人注目：

> 我是在生活所迫、人生路窄的时候创立华为的，那时我已领悟到个人才是历史长河中最渺小的这个人生真谛。
>
> 想起蹉跎了的岁月，才觉得，怎么会这么幼稚可笑，怎么一

点都不明白开放、妥协、灰度呢?

这两句话中体现的思想，正是“正非灰度哲学”的要点。任正非信奉薛定谔的“生命以负熵（熵=惰怠）为生”，他一直坚持“华为以反惰怠为生”。

把个人生命和企业生命看成一个不断反惰怠的旅程，意义重大。灰度哲学赋予“反惰怠”全新的内涵：每个人都有巨大的无穷性，每件事都有巨大的无穷性，每个当下都有巨大的无穷性。

当把灰度对宇宙人生的世界观，嫁接到“反惰怠”上，惰怠就不再简单表示“懒惰”或“当一天和尚撞一天钟”了。惰怠更指人们自以为是的惯性，那些预设判断，那些封闭的观念，那种看不到当下巨大可能性的世界观。

“你灰度了吗?”或者说，“你反惰怠了吗?”这一问非常有力量。在任正非的字典里，灰度（或反惰怠）包含着丰富的含义。比如：开放，妥协，包容，空杯，静默，合一，弹性，反省，进取，平衡，意志，创造，潜能，直觉，临在，觉悟，超越，愚蠢，顽劣，标靶，专注，死磕，做好，不自负，不自闭，执两用中，中庸之道……

一年多以来，任正非先后接受了3 000多个中外媒体人的访谈。无论是记者挖坑还是剑有所指，任正非都微笑以对。微笑即光明，微笑即能量，微笑即赋能。给自己赋能，给记者赋能，给员工赋能，也给天下有心人赋能。

任正非说自己“不懂技术，不懂管理”，但他却是一个走动式管理的高手。涉及公司战略文化层面的大事，他喜欢走到一线去召集多种形式的座谈会，倾听战友们的声音；他还走出公司、走出中国，与高科技方面的各类大咖交流。在各种各样的思维碰撞中，他像一个海绵吸纳着团队和全球最前沿的智慧，敏锐地捕捉电光火石间的一抹灵明，以此来盘整、梳理自己的思维。

任正非是一个俗人，俗到“与员工在私欲上同流合污”，但俗到极致就是“和光同尘”的大雅了。任正非也是一个造物者和思想家，目通万里，思接千代。而最震撼人的是他内在的本性，即灵魂的内在态度。我不揣浅陋，打破了时间和具体访谈限制，梳理出11个主题，从前到后，呈现了“正非灰度哲学”的无穷妙用。

我的虚荣心是，把我晤对得到的内在生命喜悦传递给读者，期待我们一起跟着任正非走一个过程：拓展视野，拉抻思维，提升境界，打磨心性，活出自在。

思想在灰度中前进。时间仓促，难免挂一漏万，甚至有错误，期待您的指正。

王育琨

2020年2月12日

任正非找北

01

孩子们害怕黑暗，情有可原；人生真正的悲剧，是成人害怕光明。

——柏拉图

在看不清的茫茫黑暗中，要像希腊神话中的丹科一样，把心拿出来燃烧，照亮后人前进的道路。

我认为自己做什么事都很认真，无论哪件事都可以做好。孜孜不倦地对一件事情研究，对一件事情的理解太集中了就容易产生成功。

物质的艰苦生活以及心灵的磨难，是我们后来人生的一种成熟的机会。

——任正非

青年任正非找到了自己

1944年10月25日，17岁的程远昭生下了任正非，那一年成为父亲的任摩逊36岁。接着任正非的母亲又给他生了6个弟弟妹妹。父母亲忙于生计，没有多少时间带孩子。孩子都是大带小，自由自在地玩。

▶ 少年任正非找到了好奇心、认真、责任和大爱

任正非小时候常常带着弟弟妹妹玩泥巴、下河抓鱼、在田野间奔跑、爬山等等，这些小时候的经历开启了他的好奇心。弟弟妹妹想到什么就会追着问，老大有担当对什么都会去解释。这样他作为一个天然的孩子头，就觉得有尊严，对啥都好奇。

他是老大，照看弟弟妹妹是他的责任。他还学会了观察自己的母亲。母亲给任正非最深刻的印象有两个，一个是无私的大爱，一个是认真。母亲对孩子们的无私大爱，对孩子无微不至的关爱，最能打动长子任正非。母亲自己本来才念完初中，却可以教高三，而且其班级的升学率还挺高，在90%以上。别人不知道，任正非却看到了母亲的付出。母亲做什么事都特别认真，认真到没有什么事做不成。以至于他后来说：

> 我认为自己做什么事都很认真，无论哪件事都可以做好。世界上最怕“认真”二字。认真，是一种深切的敬畏，是一种灵魂的态度。一件事反复做、反复想，做得很认真，把生命都交给这

件事，就可以做到极致。

好奇心、认真、责任和大爱，是少年任正非的重要品质。这些品质不断积累，成为任正非今天率领华为这个世界领军公司很重要的特质。

一方水土养育一方人。小时候在土地上奔跑，使得任正非很注重跟土地的连接。他认为，如果走不出大山，一直就待在贵州山区，他一定会把贵州的特产辣椒、小麦、山果、仙草等等，开发成独一无二的产品，还可以带动乡亲们一起致富。

他盛赞河南省做面条出名的“南街村”，这里的农民把独一无二的地力发挥到了极致，把乡村的天然禀赋发挥到了极致，于是有了持续发展。而任正非对声名赫赫做钢铁的江苏“华西村”却不以为然，因为他认为钢铁不是农民可以拿出独一无二绝活的行当。

爱心、好奇心、专一、认真、坚持不懈，跟土地和天赋（资源天赋和人的天赋）连接，这些特点是任正非小时候养成的。正因为有这样的性格，所以从创办华为之初，他就想“做一两款好产品，这一生都没有白活”。华为之所以能走到今天，就是在锻造与众不同的大美绝活上下足了功夫。

▶ 大学时代，他找到了一条生命向上的斜行线

任正非的大学时代被“文化大革命”打上了深深的烙印。

起初他也有热情参加红卫兵。可是很快父亲被打倒了，成了走资派，他就被剥夺了参加红卫兵的资格。在热头上被剥夺参与权，起初是一件很悲催的事，可是现在回望历史，这又成了他的幸运。不然，能说会道的他，不知会惹出什么是非。

在父亲要被劳教之前，他急急忙忙赶回家。凌晨两点多钟一到家，父

亲怕连累他，就赶他走。临走时父亲嘱咐他：

你是家里的老大，以后要照顾弟弟妹妹，我管不了了！现在外面都在反“白专”（指精于本职业务但不关心政治的人），你不能反“白专”。“学而优则仕”是几千年证明了的真理。记住知识就是力量，别人不学，你要学。不要随大流，要有绝活。

“不要随大流，要有绝活！”父亲的这个教导，在任正非身上留下了很深的印记。他回到大学后，别人在那里闹，他就一个人埋头在图书馆，如饥似渴地学习。在逆境里，他将樊映川的高等数学习题集从头到尾做了两遍。由于结交了一些西安交大的老师，这些老师经常给他一些油印的书看，他还自学了电子计算机、数字技术、自动控制、逻辑、哲学和三门外语。当时，他的三门外语水平已到可以阅读大学课本的程度。任正非自己后来总结说：

大家都知道，在“文革”中，我个人受到的挫折比别人大得多……但是在那个时候我是靠自己把电子计算机、数字技术、自动控制等自学完的，虽然我那时看不到任何光明。我家人也开玩笑说，没什么用的东西也这么努力学，真是很佩服、很感动。由于结交了一些西安交大的老师，这些老师经常给我一些油印的书看。我也是从那个时代熬出来的，如果我没有在那个时代看到光明，荒废了时间，我就不可能在今天这个时代站起来。

不满足，没有把握，困惑，发问，求索，向上，这些节点构成了他大学时期的求知过程。在被主流社会隔绝的边缘地带里，在无法看清前途和未来的黯淡岁月里，任正非则收回心神，对知识、对世界、对人性、对文明怀着强烈的好奇，一而再再而三地探寻，大胆地刨根问底，小心翼翼地尝试求解，在这一过程中他找到了生命多维向上的斜行线。

无论是凡人还是伟人，在浩瀚的世界中都很渺小。但任正非很庆幸生而为人，多了一份高于其他物种的选择，可以选择斜行线向上的大生命。

不足和欠缺如饥饿感，一旦被意愿主动地“制造”和暴露，就会再生出继续向上的欲望和能量。不断突破惯性的重重围堵，就可能开辟出你原本没有想到的向上的斜行线。这不仅仅是不甘平庸者向未来的致敬，更是一个自觉者超越自我的刻度，这是反转再反转的生命向上的斜行线。

多维向上的斜行线，一直陪伴着任正非走到了今天。在国内外记者访谈的现场，他不是把已经有的东西倾倒出来了事，而是虚心向正在发生的未来学习。在面对记者意想不到的发问，甚至无休止的“挖坑”时，他都会随顺着他们的问题点，画出一个个出其不意的圆。

一个男人全身心地投入当下学习时，会形成极大的魅力，任正非因此收获了爱情。任正非的大学同学孟军因为自己的父亲被打倒了，被红卫兵开除，也只好待在图书馆里。任正非的一种内在的气质深深吸引了她，两个同病相怜的人陷入了爱情。他们俩于1970年结婚，1972年有了女儿孟晚舟，1975年又有了儿子任平。

▶ 穿越时空的不二法门：只管干活，不问荣誉

1973年，邓小平第一次复出，千疮百孔的中国进入了一个经济整顿时期。国家采取加快经济建设的政策，此时需要大量工程兵。1974年，30岁的任正非得以从建筑单位的一名普通技术员成为基建工程兵部队的一员。

当时，辽阳化纤厂是在“文化大革命”时期国家确定的一个重点建设项目，从油头到化尾的成套化纤设备都是从法国德布尼斯·斯贝西姆公司引进的。当时中国国内处于混乱时期，主要是欠缺技术上的人才，任正非等刚刚离开学校没有多久的人就成了难得的人才。

这期间，任正非研制成功了“空气压力天平”。中国有专家曾在法国看见过这种设备，专家回国后给任正非详细描述了这个仪器大概的样子。任正非先从数学来推导整个仪器结构，包括一些偏微分方程。他还曾去请教过东北大学的李诗久教授，看看相关数学推导是否正确，有没有可能成功。这位数学教授对任正非的做法给予了肯定。任正非回来后继续设计并成功地研制出了整个系统。这个仪器主要是为了检验法国进口的仪器仪表，当时中国还没有这样的检验仪器，所以一度成为国家表彰的技术。任正非自己谦虚地说：“是因为当时实在没有技术，才把一个不起眼的技术给捧上了天。”

因为他的成分（父亲有历史遗留问题）不好，在“文化大革命”期间不受待见，但这段经历反而成就了他。他发明了技术，做出了贡献，但因为成分问题，他虽然能干技术拿绝活，但技术绝活后边的荣誉则跟他无关。

看上去很悲催的事，却成就了他“只管干活，不问荣誉”的习惯，这个“功成身退”的习惯在以后的生命中帮了他的大忙。他当时根本不知道，这是老子最为推崇的玄德：“生而不有，为而不恃，长而不宰。”很多人一辈子都修不来的玄德，被他误打误撞，在青春爆发期就拥有了。

粉碎“四人帮”以后，中国进入大建设时期，他的技术又成了香饽饽，他终于可以凭借技术而成为标兵，1978年他还有机会走进人民大会堂参加全国科学大会。这个经历让他深深体会到，父亲传承给他的东西太可贵了。

“两耳不闻窗外事，一心只管搞技术”，这可不是简单的工作方法，这是生命的大道呀！不同的时代，不同的国家，都需要专业技术人才。只要拥有专业技术，就是社会的栋梁。这个经验太宝贵了！以至于任正非后来在一切向钱看的风潮中创业时，依然淡薄钱财这个表面上的东西，而直接进入“做好一两款产品，一生都没有白活”的境界。

在事业中找北：经营企业就是造物

任正非1987年被南油集团炒了鱿鱼，之后又离婚，自己带着父母和弟弟妹妹在深圳住棚屋。“找不到地方用我，我也不甘心，就只有走向创业。”任正非找朋友凑了21 000元，注册了公司。他后来说：“人一成功后，容易被媒体包装他的伟大，他们没看到我们鼠窜的样子。”

▶ “做好一两款产品，一生都没有白活”

当时，“贸工技”大行其道。无论国企还是民企，都想赚了钱再来生产好产品，但赚钱的习气却不容易改掉。有技术背景的任正非，首先想到的是好产品。创业之初任正非就说：“做好一两款产品，一生都没有白活。”现在来看，任正非当时是何等的前卫呀！可是，对任正非而言，那却是最简单的事，只是他从小养成的品质。

当年在中国市场转售交换机的企业有几百家，但绝大多数没有生存下来，为什么华为能够生存下来？任正非解释说：

> 第一，华为从一开始就确立了“以客户为中心”的观念，宁可员工多吃一点苦，一定要维护客户利益，这样客户基本上都能

接受华为。华为积累了原始资本，并没有消费到自己身上，而是用于再投入，用于建立服务体系，提升客户价值。

第二，华为对供应商很诚信，有了钱会及时还给这些供应商。供应商相信华为，会把货优先给华为，卖出去后再付款，使华为有了更大的发展空间。

之前在国营集团被坏人骗走了钱，因为打官司请不起律师，任正非因此自学了很多法律书籍，准备自己做律师去打官司。这段经历反而结出了喜人的果实，让任正非明白了做企业究竟是怎么回事，让他找到了企业的经营之道。他说：

这段经历让我明白了两个道理。市场经济一边是货物，一边是客户，两边要交易，中间就是法律。我知道永远不可能掌握客户，只能掌握货物，怎么办？我们要研发。另外，我们最早代理的交换机是BH01，珠海一个小公司的产品，它看我们卖得好，就不给我们供货了，就像现在美国的实体清单一样。后来有人给我们介绍，我们转向卖香港鸿年公司的HAX机。卖得很好的时候，鸿年公司也不供货了，逼着我们自己做通信产品。我们就在这样的主观条件、客观条件下，走上了自主研发的道路。

诚可谓，多悲催的发生都可以有正向的结果。关键是当事人想要什么！

▶ 创业前十年中有九年濒临关门

选择通信业，完全是偶然，不是必然。任正非当时认为，通信产业很大，只要小小做一点就能活下来，却不知道通信产业这么规范，技术标准这么高，跨国公司已经垄断了市场。既然已经走上了这条路，当时如果退回去，就一分钱都没有了，还要还债，所以任正非只有硬着头皮走下来。

正好碰上1990年代世界电子工业在转型，从模拟电路转到数字电路，数字电路比模拟电路简单很多，小公司也能做一点事情。日本在模拟电路上非常成功，如果当时华为去做运算放大器，简直没有可能。做脉冲电路，小公司也有一点可能性了。那时，全世界的整个电子工业都处于落后状态，但落后的产品还有一点市场。所以，在跟随世界发展的过程中，华为逐渐赚了一点点钱，成长了起来。1992年，华为营收突破人民币1亿元，任正非却毫无喜悦，他在该年的年终大会上只说了一句“我们活下来了”，就泪流满面到无法继续。

通信业真是一道鬼门关。在艰难时刻，任正非带领华为人，一次次咬牙前行。他们没有工夫去想研发不成功怎么办？经营不好关门怎么办？一如走钢丝的演员，分分钟在晃悠，分分钟在坚持。华为成立前十年中，有九年都差一点关门。意志薄弱者，可能早就退却了。

▶ 2000年的至暗时刻，任正非找到了生命和企业的真北

2000年IT泡沫破灭时，华为处于非常严重的危机，不仅是外部危机，还包括内部危机。核心骨干流失，爱将李一男带着人出走创立“港湾”抢食华为市场，公司管理失序……致命危机接踵而至，任正非每天工作十几个小时，却依旧深感到无力控制公司滑向崩溃的边缘。

更让他接受不了的是父母双亡！父亲在1995年，因口渴在街头买了一罐饮料喝，结果饮料有毒，最后大泻不止而亡。2001年1月8日，母亲去菜市场买菜，出了菜市场被逆行的车撞了，车逃逸了。被送到医院，母亲没有带身份证没有带钱，结果耽误了最佳抢救时间，母亲也走了！父母

离世给任正非以沉重的打击，他向苍天呼救，苍天不理他。这个从小在农村吃苦长大、又在部队锤炼多年、外人眼里坚强如铁的男人，在半年时间里，梦醒时常常痛哭。送走母亲，他关起门来，足足一个月谁也不见，他接受不了这个残酷的事实。

闭关一个月，让任正非觉悟到许多事。

父母都是因为产品和服务出了问题而走的。华为也是做产品和服务的，网络通顺与否，关系千家万户的生命。父母亲用生命撞醒了任正非：“儿呀，你可千万要带着敬畏做产品和服务呀！千万不能让其他父母因为你的产品和服务出了问题而丧失生命呀！”那个刻骨铭心的闭关一个月，让任正非多了一句口头禅：“做企业就是磨好豆腐给最亲的人吃！”

“做企业就是磨好豆腐给最亲的人吃！”任正非在跟我交流时，多次提到这个说法。我这个文科男对一些技术词汇不敏感，对这样有温度的话很着迷。于是，我据此梳理出一句话：“磨好豆腐给妈吃！”

“磨好豆腐给妈吃”可不得了！在全球化的今天，中国公司生产的已经不是简单的服装鞋帽，而是生产的与人的生命息息相关的高技术含量的产品，这就需要与不认识的客户建构终极生命信任，这是全球化的一道大考题。美国无厘头打压封杀华为，而华为则在美国的盟国那里不断获得市场。为什么？就是因为华为坚持了“磨好豆腐给妈吃”！华为带着对最终客户这个妈妈的爱、敬畏和郑重，一丝不苟地做好产品和服务，让大家不得不买！

“磨好豆腐给妈吃”，当每个人都在做好产品和服务的工作时，把自己灵魂的气息注入其中，就会融通相关的物之性和人之性，就会连接到广域能量场，就会在一期一会的工作中发现和开启自性光明，从而塑造一个全新的生命，诚可谓造物造人。

任正非在“磨好豆腐给妈吃”的造物中，给自己找到了北！在风谲云诡的全球化进程中，任正非给华为找到了北！任正非给中国公司找到了北！任正非给全球化公司找到了北！“磨好豆腐给妈吃”，就是现在全球最时髦的企业经营理念。

现在人类面临着三重深重的危机：第一是生态环境遭到了破坏，第二是人与社会之间的信任关系被扭曲，第三是人与自己的本源发生了撕裂。现在环境污染已经发展到这种程度，我们无法继续用以前的方式积累财富。在一个没有地方让人们丢弃废物和毒素的世界里，我们不能继续使用“获取、制造、损耗、赚钱”的模式来赚取财富了。

现在人与人的关系出现了严重的裂痕，各种各样的种族主义、国家主义，各种各样的宗教，已经把这个世界分裂成碎片。人们不知道信仰什么，不知道该相信什么，种种支离破碎的关系也不断涌现，人们与自己的关系也出了危机。我们那颗躁狂的心安住不下来，贪婪地想做一切事，而又怠惰得不想做任何事。这样两个极端的撕扯，让人不得安生。

三重危机当道，华为居然都可以在“磨好豆腐给妈吃”中得到化解！如果每个公司每个人，都是带着对妈妈的爱、敬畏和郑重去工作，那么这样的三重危机就会化为无形。任正非说：

> 克劳塞维茨的《战争论》中有一句很著名的话：“要在茫茫的黑暗中，发出生命的微光，带领着队伍走向胜利。”战争打到一塌糊涂的时候，高级将领的作用是什么？就是要在看不清的茫茫黑暗中，让自己发出微光，带着你的队伍前进。就像希腊神话中的丹科一样把心拿出来燃烧，照亮后人前进的道路。

“磨好豆腐给妈吃”，可以说是华为人的明灯，同时也确实是任正非“把心拿出来燃烧，照亮后人前进的道路”理念的另一种阐释。

哲学家一句话有时会给人打开一个新天地。黑格尔就是这样的哲学家，他说：

> 人要经历一个不幸的抑郁症或自我崩溃的阶段。在本质上，这是一个昏暗的收缩点。每一个文化创造者都要经历这个转折点，他要通过这一个关卡，才能到达安全的境地，从而相信自己，确信一个更内在、更高贵的生活。

黑格尔的话曾经帮助任正非走出重度抑郁症，也在很大程度上让他体会到更深的东西。企业家是造物者，更是新文化的创造者。华为不仅仅是一个企业，它承载的还有独一无二的生长在中国的华为文化。正是在那场深刻的危机中，灰度哲学开始生成并最后成为华为文化的哲学基础。

灰度哲学：任正非的宇宙观

美联社记者问任正非：美国实体清单是不是华为迄今为止遇到的最大的危机？这场危机与2000年前后的小灵通危机比较起来，哪一个更深重一些？任正非说，实体清单当然不是最大的危机。现在的危机，仅仅是2000年危机压力的十分之一。

▶ 深重的危机滋生哲学

2000年前后，任正非弃选小灵通技术战略，几乎把华为置于关门的境地。高管为了企业生存，纷纷上书要求上马小灵通，以便生存下来。任正非特别轴，内在的良知告诉他不可以，但没有人理解他。几万人的饭碗几乎要被砸掉，他因此患上了重度抑郁症。接着又有一连串的危机，李一男带领高管出走，最亲爱的父母又相继死于非命。在那段不堪回首的日子里，任正非可谓死去活来。

至暗时刻在死亡边缘挣扎，任正非提炼出了灰度哲学。这个思想形成的过程反映在他的一系列文章，如《我的父亲母亲》《华为的冬天》《北国之春》《一江春水向东流》《管理的灰度》等等之中。

“华为的本色就是灰色”。任正非在2019年12月11日接受拉美和西班牙媒体访谈时，坦然回应了之前网络上对华为的批评：

> 华为过去一段时间红得发紫，如果大家黑一下华为，华为的颜色就变灰一些，恢复了本色。华为本色就是灰色，并不是什么红得发紫。在社会认为华为很好的时候，实际上华为本身也是矛盾重重的。

灰色是黑白两极的中间色，有着无穷的可能和延展。灰色不是标签式的存在，而是活泼泼的生命体。可以说，无穷性的生命是灰色，矛盾重重而富有创造力。

灰度，是一系列的对立统一的辩证关系，可以从本体、法相、心性三个维度去概括，比如天地、日月、明暗、阴阳、有无、生死、色空、动静、清浊、官民、童叟、大小、多少、长短、邪正、直曲、刚柔、实虚、悲喜、公私、荣辱、成败、白黑、俗雅、是非、善恶、雄雌、好坏、前后等等，诚可谓：万物“反者道之动”，生命之树常绿。

灰度哲学，在任正非的字典里，起初是“开放、妥协、包容”的代名词。后来不断反转发展，演化成为与生命、工作等万有一体变化的整体哲学，也是任正非俯瞰世界的宇宙观。从灰度哲学的宇宙整体观看下来，众生平等，生生不息。

在这样一个不断反转与生成的宇宙之中，唯有守住清静的本心，心如止水，用不带任何成见的清静心灵，来如其所是地看人看事，才可以直落根本并体悟妙到毫巅的景象。老子一语点破宇宙万物的实相，给出了一幅灰度哲学的大画面。

灰度哲学的奥妙就在于，遇事不去追究过往，而是向当下正在发生的未来学习。灰度哲学特别看重当下直落根本的直觉判断力，它的最终指向是大生命活泼泼的创造力。

提升直觉判断力，需要接受模糊性、不确定性，以及具备勇于失败的精神。这是任正非一直在强化的东西。“保持空杯，保持开放”，敞开心灵，接受过去不敢想象的事物，并且敢于尝试不可能的事情。有风险和恐惧，但是更有希望与期许。师从未来的生成，修炼直觉判断力，以提升创造大美绝活的能力。

▶ 自性爆发的直觉判断力，是东西方文明都要去到的核心地带

有一次，我在“一代”“二代”俱在的论坛演讲，我对已经接班的“二代”说：“你们接班了，但是你们有一点比老爸们差，差在自性爆发的直觉判断力上。那是需要跑遍企业的每个现场，经历过人性最不可思议的撕扯，在电光火石的瞬间直落根本，穿越不确定的人之性和物之性。”

楼宇烈老师在我之后演讲，他指着台下的我说：“王先生说得很到位。确实，自性爆发的直觉判断力，是中国儒释道要去的核心地带！”他由此展开了关于中国国学本体精神的演讲。

楼宇烈对我演讲的点评，一字一句一直让我备受鼓舞。他对“自性爆发直觉力”的认可，让我在尽性之道的体悟和研究上走得很远。儒释道三家看重的意境：

> 从心所欲而不逾矩。
>
> 何期自性本自具足……何期自性能生万法。
>
> 众人皆有以，而我独顽且鄙。我独异于人，而贵食母。

当回归大道本源，与天地并精神，“我心光明，夫复何求”！如何去到直觉判断力这个核心地带？灰度哲学给出了明确的指引。

▶ 灰度哲学的三个假设和七个环节

灰度哲学有三个假设：

第一，每个人都有巨大的无穷性或不确定性，每件事都有巨大无穷性，每个当下都有巨大无穷性；

第二，每个事物都是在两个极端中不断反转，要害是执两用中，拿捏动态平衡点；

第三，每个当下都可以确定性地创造、穿越不确定性，创造具有无穷可能性。

在不断反转的现实中如何从危机端直接到解决问题端？如何洞穿扑朔迷离的表象而有直觉判断力？灰度哲学看重这个发生的过程。日前，在与《U型理论》的作者奥托·夏莫的现场互动中，我解开了这个具体过程。奥托·夏莫用了“三个打开”，穿越了七步骤的思维生成和落地的过程，解开了直觉判断力的生成过程。看上去是简单的点到点、端到端的运动，实际上直觉判断力的生成包含了七个环节。

灰度哲学与U型理论的作用机理和过程

◎ 暂悬：放下是非对错评价，从过去的习性跳出来，做一个客观独立的观察者。

◎ 转化：如其所是地观察事物发展，以客户心为心，以参与者的心为心。

◎ 放下：归零，静默，觉知内外场域连接，从整体场域能量看事物的走向。

◎ 自然流现：回到源头，默默忘言，昭昭现前，交叉唤醒，自然流现。

◎ 结晶：形成意愿，生成意志——从未来前进到当下，设计新生成的创造。

◎ 建立结构原型：就实际情况来建立结构，通过“和周遭保持对话”来行动、创新。

◎ 实施：创造新现实的过程，将创新融入共同进化的大生态系统中。

灰度哲学强调“向正在生成的未来学习”，看重当下的直觉判断力，那就不能简单下载以往的知识了事，而要置身当下直面真问题，向正在发生的未来学习。人们一旦形成习惯就难于调整了，以至于在20多岁就已经死了，因为他在此后完全变化了的时空中，不过是一再重复下载复制他最强壮时候的生命而已。

▶ 打开思维，打开心灵，打开意志

要活出一个活泼泼的大生命，就要敞开心灵，接受过去不敢想象的事物并且要尝试不可能的事情。“U型理论”创始人美国麻省理工学院的奥托·夏莫教授提出要有“三个打开”：打开思维，打开心灵，打开意志，“三个打开”结合为一个不可分割的整体，这是一个“死去活来”的过程。

打开思维

过往的意识或知识是一个强大的系统，会发出各种各样的“评判之声”。外在“评判之声”的噪声有可能把你拐带到阴沟里了。而当你跳出惯常思维的沼泽，从参与者、旁观者的角度看人看事，会有一种清新的东西充盈起来。摈弃“评判之声”是需要勇气的。

打开心灵

打开心灵，是放下来自“小我”的“嘲讽之声”，需有与他人共情的能力。那个一直统霸着我们心神的“小我”，会通过各种各样的情绪制造出许多“嘲讽之声”，深切地干扰我们。走出个人情绪的困扰，以百姓心为心，有极强的感同身受的能力，才可能如其所是地看人看事，才可能以万事万物的真来看世界。

打开意志

打掉内在的“恐惧之声”，直面巨大不确定性，“真常应物，真常得性”。毅然进入全新的自己，进入全新的视界，找到真我，找到当下人生目标和自我的能力。这种智慧有时也被称作意愿或者“灵商”。不仅仅与放下及接纳密切相关，还关乎形成解决当下问题的意志力。

灰度哲学是任正非的世界观，更是任正非的宇宙观。从这样的宇宙观看下来，一切都是最好的安排，一切发生都是合理的；一切自己创造，创造自己的一切。正是因为在至暗时刻悟出了灰度哲学，任正非才可以摆脱抑郁症的困扰，带领华为走上了一个全新的征程，以至于华为可以如此勇猛无畏地打破西方发达国家高科技的垄断，创造了影响人类生活心态如5G等一系列大美绝活。这也招致了西方国家一些政客的无厘头打压：关闭市场，“断供”，政治迫害，在全球造谣称使用华为产品不安全等等，而任正非与华为，正在上演一出绝地反击的大戏。

在灰度哲学指引下实现危机反转

从灰度哲学的宇宙观看下来，在这个时空下，美国的打压对华为而言未尝不是好事。华为的发展就是一部抗压史。正是在任正非不知该怎样使华为变得更强大的时候，美国最强的压力铺天盖地压向华为。“反者道之动”，巨大的压力演化成无穷的动力，助推华为走上了一个发展的新轨道。

▶ 1. 美国激发了华为

世界头号强国美国“霸凌”华为，封杀、“断供”的谣言，一时间使得华为的全球化进入巨大的不确定性，危机四起，人心惶惶，前景迷茫。在生死一线上挣扎的华为，用他们坚韧不拔的意志力，闯出一条路来。

灭顶之灾也是新生的机遇

无妄之灾是毁灭性挑战，也是新生的机遇。由灰度哲学武装的任正非，在第一时点就可以实现意识的反转：接纳一切发生，坚持不懈地向着有利的方向推进。

华为打了一个又一个胜仗，员工回去买房子、娶媳妇、过好日子的情绪正在上升。华为员工可能变得太自满，奋斗精神有点涣散。在与内部这种惰怠做斗争时，高层往往斗不赢一线员工。中国有个寓言故事是“狼来了”，天天喊狼来了，但是狼没有来，喊多了以后，人们就不相信狼会来了，惰怠就会产生。

任正非心中的寂寞英雄

去年面临美国的断供威胁，在生死一线上挣扎的华为，用他们的顽强不屈的行动，闯出一条路来。

任正非最大的专长是会激发人。他以心触心，让每个员工既能燃烧自己，又可以发挥才智。在断供威胁下，华为的飞机出现了一系列意想不到的“漏洞”。2019年3月29日，任正非在华为电信软件改革表彰大会上的讲话“寂寞英雄是伟大的英雄”，可以看作华为的一次“战时”总动员。任正非说：

> 当前我们面对美国的压力，有位名人说“堡垒是从内部攻破的，堡垒是被外部加强的”；在公司内部正在松散、奋斗的意志正在衰退的时候，是外部压力激发我们内部加强了密度、巩固了团结。我们决不能妥协，一定要胜利，除了胜利，我们没有其他路可以走。

任正非心中的寂寞英雄，有两个特质。

第一，他们是把自己燃烧，以推进华为的改革求生。当有着巨大不确定性的大危机来临时，只有一线员工知道如何调动潜能去“补洞”。在任正非看来，华为的奋斗者一个个都像希腊神话中的丹科。在茫茫黑暗中，把自己的心拿出来燃烧，照亮眼前的黑暗，也照亮后人前进的道路。

第二，寂寞英雄不张扬，勇于默默无闻地坚守和创造。华为之所以能够成为世界先进科技能力体系的全新样本，正是无数寂寞英雄用“明知不可为而为之”的毅力和努力成就的。

“明知不可为而为之”，华为奋斗者把一切危机都视作开启潜能和无上创造力的机遇，华为奋斗者永远都在挑战自己的极限。华为奋斗者甘愿是土壤、肥料，默默滋润着华为这棵大树，让它向上长。

美国实体清单激活了整个组织

美国的实体清单让员工感到危机真来了，如果不好好工作，不仅华为会死掉，他们也会“死”掉。形势变得艰难和残酷，但这反而推动华为再次回到创立之初的创造性状态。任正非2019年11月18日对《洛杉矶时报》的记者说：

> 由于实体清单的制裁，激活了整个组织，员工增加了奋进的努力，他们知道不努力的结果就是死亡。

由于全体员工太努力了，华为的业绩其实表现不错。华为2019年年收入为8 500亿元人民币，同比增长19%。为了进一步摆脱对美国的技术依赖，任正非表示，2020年华为会将研发投入提升至200亿美元。2020年华为或将在美国的制裁下生存，但还会有一定规模的发展，最低估计2020年会增长10%左右。2021年会是一个过渡期，预测2022年开始会规模化增长。任正非坦言：

> 上述预测，是建立在美国的实体清单制裁不撤销的背景下，而且我们已经做好了美国永远不撤销实体清单的心理准备，这样

我们的增长是建立在坚实的基础上的。本来华为公司没有这么大的增长决心和计划，反而是美国的制裁，逼我们要争口气。

“战时体制”解决了“一抓就死，一放就乱”的老大难问题

危机发生后，华为48%的部门机构裁撤，46%的产品开发研究被关闭，资源集中到主航道产品上。

华为的研发经费每年最高投入可达200亿美元。这样大的预算分配不可能由总部做出来，需要分层分级做出预算。中基层做预算就会有投机性，悄悄做了一些小产品，表面上说是世界领先了，实际这些小产品卖不出量，并且产生不了多大价值，还占据了公司很多的资源；如果采取中央集权直接管预算分配的方式，官僚主义对企业的损伤可能比授权给基层分配更严重。而美国的实体清单制裁，一下子把华为推到了“战时经济”频道上，结果一切机构层级上的扯皮统统要让路。任正非说：

华为的内部矛盾多年都解决不了，一抓就死，一放就乱。这次特朗普打我们这一棒，让公司全体都警醒了，我们顺利在研发体系中裁减了48%的机构，关闭了46%不必要的产品开发研究。把那些撤下来的工程师们转移到主航道的产品领域去，提升了主航道产品的研发能力，所以我们主航道产品在全球的竞争力进一步增强了。内部部门少了，官僚主义也减少了。

对于美国政客，不干好自己的外交，却对华为消耗太多的精力和资源，任正非心怀悲悯。他说：

美国国务卿很忙，他把阻止华为当成外交了，到处去帮助华为宣传产品。关键是他的施压又没有起到什么作用。美国的外交难道就针对一个华为吗？他太辛苦了。

一切都在反转。美国以打压甚至要抹掉华为的势头，咄咄逼人，而在客观上却激活了华为的整个组织，极大地推动了内部的整改，使得华为整个精气神焕然一新。任正非很幽默，他想给美国政客颁发荣誉勋章。

▶ 2. 华为的两个硬仗：海思芯片和鸿蒙操作系统

美国一些商业情报方面的专业机构认为，华为要真正应对美国对华为的限制，最难的有两部分：第一，比较难制造的专用芯片；第二，打造一个世界级的应用生态，使得开发者愿意基于安卓之外的系统开发应用。

任正非认为，美国情报机构的分析是比较中肯的，也比较准确。他说："专业芯片和操作系统，正是我们公司需要努力克服的问题。"

在科技领域，美国处于领先的状况，在相当长的历史时期内不会改变。现任美国商务部长威尔伯·罗斯日前在印度讲"美国用两三年时间就会超越华为"，任正非很认可这个论断。因为美国公司不受限制，他们可以充分利用美国的科技创新的成果，可以得到美国理论创新的氛围影响，而且美国遍地是人才。他们不需要担心美国政府对它们断供，不需要做备胎而浪费庞大的资源和人力，可以聚焦在它们的主航道上，很快追上华为是完全可能的。任正非坦承：

过去我们不仅要遵守相关的出口管制法规，遵守对一些敏感器件的使用限制规定，现在甚至连很低端的器件和软件都要被限制使用，我们都要被迫自己做，华为怎么能竞争得过一个国家的力量？

我不担心华为在美国打击下能否活下来，而是担心三五年以后华为能不能持续领先。如果我们想继续领先，想想有多大困难，可能我们连喝咖啡的时间都没有了。

两个硬仗在前，并没有挡住华为的进军。华为从创业之初，就攻克了一个又一个不可能，才走到了今天。

人类就是在面临一个又一个灭顶之灾时，在极其危险处，放下了惯性，巨大的积极性被激活，从而创造了一个又一个奇迹。看上去的困难，只是停留在惯性思维中，其实并没有那么困难。

其实，与我们感官世界并行的还有一些我们未曾注意到的世界。只要激发出强烈的生存意志，就可能激发出我们无论如何在安定环境中想象不到的可能性出来。

美国利用实体清单想打压华为，实际上却激活了华为的整个组织活力，巨大的创造力被激发，许多替代品都可以生产。而且，在全球化进程中，美国想要对华为“断供”，但还有另外一系列国家会生产出替代产品填补市场空缺，任正非对此很有信心。

▶ 3. 以创造大美绝活的确定性，穿越巨大不确定性，拥抱巨大无穷性

2018年6月，美国刚开始对准华为施压时，任正非在内部讲话中就很直白地提出了华为面临的两个极端选项：

我们要活下来。以前这是最低纲领，现在这是最高纲领。

现在正和美国赛跑，到了提刀跨马上战场的时候了！美国不

给我们科技要素，我们创造要素也要上。一定要把英雄选出来，没有英雄就没有未来。

灰度哲学的要义是执两用中，拿捏动态平衡。做好两个极端的准备，在巨大无穷性的中间地带，来选择华为的战略平衡点。作为领航者，既要有前瞻性，还要有可操作性。该以怎样的心态和战略思维，拿捏两个极端中的平衡点呢？

任正非坚持用灰度哲学看世界，即不用自己的视角看美国的挑战，而是用美国人的视角看世界的发展，还要“从人类文明结晶中，寻找解决世界问题的钥匙”。正因为有了灰度哲学的整体观，从美国政客打压华为开始，一波又一波封杀华为的“霸凌”，都被任正非巧妙地反转成19.4万华为人创造大美绝活的无穷动力。

发展过程中有两种情况：一种是有便利条件，那是来滋养你的；一种是有挑战压力，那是来成就你的。正因为有了灰度哲学的宇宙观，任正非永远也不会服输。

一年多以来，中美摩擦在向纵深发展，美国“断供”的威胁和实际措施，使华为的大美绝活有了突飞猛进的发展，迅速补好5G产品由于美国“断供”所造成的漏洞，终端产品也可能在今后一两年内的徘徊中重新崛起。旁观者在慌乱迷失，华为却没有彷徨，而是笃定找到自己的真北：以创造大美绝活的确定性，化巨大不确定性为无穷性，为人类创造价值。

在2019年12月11日接受拉美和西班牙媒体访谈时，任正非不无骄傲地说：

华为5G应该是当代世界上最好的5G“船”之一，轻易不会沉没，会把西班牙文明带给全世界。5G给人类带来什么未来？它主要是支撑人工智能，在人工智能的使用中，可以出现无人农场和远距离操作的矿山、港口。

▶ 4. 两个时代的不同旋律，华为高擎合作共赢的旗帜

近现代权力的大转移开启了两个大时代，一个是工业化时代，中国人落后了；一个是虚拟互联网时代，以华为等代表的中国公司跟上了。大工业流水线时代与虚拟互联网时代之间，存在着巨大的差异。在工业时代，后进国家赶超先进国家，后发小公司动摇大公司的垄断，或可能招致世界大战。而在虚拟互联网时代，突破垄断是家常便饭，人们会在黏着的撕扯中学会合作共赢。

美国显然处于工业时代"零和"游戏的意识形态中，动辄挥舞关税大棒，以弥补政府的过度开支，撕扯全球化进程。而因为持有虚拟互联网时代的灰度哲学，任正非则充满悲悯地看待美国：从经济上看，错过华为的5G产品，美国或会付出2 400亿美元的研发代价；而错过了时机，美国人民不能享用5G高速接入，或会形成美国潜在的整体危机。

30年前，默克公司牵手中美两国，心念受疾病折磨的中国人，不收专利费和技术费，以覆盖不了培训费的最低价格900万美元，转让给中国公司昂贵的乙肝疫苗技术和工艺，承诺永远不在中国市场上现身。30年中至少有52 000万新生儿接种了乙肝疫苗，无数中国人得救了。

30年后，一种无明信息的安全恐慌症正统摄了美国。美国排斥华为5G，连接速度和效能会受影响。如果唯有美国公司操盘，才会被认为信息安全，那么华为可以把5G技术转给美国公司，让美国公司独享信息市

场最大蛋糕，华为在美国5G市场上永不现身。以无我利他的理念推动美国的信息产业发展，或可以换取全球市场的正常发展。这是个大胆的设想，也是一个勇敢的破冰之旅。

任正非一直敬畏和热爱美国。华为的发展，得益于美国的数字化东风。华为的技术、财务、营销、管理，都师从美国。任正非喊话，只要美国公司愿意接盘，华为愿意转让技术、工艺、价格、条件、培训等，一切都可以谈。只要有利于美国用户，华为可以不垄断技术，华为愿意放弃领先地位，归零从头再来。这也算是30多年来华为作为学生的谢师礼。美国骑虎难下，任正非给送上了梯子。

2019年12月11日在接受拉美和西班牙媒体访谈时，任正非明确了华为有能力独立自主，但是华为依然“坚定不移拥抱全球化”。他说：

> 大家知道，做一颗CPU是很难的，全世界除了英特尔非常成功外，其他公司很难做出CPU来。我们这么穷的公司也要把CPU做出来，备份使我们有安全感，大家想想这有多难，而且不仅是做了CPU，还有NPU、GPU、昇腾、鲲鹏……都做出来了，这些没有十几年的准备是做不出来的。所以，即使离开美国的供给，我们也是能独立对客户提供服务的。但是我们依然愿意与美国公司合作，只要美国公司给我们供应器件，我们还是大规模采用。我们的自立并不是我们的长远方针，我们还是坚定不移拥抱全球化。

“我心光明，夫复何求。”任正非的心是非常明亮的。他的光明照亮一切，所以体现在每一个当下他都从容不迫。真常应物，真常得性。游刃有余，无处不在，一嗇到底。他用他的心灯点亮了整个华为，照亮了整个世界。

▶ 5. 把最终用户的安全体验作为华为的最高纲领

美国极力封杀围堵华为，打出的旗号是为了个人信息安全。美国倒逼华为走上了极致：有超前的技术和愿力，有保障地把最终用户信息安全作为最高纲领，向全世界承诺永不留后门！华为承诺将进入永远有效的协议，将源代码彻底向欧洲大客户开放，接受任何时点上的严格审查抽查。华为第一个做到了对客户个人信息安全：有信仰，有担当，有路径，有方法。这无疑在云时代开拓了一条先河，真正造福最终用户，造福世界人民，最终也对华为赋能。

在博弈的两个主体之外，任正非发现了关键第三方——最终用户。在商业“执两用中”之外，又发现了最终用户信息安全的天眼。最终用户的信息安全体验，已经成了华为独步天下的利器。无论有多少无妄之灾，无论现实多么不合理，只要最终用户的利益受损了，就不能再心安理得了。保证用户的极致体验，这是华为的初心和终点，也是华为拿捏一切动态平衡的重要依归。

刘鹤副总理在中美贸易谈判的关键环节一再说：贸易战不利于中美两国人民，不利于世界人民。特朗普在中美达成第一阶段协议意向后，也对世界说：同意中国同仁的意见，中美贸易战，不利于中美两国，不利于世界。“以人民为中心”，成为大国平衡的重要标尺。

任正非是动态平衡的高手。他深知在虚拟互联网时代，个体神经元足够强大，这会很快形成一个个高管能量的能量场。在巨大不确定性之中，只要以最终用户的福祉为天眼，即使再难拿捏的动态平衡，也可以达成。前提是，主导者必须纯粹、自在、喜悦，真正怀有利他、合作、共赢的渴望，超越面子和里子，一切为了最终用户利益。

让美国政客无论如何没有想到的是，对华为信息不安全的攻击，反而形成了华为在信息安全领域独步天下的竞争优势。美国的盟友，纷纷不理会美国的反复施压，在5G建设中不排斥华为，就是因为华为在私人信息安全方面达到了独一无二的优势。

以最终客户体验为纲，以人民为中心，这是拿捏动态平衡的关键点，也是处理不同经济主体关系的压舱石。华为在32年的实践中，一直致力于最大限度提升客户体验。这也是华为的信仰："为全人类提供服务，努力攀登科学高峰。"

▶ 6. 中国公司全球化大考：建构终极生命信任

建立生命终极信任，是中国公司全球化的大考。任正非认为，西方对中国公司有疑虑是符合逻辑的，我们不可以从自己的视野去解读西方的"偏见"，更不是从言语上去辩解，而是要从西方人的价值观看这个世界的发展，要从人类文明结晶中，去寻找解决世界问题的钥匙。

无论面对哪一国的记者访谈，任正非都可以很容易共情。他会从那个国家的历史发展的经验和当下最恳切的需求找到切入点，求同存异，从对方的价值观来谈论华为的努力。这样一种说话方式，很容易被人接纳。任正非还不仅停留在共情上，而是更进一步。

全球化的许多产品，是建立在终极生命信任的基础之上，重塑信任至关重要。人类在经历一个个灭顶之灾时，一种内在的能量被激活，就对自己的信任开始建立，同时也在世人心中建立起信任来。

比较中美这40年来，中国人的精神力有所下降，人的思想、情绪、意志出了问题，人人急躁，显现出不自信。

然而，中国出了个任正非，他以不二的意志力和精神力，带领华为在逆境中艰苦奋斗创造出大美绝活，一切就随之改变。任正非让中国人重拾自信。华为的竞争力可以表达为：

竞争力 = 物质力 × 精神力

美国中央情报局前副局长克莱因曾经提出国家权力评估公式P =（C + E + M）×（S + W），其中，C为基础实体，E为经济能力，M为军事能力，S为战略意图，W为贯彻国家战略的意志。对此，我稍作归纳调整：物质力是指硬件和软件合在一起的生命力，精神力则是无形的意志力。物质力与精神力不断相互转化，才形成一个人、一个公司和一个国家的竞争力。生命觉悟者任正非的精神力超强。一个人彻悟的程度，恰等于他所受痛苦的深度。美国极限施压带来的痛苦，都是肥沃的土壤，可以开出灿烂的花。"烧不死的鸟才是凤凰"，用痛苦创造欢乐。一如雨果所说："世界上最宽阔的是海洋，比海洋更宽阔的是天空，比天空更宽阔的是人的心灵。"

▶ 7. 与全世界公司共建、共有、共享生态圈

任正非在英国《经济学人》杂志年度特刊"2020的世界"中，发表署名文章《我们处在爆炸式创新的前夜》。他在文章中说，华为作为全球5G领导者，前边横亘着一些看上去无法突破的边界，比如现有的定律和标准已经快到尽头了，现在已经不是科学研究有重大的突破的黄金时期，发展已经在曲线的饱和段，华为跑不快了，无限的忧虑和惆怅开始弥漫。任正非却看到了一幅巨大的无穷性的画面："人类正处于新理论、新技术再一次爆发的前夜。"他说：

我们坚信，未来二三十年人类社会必然走进智能社会。今天，人类社会正处于新理论、新技术再一次爆发的前夜。发展潜力巨大，但也存在诸多不确定性。很多问题依然存在，但开放创新是

最好的解决之道。

站在智能社会的门口，展望二三十年后在这个新的社会结构中扮演什么角色。疏导巨大信息洪流就是我们公司未来二三十年的战略定位。疏导、分发、存储与处理数据流量，就是我们的战略方向，也是我们长期的奋斗方向，奋斗必须在大方向上要有连续性，在不同阶段应有适应性。

谷歌“断供”的利剑就悬在那里，分分钟可以掉下来。摆在华为面前的就只有一条路：开发推广自己的鸿蒙OS生态系统。这或许也意味着，5G时代鸿蒙系统的生态战已经打响。而任正非在英国《经济学人》发表的署名文章中，更进一步把目标拓展为：

与全世界公司共建、共有、共享生态圈。

这句概念性的立论，或许包含着华为不能不有的“雄心”。自打鸿蒙操作系统注册以来，一直有种说法，认为它是安卓系统的一个分支。这是一个误解。中芯国际创始人张汝京博士分析过，鸿蒙不是安卓系统的分支或在安卓系统的基础上修改而来的，它是一种全新的、独立的操作系统，是面向未来的5G物联网开发的。

2019年12月11日，任正非在接受拉美和西班牙媒体采访时说：

鸿蒙系统对每个国家都是开源的，支持各个国家的中小企业在这个平台上创新。我们有一个深度学习的集群也在松山湖，这个集群是可以卖给各个国家的，各个国家在集群上自我学习、深度学习，就形成了各个国家自己的数字主权。我们支持各个国家形成自己的数字主权。

我们的新操作系统不只是给手机提供使用，而是穿越了所有物联网到各种显示系统，所以我们不会变成一个封闭系统。

▶ 8. 励精图治，十年振兴

美国极限打压，使得华为软件“备胎”“鸿蒙生态系统”等一系列重大战略布局浮出了水面，人们不得不钦佩任正非技术战略上的前瞻性。而在2018年6月任正非题为“励精图治，十年振兴”的内部讲话中，他把美国打压华为的期限，一下子拉长到了10年。中美贸易摩擦正不断升级，这不仅考验中国政府的决策能力，更考验中国企业的真正实力。任正非在20多年前就注意到了这一点。1998年初，他写道：

> 中国是一个大国，我们要像当年搞两弹一星那样，拿出伟大的气魄来，在经济上、科技上站起来。当前，应在教育上加大发展，普遍提高人民的素质，认真学习各国的先进思想，在观念上对自身实现解放。从事高科技的产业更应向美国人民学习，学习他们的创新精神与创新机制，在软件技术革命层出不穷的今天，我们始终充满追赶的机会。

任正非看问题始终直落根本。透过中美经济科技的差距，他看到了两国战略上的差距，更看到战略背后的思维意识上的差距，看到了国民素质和思维方式的差距。励精图治，十年振兴。在为客户创造价值的真正战场上，华为默默无言、头拱地一往无前。

▶ 9. 苦难即喜悦：穿越苦难的智慧

灰度哲学作为任正非历经磨难悟出的世界观和方法论，已经被他应用得炉火纯青。任正非会直接把降临到身上的“无妄之灾”的苦难磨砺，直接当成“自在喜悦”。苦难与喜悦一体两面，苦难是土壤，苦难是种子，可以开出最灿烂的花。如何在苦难降临的第一时间，就看到灿烂的“花”，这可不是简单的智慧。任正非擅长在悲观无望的极点，看到另外一极点的喜悦。他会动员一切可以动员的能量，向着有利的方面转化。他转化苦难的智慧，可以用五重智慧来概括：

忍受，逢苦无忧；
接受，苦乐同受；
享受，生命成长；
无受，自在喜悦；
创造，大美绝活。

接近美，接近神。唯有创造出大美绝活来，才有利于缓解和消除地球上的紊乱和痛苦，才有可能见到自性光明，才有可能把大道之光洒向地球的生命。任正非是一个有生命觉醒的人。他深谙人性，知道要点亮心灯，就要去琢磨如何利乐众生的方式，就要沉静下来，安住一颗躁动的心，制心一处拿出大美绝活。

创造，是大自然独特的禀赋，也是自然大道的作用形式。看看大自然“鬼斧神工”创造的一幅又一幅雄壮的大美图，人们就会知道，天地对人的期待是什么。或许，一如特斯拉与乔布斯，任正非就是这样的生命觉者。

五重智慧，这是任正非适应这个时代走出来的一条阳光大道。这也是这个时代每个人都需要的一个入道合道的整体观，忍受，接受，享受，无受，然后创造。

当孟晚舟被拘，任正非第一时间传递的就是这样的智慧。他感觉年轻人很难遇到这样的压力和挑战，自己的父母肯定不舍得给这样的机遇，而美国人出于政治目的给了孟晚舟这样一个难得的磨砺，这个磨砺是需要默默消化成长的。因此，当孟晚舟于2019年12月1日发表一周年的感谢信时，任正非却不认可她的做法。他说：

> 我认为孟晚舟元旦的信不合适。全国人民都忙着要干活，要创造财富，争取改善自己的收入，不能消耗太多精力来跟她一起感受。

任正非知道，许多时候需要沉默。沉默，消化该消化的，转化可以转化的。“默默忘言，昭昭现前”，一开口，气就漏了。

2019年11月18日，《洛杉矶时报》执行主编采访任正非时说：“当我们总统表示，如果能达成他希望达成的贸易协议，他可能会放弃对您女儿的引渡时，这让我怀疑美国政府的动机。”

任正非：“这说明孟晚舟的情况不是犯罪，是可以用作交易的。”

美国大牌记者也认为孟晚舟没有犯罪，而是被特朗普作为交易的一部分！难怪美联社2019年12月20日报道，加拿大总理特鲁多在接受一家加拿大法语媒体的采访时表示：“美国不该在还没有解决孟晚舟和两名加拿大人的案子之前，就与中国签署最终的完整版协议。”

无妄之灾降临到孟晚舟身上，父亲任正非当然挂心。但是他知道这是女儿领悟世界、领悟人生的最好机会。如果女儿默默领受了其中的智慧，这对她的人生和事业，都是极大的推动。

▶ 10. 任正非在至暗时刻微笑

至暗时刻，微笑即光明。在至暗时刻微笑的男人，必有超强的意志力，更有找到北的坚定，还有对光明终将穿透眼前黑暗的信仰。凭借意志化解无数灭顶之灾的任正非，在每一次讲话或访谈中，都闪耀着自性光明，都会给我们带来不少穿越黑暗的启迪。

科技发展是向善的

在2020年的达沃斯世界经济论坛上，任正非与《未来简史》的作者尤瓦尔·赫拉利有一场精彩对话。这场对话穿越历史，让世界看到一个在至暗时刻微笑的男人。

《经济学人》的主编提出一个严峻的问题：这场科技军备竞赛会让哪些因素面临风险？对人类来说，对世界来说，这场科技军备竞赛会带来什么后果？会发生什么？全球是否会分裂为两个生态系统？我们需要怎么做才能避免最坏的结果？

赫拉利悲观地看待科技军备竞赛。他认为，生物知识、大量算力，尤其是大量数据，很快会导致数据殖民。他断言AI将入侵人类，成为强国数字殖民的工具，而且人类将重新进入新奴隶时代。他说：

> 因为一旦进入军备竞赛之后，很多技术发展和实验都是非常危险的……你可能会想，我不想这样做，我们是好人。但我们无法信任我们的对手不会这么做。你会想，美国人肯定在这么做，或中国人也肯定在这么做。我们不能被落下，所以我们也必须这么做。这就是军备竞赛的逻辑。

任正非对科技发展持乐观态度。他认为“科技发展是向善的”，科学技术也不会分裂为两个系统。因为科技必定是有觉性的人来完成的，而且科技发展也会受到伦理（人类的伦理和宇宙万物的伦理）的约束。而且，真正有创造力的大家，其创造的深层驱动力，都是来自对人类、对地球的爱。方法总比困难多。任正非说：

> 我们首先要看到科技是向善的，科技发展不是为了作恶，而是向善。
>
> 世界会不会分裂？科学技术底层统一，是不会分裂的。
>
> “技术大爆炸”给人们带来一种恐慌，爆炸是好还是坏？我认为是好的。在新技术面前，人类总会利用它来造福社会，而不是利用它来破坏社会，因为绝大多数人向往未来是幸福的生活，不是向往受磨难。

我看两位大咖的区别，在于造物者和学者的区别。学者往往从一个既定的逻辑体系出发，勾勒一个事物的未来。

而造物者，当能匠心匠魂造一物，他自然就会如琢如磨地研究与造物相关联的物之性和人之性，也就接上了“天人合一”“万物一体”的天线，也就最终连接到了大自然爱的本源。许多顶级科学家如爱因斯坦、牛顿等，最后都信仰上帝，都相信“无形之力”的作用，道理也在这里。

造物者与学者的视角是不一样的。学者看到了表面上的对立，便顺着对立的维度去做划分；而造物者却能体会到苦难与喜悦，这是一回事，是正反一体的两面。当美国利用实体清单气势汹汹而来时，任正非以不二的意志力和精神力，带领华为在逆境中艰苦奋斗创造大美绝活，一切就随之改变。在那个“灭顶之灾”的极点上，反者道动，正即是反，大道归一。

在西方“零和游戏”甚嚣尘上的时节，任正非说出“科技是向善的”，或许有人感觉很虚弱。大音希声。任正非一直坚持“从人类文明的结晶出发，寻找解决世界问题的钥匙”。他由此直接接通了西方科技发展的源流。

柏拉图是一个执著于把光明带给人间的人。在2 000多年前，柏拉图就凭借他对数学算法的挚爱，探究着宇宙运行的根本规律，而且开启了用算法体现大道规律的先河。柏拉图如果能现身今日的达沃斯论坛，或许信仰光明的他会郑重而诙谐地指出：

> 孩子们害怕黑暗，情有可原；人生真正的悲剧，是成人害怕光明。
>
> 人生的最终价值在于觉醒和思考的能力，而不只在于生存。

爱因斯坦承接了柏拉图的光明。他在《我的信仰》中说：

> 让每一个人都作为个人而受到尊重，而不让任何人成为崇拜的偶像。
>
> 照亮我道路的理想是善、美和真，它们不断给我以新的勇气去愉快地面对生活。倘若没有对志同道合者的亲切感，倘若不是全神贯注于客观世界，那个在艺术和科学研究领域永远达不到的对象，在我看来生活便是空虚的。人们努力追求的庸俗目标——财产、虚名、奢侈——我总觉得是可鄙的。

这是爱因斯坦的不二信心，也是任正非的不二信心。

“反围剿”催生华为真善美的精神力

美国文明奉行的是实力决定论。华为同样必须靠实力说话，这包括技术实力、产品实力、管理实力、服务实力、架构实力、文化实力、构建合作共赢生态圈的实力。一句话，华为必须建构一个全新的高端能力体系。

中美的科技冷战，其实并不是从今天开始的。西方一直有一个针对出口管制的制度安排，最早是1949年成立的巴黎统筹委员会，之后在1996年演变为《瓦森纳协定》。该协定包含军用、民用两份控制清单，目的是限制向相关国家出口敏感产品和技术，中国就属于被限制的对象。本来就已经封锁得很厉害了，只不过现在美国把这个军事科技禁运又推向一个新的高潮，直接打中国的大企业，把中国高科技企业列入实体清单。

华为公司反围剿的意义在于，让世界认识到中国的精气神，中国人的精神力也在拔地而起。

在竞争和挑战中，一系列限制性或毁灭性的不足和欠缺会涌现出来。好像“生存之门”被关闭了。意志薄弱的人就开始抱怨，开始怨天尤人。而在任正非的词典里，就没有抱怨。关闭“生存之门”的是自己。上天在给你关掉一扇门时，一定会在另一个向度给你开启另外几扇门。关键是你是否有足够强大的意志力。

过去的一年，我们看到了华为一往无前的奋斗和创造，看到了任正非在每一个当下不断开启新维度思想的喜悦。一年多的“反围剿”，催生了任正非真善美的精神力，催生了华为真善美的精神力，也催生了中国人真善美的精神力。

任正非坚持“科学技术发展是向善的”，不是一个简单的概念，而是反映了他对自然规律的敬畏，反映了他对真善美的孜孜以求。在长期技术战略的确定上，华为内在的价值罗盘还是“磨好豆腐给妈吃”。当年华为直面关门的危险，弃选小灵通技术，就是一个很好的说明。现在以色列学者尤瓦尔·赫拉利坚持科技军备竞赛将导致新奴隶出现，任正非却直接回应“科技是向善的”，华为发展科技的深切动力是“磨好豆腐给最亲的人吃”。

达沃斯世界经济论坛，任正非去了两次。这是公开报道中他唯一出席的国际论坛。为什么？欧洲是美国的盟友。与美国的朋友交朋友，或有可能终会成为美国的朋友。德国、英国、意大利等国已经间接表达不能排除华为，之后法国会公开表态。任正非的达沃斯之行，也可以看作是一次拓展客户圈层的商业行为。

任正非就本色呈现，用他对真善美发自内心的渴望，与欧洲人和世界人交流。他谦和、敬畏、阳光，一再强调，科技发展是向善的，华为以客户为中心，对客户的需求有宗教般的虔诚，华为的发展会坚持合作共赢。这样的表述，或许会推动世界对华为形成新的认识。

当被问及中美科技发展是否会脱钩时，任正非不会给您去讲逻辑，他会说利害：

> 如果美国政府一意孤行这么做，就会出现数字柏林墙。美国称霸全球的公司，市场份额就从全球降到只有二分之一，这样它就要紧缩财务报表，裁掉员工，美国人的生活会变得困难，而不是更好。

任正非的这个强势判断，一年多以来说了几次。任正非的声音，或许已经被美国高官听到。比如，2020年1月25日，据《华尔街日报》报道，美国商务部2020年拟对华为实行实体清单升级。此前的规定要求，美国企业在海外生产的芯片和设备中，受美国出口限制的内容（技术）不超过

25%，就可以不用经过许可直接卖给华为。但现在，规定中明确要求，要将这一比例下降至10%，进一步限制美国企业向华为销售设备。

没想到，这个提议却遭到了来自美国国防部和财政部官员的反对。理由是美国断供，会形成技术替代，对美国公司竞争力的提升不利。具体政策还没有出台。但是这个事件表明，美国的智者懂得深层技术逻辑。美国对华为的打压，不再是铁板一块。为美国自己的霸主地位考虑，政策或许会有所松动。

达沃斯会议后，英国和欧盟，纷纷对外宣布，在5G建设中，将不会排斥与华为公司合作，但是会强化数字安全的考量和审查。这是华为“反围剿”的阶段性胜利，这是华为精神力的胜利，或许也是对任正非在至暗时刻微笑的回报。

不管美国怎样，华为仍给予援助

2020年，新冠肺炎袭来，美国政客依然没有停止封堵华为的行径。2020年2月18日，美国司法部以16项新罪名再度起诉华为及其首席财务官孟晚舟。2月28日，继国会众议院之后，美参议院也通过了《安全和可信通信网络法》，拨款10亿美元更换华为、中兴设备。更大的计划是将出口管制的美国技术（占比从25%下调到10%），以全力阻断美国之外的企业，尤其台积电等对华为的供货。3月3日，美国参议院20名两党议员联名致信英国立法机构，呼吁重新考虑是否使用华为的决定。

面对美国政客不停歇地围堵，在纽约州遭受疫劫袭击的第一时间，华为公司率先捐赠了10 000个N95口罩、20 000件防护服、50 000个护目镜和10 000双手套。在抢救生命的紧急时刻，这些医疗物资极其珍贵。纽约州州长安德鲁·科莫在推特上对华为表示感谢！

这就是华为！这就是任正非！不管美国怎样，华为仍然对其给予力所能及的援助。与美国通好，是华为的向善之举，也是华为的战略。美国鹰派政客铁了心把中美关系推向悬崖，但华为的向善之心一点没有减弱。

华为率先捐赠的义举，让笔者想起特蕾莎修女。特蕾莎修女是一个生命的觉醒者。她坚定地相信自己，因而也就相信世人。不管周边的“成年人如何怕光”，她依然坚持着她的自性光明：

> 即使你是友善的，人们可能还是会说你自私和动机不良，不管怎样，你还是要友善。
>
> 即使你是诚实的和率直的，人们可能还是会欺骗你，不管怎样，你还是要诚实和率直。
>
> 你今天做的善事，人们往往明天就会忘记，不管怎样，你还是要做善事。
>
> 即使把你最好的东西给了这个世界，也许这些东西永远都不够，不管怎样，你还是要把你最好的东西给这个世界。
>
> 你看，说到底，它是你和上天之间的事，而绝不是你和他人之间的事。

找北需要当下的力量

稻盛和夫曾经说：“我们迎来了一个‘没有方向的时代’。”

尤其是2020年初，新型冠状病毒疫情的爆发搅动了中国和世界。在那段不堪回首的日子里，你和我一样的心痛，一样的恐惧，一样的忙乱，一样的焦虑。洪水般的信息涌来，让我们躁狂的心极容易上火。人们一时失去了方向。

灾难不可怕，可怕的是我们缺乏精神力！一想到精神力，我身体内在立刻涌动着一种力量。我想起了母亲，连接到了母亲的精神力。

母亲不认字，但她知道头拱地。母亲头拱地，1961年把大哥送进了南开大学；母亲头拱地，1963年又把大姐送进了鞍山钢铁学院——那个年代乡下女孩是不上了学的；母亲头拱地，让我现在回想起穷困和吃不饱饭的日子，竟然都是开心的画面。支撑母亲的就是一些口头禅：

头拱地，出绝活！

头拱地没有过不去的火焰山！

车到山前必有路，出水才看两腿泥！

是人不要管，用管不是人！

哪有那么多顺心的事？哪有那么多说道？

你自己把它拨拉过来，头拱地做好就是了！

我最喜欢母亲的最后这句口头禅，其中要害是“拨拉”两个字。山东土话“拨拉”很生动。这个世界天大的事，不过一“拨拉”。拨拉就是转换意念。母亲没有固守的框框，她懂得随时随地“拨拉”意念，以适应一刻接一刻变化的环境。哪里有顺顺当当没有挑战的事？哪里有一马平川没有压力的时候？哪里有那么多说道？无论发生什么无妄之灾，你懂得“拨拉”就足够了。你要把悲催“拨拉”成喜悦，把灾难“拨拉”成便利，把毁灭“拨拉”成重生。只要一个人懂得“拨拉”，坚持“拨拉”，持续“拨拉”，就“没有过不去的火焰山”！

“拨拉”，就是母亲的精神力，也是当今中国人的精神力。

从母亲最后这句口头禅中，可提炼出六个字，构成一个地头力方程式：

地头力方程式 = 喜爱（目标）× 专注（死磕）× 做好（绝活）

喜爱目标、专注死磕、做好绝活，三个因子相互作用，形成一个闭环。地头力方程式所揭示的是，人必须从心底喜爱当下任务的目标，他还必须调动所有与之关联的物之性和人之性，参与到价值创造的过程中来。当他真正平心静气完成这个复杂的过程，或许会发现任务目标的新契机，当他抓住这个新契机而建立结构，一次次完善后，最终有可能拿出与众不同的大美绝活。

无论什么事，每个当下都要形成“喜爱（目标）—专注（死磕）—做好（绝活）”的闭环，这就是任正非与稻盛和夫找北的最大秘密。一个有觉性的人，是这样给锻造出来的。

真实的造物过程，是一个改造人的过程。这是为什么松下幸之助当年把公司的目标锁定为“造物造人”。简单说就是，在造物过程中造人。可惜现在流行的一些传统文化的研究机构，硬是想象中先造出一大批“善人”，再来造出有魂的产品和服务。这样颠倒造物造人的自然顺序，有可能误人误己误国。

在25年研究稻盛和夫和20多年研究任正非的过程中，我发现两个经营之圣：他们都有很强的地头力特质，他们都熟谙当下的直觉判断力和解决问题的能力。

▶ 1. 以造物为使命

“人靠绝活立身，企业靠好产品实现高收益。”这是任正非与稻盛和夫高度共振的一点。在巨大的不确定性世界，把团队的心安放在创造大美绝活上。以创造大美绝活为己任，必须有两个重要的功力：一是向世间的苦处行，找到自己有魂的好产品；二是向自己的苦处行，不断拿出不同凡响的绝活。

▶ 2. 反求诸己，开启自己和团队的自性元能量

当无妄之灾突然降临，当意想不到的挑战突然到来，人们常常会一时举足失措。稻盛和夫与任正非都是不怨尤者。没有什么可以扰乱他们的心神，一切发生都是来成就他们的。挑战来了，他们内在巨大的无穷的能量会被激活。他们会点燃激情，开启自己和团队的能量，连接公司内外的广域能量。

▶ 3. 现场有神灵，答案在现场，强大的直觉判断力

直觉判断力强大，是任正非与稻盛和夫的共同禀赋。直觉判断力最核心的三要素：第一，大道一以贯之，稻盛和夫有“作为人何谓正确”的理念，任正非有“磨好豆腐给妈吃”的理念；第二，保持开放，保持空杯，一切从零出发，就可以找到生命和企业成长的路径；第三，把每一个现场跑遍的通透，现场有神灵，答案就在现场。

“头拱地，出绝活。”或许，这是每个生命在造物中找北的最大秘密。

他找到了生命的真北

02

人要经历一个不幸的抑郁症或自我崩溃的阶段。在本质上，这是一个昏暗的收缩点。每一个文化创造者都要经历这个转折点，他要通过这一个关卡，才能到达安全的境地，从而相信自己，确信一个更内在、更高贵的生活。

——黑格尔

一个不幸的人，贫穷、残废、孤独，由痛苦造成的人，世界不给他欢乐，他却创造了欢乐来给予世界；他用他的苦难来铸成欢乐，好似他用那句豪语来说明的——那是可以总结他的一生，可以成为一切英勇心灵的箴言：用痛苦创造欢乐。

——罗曼·罗兰《贝多芬传》

这场与他的对话也折射出中国的近代史和中国现在的精神面貌，我们也从中了解到技术和地缘政治的错综复杂。中国精英群体的代表极少花这么多时间讲述自己的故事，阐述自己世界观，表达自己的情感。

——法国《观点》

人生最曼妙的风景，是“灭顶之灾”当前，仍能保持内心的淡定与从容。

研究华为和任正非20多年，我深感一年多以来任正非的这些访谈价值无穷。每每安下心来，我静静地看任正非的一问一答，真是拳拳到肉，心乐齐鸣。每个当下，任正非既专注，又开放包容。记者的正负向问题，都是他思考的起点。专注，不空杯不行；不开放，也不行。

任正非的意念转变心法

任正非提炼的转念金句是“保持空杯，保持开放”。这个八字真言，有些人挂在嘴上说，有些人会挂在脚尖行，而任正非则是挂在心尖觉。世界上最难走的是心路，一刻接一刻地把自己的心路校正，脚底下就轻了。心念一动，脚底下就跟上去了。任正非内在有强大的精神力，那是一个觉者的心语，他的一句一句形成层层能量波，一次次打开我的视野，撑大我的胸怀，撞醒我内在的良知，醒觉我生命的意义。

“我的心比较平静”

2019年8月20日任正非接受美联社采访。美联社记者提出一个很有趣的问题，引发了任正非的浓厚兴趣：美国把华为列入实体清单，这个阶段是不是华为最大的危机？还是说历史上有其他类似的危机？这个问题在此前的一系列访谈中没有出现过。

任正非坦承，30多年来华为公司面临的危机不断，有些危机甚至严重到危及企业的生命。所以，美国这次危机对华为打击是大的，但也不是非常大。美国的这次打压，还危及不到华为生命，反而激活了华为公司上下一心的创造力，给华为生命赋予了不同一般的能量。

华为从1987年创立走到今天，一次次面临着被抹掉的危机。尤其是20年前小灵通引发的生存危机，几乎把任正非和华为抹掉。一次次生存危机，把一个稚嫩的华为，锻造成一个内力充沛的能量体。一如进了太上老君的炼丹炉的孙猴子，出来时被炼成了火眼金睛的齐天大圣。

20多年前的那场危机，当时持续了几年。华为挣扎在死亡线上。每当看到部下想赚钱活下去的一次次报告，任正非的内心就纠结、折磨、痛苦得无以复加。他的抑郁症也是那个时候变得严重的。至暗时刻任正非有了生命觉醒：松，静，空，定，慧。无量藏的智慧启动。为了更美好的明天，华为人应该鼓起勇气，解决掉眼前的困难。为了更美好的世界，用痛苦创造出大美绝活给予世界。

面对美国的极限施压，任正非说："我现在心情比较平静。"

小灵通危机与实体清单危机比较

美联社记者做足了功课。很少有人对华为2000年前后的危机性质深入研究。我在《苦难英雄任正非》一书和此前的文章中，曾经把小灵通危机作为华为2000年前后深重危机的缘起。在提到危机中华为的战略调整案例时，记者想到了小灵通，直接向任正非提问：

之前有人提过小灵通的例子来体现华为的战略，华为当时就是否做小灵通进行了决策。您如何看待对小灵通这个业务？

▶ 小灵通的煎熬

记者的问题唤起了任正非的记忆。

小灵通的出现在中国是一个“怪胎”。这个“怪胎”是体制形成的，不是自然成长出来的。当时中国有1 800 M频率，富余55 M，这55 M频率完全可以分给电信，电信可以上GSM，完全没有必要上小灵通。但是因为部门之间的关系，这55 M就不分给电信。电信就想找到一个不受频率管辖的产品。正好PHS小灵通的频率信号很弱，本身就是家庭集群电话，他们增强了一下，就将其作为社会电话来经营。小灵通是临时性产品，因为电信没有无线，就将其用来替代无线，由此掀起一波投资抢金的狂潮。

UT斯达康、中兴等公司积极参与，都获得了近百亿元的收入。华为则由于任正非的坚持，没有上马小灵通，而是集中战略资源研发2.5G和3G。结果国内没有市场，被逼从零开始国际化。当时很惨淡，白送机器给人用人家都不要。而国际市场稍稍有点拓展，美国思科又盯住了华为想封杀它。那一段时间真是内外交困，以至于到2003年任正非想把华为作价100亿美金卖给摩托罗拉了事。当时出让协议都签了，亏得摩托罗拉换了掌门人，否定了前任的决策，华为才有了一线生机。

任正非想起这一段历史，真是不堪回首。在战略问题上，他是坚持不动摇的。如果说，稻盛和夫作出一切战略决策最终权衡的原点是“作为人何谓正确”，那么任正非作出战略平衡点的拿捏，就是“以客户为中心”，或是“磨好豆腐给最亲的人吃”。一切都要从最终用户是否得到了真正的好处为出发点和终点。他说：

> 我认为，战略是要从长远来看问题，到底这个社会的需求是什么，这点是很重要的。小灵通是一个没有前途的产品，会消耗

大量精力，将来怎么把战略力量聚焦到有希望的领域？

在小灵通这件事情上，华为内部还是有很多争议的，甚至因为这件事情造成了内部分裂。以至于到现在，华为大学还把小灵通作为失败案例来讲。因为小灵通战略，是任正非从技术员的角度来作考虑，而没有从市场角度来考虑。市场有奶便是娘，没投资小灵通，就把华为推到了危险的边缘。任正非坦承：

外部的压力，我们一点都不害怕，反正坚决不做；内部的压力，如果说不做，万一华为公司真的由于我判断失误栽跟头，死掉了怎么办？

当时华为公司处于很大的生存压力中，在那种情况下，我们还是聚焦做3GPP标准的产品。这个过程经历了8年，内部有很多人都在写报告要做小灵通，他们是想多赚一点钱，觉得小灵通很简单，完全可以上的。我每看到一次报告，就是一次内心的纠结折磨，痛苦得无以复加，可能抑郁症也是那个时候变得严重的。直到8年以后，中国确定放3G牌照，我们的心才真正放下来。

小灵通只是扭曲市场中的一个怪胎，注定要被淘汰。为什么还要让客户浪费资源呢？为什么要做无用功呢？一般人考虑商业首先是是否盈利，而任正非考虑的首要因素是对客户是否真有好处。任正非的心是很坚毅的，他会恪守自己的原则。可是公司没有现金流，面临倒闭的危险，看着高管为了公司的生存，一个个申请报告上来，他的心很纠结。一面是员工的工资，一面是客户的利益。那种痛苦，无法说出来，真是“痛苦得无以复加”！

对一个高科技公司而言，因技术战略选择酿成的危机，是最深刻的危机。其他危机都是在此基础之上衍生的。任正非在2000年前后面临着巨大的压力，经常晚上突然惊醒，想着怎么给员工发工资，甚至常常冒出自杀的念头。任正非曾经在与索尼CEO的交流中，说出了具体的情况。但是，当时并没有把这样的“熬煮”与小灵通技术选择的危机扯在一起。这是第一次在公开场合，任正非袒露他自己坚持的信念。确实，事关十几万人吃饭的事，不是一转身离开那么容易。

常常听到企业家说，我们不得不先活下去，再来选择对客户真正好的产品。那些对客户没有好处，但是可以带来利润的产品，企业往往会趋之若鹜。而任正非这个人与一般企业家不一样，他心目中的一两款好产品，就是大美绝活，就是对客户真正有好处的产品。

▶ 战略方向要坚守，组织要充满活力

任正非认为，痛苦没有什么收获！如果硬是要提出几条借鉴，可以说：

> 如果我们“东一榔头、西一棒子”，注定是失败的，应该坚定不移在一个正确方向上去努力，才有可能成功。后来我们把奋斗目标叫作“方向大致正确”，绝对正确的方向不存在，大致正确就可以了。第二，组织要充满活力，对准一个地方。这是在科学技术上押赌，有可能赌错。幸亏赌对了，压力就释放了，后来就不想自杀了。

任正非的总结说明，如果再来一回那样的“熬煮”，他还会做同样的选择。技术战略最忌讳从短期利益出发，那是一个高科技公司根深蒂固的基础，一定要对准一个方向。这是在科学技术上押赌，有可能赌错。任正

非是一面认错，一面坚持。被“熬煮”了8年，幸亏赌对了。

“方向大致正确，组织充满活力。”这是任正非对自己的简要概括。2018年，任正非与索尼株式会社吉田社长交流时，就曾经说过这点。

当时吉田社长说：“索尼公司从创业至今有72年历史，我是第11任社长，今年4月开始任职。我从索尼公司的创始人盛田先生身上主要学习到三点：第一，我们需要拥有危机感；第二，我们需要保持谦虚的态度；第三，要有长期的视野。任总您的哲学是否与此相似？”

当抽象出几个点来言状一个人时，常常背离了真实。任正非深知这一点。所以每每他都要赋予一些简单点以具体的含义。作为原则，可以说他跟索尼创始人盛田昭夫先生所坚持的差不多。但是具体展开，就会有很大的不同。他说：

基本相似。但是我认为，第一点应该是要有方向感，包括客户需求的方向感、未来技术创新的方向感。当然，技术创新实际也是客户需求，未来的客户需求。不断调整方向，方向要大致正确。方向并不一定要求绝对正确，绝对正确的方向是不存在的，太机械教条。

第二，组织要充满活力，这与您讲的三点基本一致。因此，要敢于在内部组织与人员迭代上更新。比如，我们的作战组织，要保证一定比例的基层人员参与决策层。最高层司令部的“战略决策”，允许少量新员工参加；再下一层级叫“战役决策”，如区域性决策、产品决策等，不仅是新员工，低职级员工也要占有一定比例。我们层层级级都实行“三三制”原则，要让一些优秀的“二等兵”早日参与最高决策。以前大家排斥他们，有人问“新兵到最高决策层做什么？”，帮领导“拎皮包”也可以呀！他参加了会议，即使很多内容听不懂，但是脑袋开了天光，提早对未来作战明白，而且他们还年轻。新生力量就像“鲶鱼”一样，把整个鱼群全激活了。因此，迭代更新很容易，我们不担心没干部，而是担心后备干部太多了，不好安排他的工作。后备干部太多，在职干部就不敢惰怠，否则很容易被别人取代。

任正非在这里说得很清楚。可是不了解这个过程，只拿这两句话来说，又有什么意义呢？只有当赋予这两句话特定时空中的具体含义时，这两句话才不一样起来。

“方向大致正确”，是在说要有客户需求的方向感和技术发展的方向感。而技术发展的方向感，又要服务于客户需求的方向感。把战略建构在极致的客户体验的基点上，这个基本点要贯彻在华为战略的出发点、标靶和实施全过程中。他说：

客户需求是一个哲学问题，而不是与客户沟通的问题，不是客户提到的就是需求。华为产品研发就是几句话：多路径、作战队列多梯次、根据不同客户需求多场景化。

首先第一梯队，要瞄准综合后的客户需求理解，做出科学样机，科学样机可能是理想化的，它用的零件可能非常昂贵，它的设计可能非常尖端，但是它能够实现功能目标。

第二梯队才去把科学样机变成商业样机，商业样机要综合考虑可实用性、可生产性、可交付性、可维护性，这个产品应该是比较实用的，可以基本满足客户需求，新产品投入时的价格往往比较高。

第三梯队分场景化开发，这个时候我们要多听买方意见，并且要综合性考虑各种场景的不同需求以后才形成意见，并不是买方说什么就是意见，这就是适合不同客户的多场景化。

第四梯队才开始研究用容差设计和更便宜的零部件，做出最好的产品来。比如，电视机的设计就是容差设计。

华为以这种方式来满足客户需求，就不是让客户牵着鼻子走。否则刚满足了客户这个需求，新的机会点又出现，太碎片化，我们完全束手无策。

任正非在这里把大致正确的方向说清楚了。客户需求是一个哲学概念，也是一个有梯次的系统概念。那是深入到人的根性底部，一层一层所发掘出来的立体需求，而这样的客户需求常常不是客户当下想要的，却与未来的科技进步密切相关。一如通用汽车创始人亨利·福特的比喻：在汽车还仅仅是概念的时候，你问一个马车夫他需要什么样的交通工具，他肯定说“马车”，不会说“汽车”。汽车从概念到实际商用，需要一个长期梯次的过程来实现。

“组织要充满活力”，任正非在这里的阐释，也是最为清晰明白的。让华为组织充满活力不能简单靠金钱刺激，而是一个庞大的系统工程。这个组织系统设计，是依照美军的建构。在任何一级的决策中，要“三三制”，即要有客户关系专员、整体解决方案设计专员和交付使用专员。而每上一层的决策，要吸纳一线员工的参与，要让新兵参与到最高决策层的会议。在这样的场合，他们会像被开了一双天眼，明白未来的作战意图。这些新生力量会像鲶鱼一样，把整个鱼群全激活。这样也会形成很强大的后备干部队伍，迫使在职干部不敢惰怠。

唯有坚守正确的大方向，才可以长期持续地激活组织。如果偏离了极致的客户体验，或可以一时有点作用，但是每个人内心深处都有良知。昧着良心赚钱，会让普通员工的心处于疲态，激发不了他们的自性潜能。

▶ 实体清单的压力仅仅是小灵通危机压力的十分之一

美联社记者紧跟着提出让人无法回避的问题:“如果把当前危机和2000年小灵通经历的痛苦相比，怎么看待现在的危机?”任正非坦承:

> 今天的危机应该只有那时十分之一的压力，因为现在我们对度过危机充满信心，那时的危机是不可知的恐惧。现在我不恐惧，那时恐惧到精神受到极大的折磨，才产生抑郁症。现在我们一步步在补“洞”，从5G到核心网这条线的“洞”全补完了，现在要补终端的“洞”，终端的“洞”就一两个，我们有信心用两三年时间完成。所以，我们现在还是很有信心，那时是没有信心的；第二，现在我们也有钱，那时人心不齐，还没有钱。

华为确实是一个在市场上稳扎稳打一心满足客户需求的公司。华为没有依靠任何背景走非市场化的旁门左道。美国人不会理解一个民营企业在特定阶段经历的“熬鹰”。被熬出来的鹰，毕竟是少数。一旦被熬出来，看待苦难与折腾，也就有了另外的视野。任正非最后说:

> 今天的痛苦，是美国打击华为的市场、商业，打击不了我们的生命；我的政治生命只有中国才能打击，美国打击不了政治生命，我也不会去美国。因此，我现在心情比较平静。
>
> 30年来，华为全都是痛苦，没有欢乐，每个环节的痛苦是不一样的。今天你们第一次提出来，把2000年的痛苦和现在的痛苦比较，我还从来没有想过这个事。谢谢你们。

任正非自己还没有把两次危机连在一起来想。任正非说的是实话：最严酷的打击是否定你的政治生命！是否定你的存在！

这是个很有意义的话题。在某种程度上可以说，正是有了上一次的危机的煎熬，华为才有了长足的发展，才会跻身世界一流，才会诱发美国封杀的危机发生。本来不接受记者采访的任正非，才不得不走到前台来，我们才可以通过一系列的访谈，看到任正非在危机中所表露出来的淡定、达观和通透。所以，有必要回顾一下上一次危机是怎么发生的，任正非从危机中到底得到了什么。

在2000年华为濒临倒闭的危机时刻，华为召开了400人的高级干部大会，学习了德国克劳塞维茨的《战争论》。任正非讲话画出了重点：

> 我们召开了400人的高级干部大会，学习了德国克劳塞维茨的《战争论》。克劳塞维茨《战争论》中有一句很著名的话："要在茫茫的黑暗中，发出生命的微光，带领着队伍走向胜利。"战争打到一塌糊涂的时候，高级将领的作用是什么？就是要在看不清的茫茫黑暗中，让自己发出微光，带着你的队伍前进。就像希腊神话中的丹科一样把心拿出来燃烧，照亮后人前进的道路。越是在困难的时候，我们的高级干部就越要在黑暗中发出生命的微光，发挥主观能动性，鼓舞起队伍必胜的信心，从而引导队伍走向胜利。克劳塞维茨的这句话对我个人的鼓舞是非常大的。

当时，华为派出了一大批人员去海外争取市场，欢送他们走向海外的标语口号非常悲壮："青山处处埋忠骨，何必马革裹尸还！"壮士一去可能就不复返了！那时，整个非洲处于动乱和战争环境。在俄罗斯，华为换了四任总裁，第四任总裁做出了全球第一个外贸合同——36美元，华为就是从那种情况起步的。今天华为能达到1 220多亿美元的销售收入，绝不能忘了那“36美元的辉煌”。

IT泡沫对西方也是危机，但对华为是更为深重的危机。当时，北电在光传输问题上犯了错误，由于过剩，光传输非常便宜，以至于许多公司放弃了。相对来说，低端的光传输技术比较简单，华为就集中力量到这儿来找机会。华为已经到了最低点，退无可退，在别人不做的领域，他们选择抓住“鸡肋”，努力发展。这个产品，那时华为在世界上的排名应该是几十位，随着低端光传输技术的一点点成功，一点点往上走，今天华为在通信领域才能领先。

而在2000年，坚持技术上的“鸡肋战略”是很痛苦的抉择。2000年前，中国的小灵通特别赚钱，但华为坚持不做。因为任正非想，小灵通那是家庭组群的电话网，在日本已是淘汰的技术，中国干吗还要浪费宝贵的资源上小灵通呢？UT斯达康、中兴等公司是什么赚钱做什么，赚了近100亿元。而华为一分钱没赚，被逼从零开始走向国际化，后来又遭到国际巨头思科的碾压。

至暗时刻任正非找到了真北

任正非经历了无数个至暗时刻，他的生命就一次次被拓展、被打开。至暗时刻，他念念不忘做企业就是磨好豆腐给最亲的人吃，拿出利他绝活。苦难属于今天和过去，但是利他绝活，将属于明天和未来！一个朝向他的目标永远前进的人，整个世界都会给他让路，而且一切有价值的资源和能量还会向他汇集。

任正非是一个普通人。常人有的毛病他都有，脾气火爆，可就是他，却在逆境中奋勇向前，改变了自己的命运，也改变了无数人的命运。他从小饿着肚子长大，最高的理想曾经是美美地吃一顿白面馒头。

任正非43岁被国营企业炒了鱿鱼，离了婚，带着父母亲在深圳住棚屋，没有人雇用这个老男人，他干脆自己凑钱创立了华为，自己雇用自己。他创立企业的初始目的就是："做出一两款产品来，这一辈没有白活。"他一心要搞技术研发，一有进项就投入研发。合伙人不干了，都纷纷撂挑子，他就高价赎回股票，落了个自己说了算。公司举步维艰，没有钱雇用高素质的技术人员，他就听了老爸的建议，用股份把年轻人黏在一起。

2000年，任正非最器重的左膀右臂李一男出走，高管与员工大量流失。也是那一年，任正非癌症第二次动手术，重度抑郁症第二次爆发。排山倒海的压力向任正非袭来。艰难时期，他写出了《华为的冬天》。我们旁观者看不懂，只会以为这是企业家的危机意识。时任董事长的孙亚芳看懂了，她给任正非说："任总，你这文章不是在说，兄弟们，华为哪一天关门了，可对不起呀，环境太难了！这样的文章太负面，要修改。"这篇文章修改后一直拖到2001年4月才在内部发表。

2000年底，任正非感觉一直心空落落的，他良心发现就自己买机票打的回家去看母亲。以前回家，不是见政府官员就是大客户，安排了一大堆的日程，跟母亲在一起的时间，也就是10多分钟。这回他自己偷着跑回家，就期待跟母亲多待一会儿。那里，是他真正可以安心的港湾。

母子俩见面可高兴了。母亲给任正非说："你过得太苦了，在深圳只租了一套30平方米的房子，还没有空调。我知道，你没有钱呀！你的公司都是负债。历年你给我的钱，我都攥着呢，现在都快10万元了。我已经给你妹妹说好，这钱是给你吃饭用的。"

任正非感受到了母亲的温暖。他笑着说，妈呀，我们公司好着呢。2001年1月2日，我还要陪着国家领导人出访欧洲呢。这表示政府经过严厉审查，已经认可华为了。

母子俩手拉着手，聊得很投机。任正非提出一个大胆的设想：今年春节，一家老小都去海南过春节，让弟弟妹妹堂弟堂妹都带上小孩，大家在一起热闹热闹。母亲俩开心地畅想着。之后，任正非赶去北京于2001年1月2日出访欧洲。

1月8日，考察团在伊朗解散。任正非第一时间想给母亲打电话，说说一路上的见闻，让老人家高兴高兴。可是，转念一想，不对！伊朗炮火连天，五星级酒店说被炸就炸了，在这里给母亲打电话，不是让她揪心吗？于是他想离开伊朗再打电话。可是，下午电话从老家过来了：母亲上午去买菜，走出菜市场被一个逆行的车撞了。母亲被送医院，因为没有带身份证，兜里只有30多元钱，抢救给耽误了！母亲病危，速归！

如雷轰顶！任正非一路狂奔，赶回家时，母亲挂在呼吸机上，已经没有了意识。他悲痛！他自责！如果上午打个电话，母亲晚出门一秒钟，都可以避免呀！他对得起天下人，却对不起母亲！

送走母亲后，任正非把门一关一个月不见人。不见公司高管，不见政府官员，不见大客户，就是跟家人待在一起。人要么被黑暗吞没，要么在黑暗中觉醒。在那一个月以及以后的一段至暗时刻里，任正非回到了生命的源头，醒觉到生命和企业经营之道，还悟透了灰度哲学。有了自己的哲学，任正非和华为走上了更加宽广的大道。

▶ 1. 至暗时刻，阳光升起

母亲走的方式让任正非痛苦不堪。作为高级知识分子的父亲，因为口渴，1995年在街头的一个小摊上买了一罐饮料，喝下去，最后腹泻而死！

为什么最亲的亲人都是因为市场上的产品和服务不到位而去世的呀？！任正非自己也是做企业的，也是给客户提供产品和服务的！他深知通讯网络的一个故障，信号不通一小会儿，就可能耽搁一个病人抢救的时间，这都是人命关天的大事！父亲、母亲以这种非命的方式离开，就是在叮嘱他：“儿呀，提供产品和服务都要有良心呀！”

一切以客户为中心！华为现在市场艰难，是不是华为员工还没有以宗教般的虔诚，回应客户的诉求？华为有没有把客户当成至亲，来为他们提供产品和服务？

一个个问题，如针扎般让任正非感到心痛。这是任正非的初心！这是华为的阳光初心！做企业就是要拿出经得起考验的产品和服务，如果每个员工，抱着对至亲的情感去做好每一个细节，不就是磨好豆腐给妈吃了吗！这样一来，公司的市场怎么会出现艰难？正是那一个月的闭关，才让此后任正非的企业经营语汇中，多了一个“磨好豆腐给最亲的人吃”。

2013年5月14日，我第一次见任正非时，就跟他请教，华为也是从中小企业走出来的，中小企业该如何经营？

当时任正非说，中小企业经营不要那么多模式和方法，中小企业就是做出一两款产品来，就是磨好豆腐给最亲的人吃。后来我注意到，他时常说做企业就是磨好豆腐，就是把产品做精做透。听的看的多了我就憋出一句话：“做企业就是磨好豆腐给妈吃。”这句话比“以客户为中心”更有带入感。“以客户为中心”有点高度概括的概念化，而“磨好豆腐给妈吃”一下子就把人带入“带着对妈妈的爱、敬畏和郑重，一丝不苟做好产品和服务”的场域。

▶ 2. 共情，造物造人

母亲17岁，就生下了任正非，接着又生下了6个孩子。任正非从小就和家人在吃不饱饭的境况下挣扎。任正非小时候最大的梦想，就是吃一个大白馒头。饥肠辘辘，打扰了任正非的学习。任正非小学和初中的学习成绩都不好。高中考大学时，母亲每天多给他一个小窝窝头。他很惭愧。知道这个小窝窝头，是从母亲和弟弟妹妹们的嘴巴里省出来的。于是，学习就格外用功，最后他考上了重庆建工学院。

当时，任正非家里很穷。9口人只有三床被子。网络上流传出一张照片，就是在那样艰难的条件下，母亲程远昭与任正非等7个儿女的照片，他们穿得破破烂烂，但是每个人脸上都洋溢着自在幸福的微笑。那就是他们家的正常状态。为什么呢？因为妈妈的爱。妈妈无私地温暖着每一个孩子，用微笑和无微不至的关怀给每一个孩子赋能。每一个孩子都加倍努力好好学习。

对比那一幕幕，任正非想到了当下华为的氛围。为什么李一男和一些员工要出走？他们为什么不开心？我作为大家长，有没有像母亲一样对他们都有无私的爱呢？每个员工加盟华为为什么？他们大都是来自贫寒家庭的孩子，每个人都是独生子女，他们身上肩负着改变家庭命运的责任，每个人都带着家庭“望子成龙”的梦想而来。华为有没有最大限度地给员工更多的收入呢？有没有给每一个员工打开一个未来成长的空间呢？有没有随顺他们的人性激发他们的潜能呢？

母亲是面镜子，对比母亲带孩子这面镜子，任正非看到了自己带员工的严重不足。于是，任正非在心里面就开始梳理和盘整该如何激励员工、激励员工什么的计划。一个月下来，一个以员工成长为目标，扩大初次分配（给高薪）、增加给员工的股份激励、加大员工即期奖励的计划开始形成。

不仅仅如此。当时华为正在引进IBM重塑机制流程，大家一直在讨论该有怎样的顶层设计。以母亲与孩子“共情”为镜子，华为要真正关心每个奋斗者的长期成长，而且要通过“价值创造、价值评价、价值分配”的闭环，让创造大美绝活成为升职发财的唯一路径。

▶ 3.“面子是给狗吃的”！

20世纪五六十年代，任正非家的日子很难熬。母亲又要当老师，还要在课堂间隙跑回家做饭，还要外出去挖野菜，到收获过的田地中去刨吃的，穿着更是补丁加补丁。弟弟讲，“文革”时母亲同教研室的老师都躲着她，因为她和父亲穿得破破烂烂，夫妇两个还都有说不清的历史问题。或许正是在这样的背景下，母亲时常挂在嘴边的口头禅是：“面子是给狗吃的！”作为高级知识分子的父亲，不顾一校之长的尊荣，常常也絮叨“面子是给狗吃的”！小时候无数次听着“面子是给狗吃的”，任正非愣是没啥感觉。这闭关一个月，任正非却被“面子是给狗吃的”这句话深深地吸引了。

“面子是给狗吃的”，是在说那些虚头巴脑的面子，那些自以为是的杂碎，那些僵硬的执见，那些不可侵犯的尊崇，都是可以丢给狗吃的东西！太痛快了！为什么自己患重度抑郁症？为什么自己身体到处有毛病？眼前的困难真是困难？是不是自己跟以前不一样了，是一家不小的公司的掌舵人了，就开始端着了？如果自己真真切切做到“面子是给狗吃的”，哪里还有抑郁症？

“面子是给狗吃的”，实际上是在开启一个人生命觉醒的过程！这是一个双向的过程：清空和建构。

“面子是给狗吃的”，一个方向是“清空”，即清除一切经验、教条、预设判断，清除一切虚头巴脑的面子，清空一切执见的杂碎。每清理掉一个杂碎，境界就得到一个提升；一个个清理，一个个提升，这是一个了不起的工程。不活在死硬的过去而是活在活泼泼的当下！

“面子是给狗吃的”，另外一个方向是建构。从零开始一步步建构你的功力。清空，保持空杯，保持开放，新东西才进得来，才可以建构造物的功力。功力是一点一点积累的。清空与建构，是同时进行的两个相向过程。清理得越彻底，建构未来的功力就越强。

意念是万能的。意念打通，一通一切通。任正非有了一种快感，真是“痛并快乐着”！他喜欢深入再深入地进入一个主题。他感觉，任何无妄之灾，人生任何意想不到的灾难，都是一个裂变的机会。

▶ 4. 不要随大流，要有绝活

任正非想起了父亲。父亲在个人政治危亡的时刻，还惦着儿子的前程。“不随大流”，活出与众不同的自己，在混沌的喧嚣中，任正非找到了定心砣，他的心安了下来。返回学校后，他一个人扎进图书馆，一头埋进高等数学、物理以及一系列科技哲学书中，为他后来的一系列科技发明奠定了基础。“不要随大流，要有绝活！”父亲说话的场景，一下子让任正非拨开了那些泡沫烟雾。哪里有重重危机？只不过是手里没有真正的绝活。如果有绝活，谁都离不开你，哪里来的危机？华为没有背景，没有依靠，华为只能靠自己手里的利他绝活！只有持续不断加强核心科技能力的建设，拿出让大家不得不买的绝活，华为才有生机！

“不随大流，要有绝活”，成为任正非做企业的重要天条。而80年代创业的大部分企业家，大都是瞅准了历史的机遇，整合资源赚取利润。当时联想做产品和做市场的两派“贸工技”与“技工贸”恶斗，最后“贸工技”战略胜出，即先赚钱后，再去生产产品，最后再拿出独一无二的绝活。而任正非的起步跟这个当时压倒性的模式刚好相反，实践了“技工贸”的突围。发心决定未来，而任正非的发心，正是来自父亲的教诲。

因为任正非有这样的承传，所以他对日本公司特别看好。在华为危机深重的时刻，他于2001年3月去日本取经，回来后写出了《北国之春》。在日本经济的严寒季节，他看到的是日本人平心静气，专注做好产品，让大家不得不买的可贵品质。这个印象对任正非的刺激和激励太深刻了。他看到了公司经营最关键的一点就是把全体员工的心安下来，把员工的心安在创造大美绝活上。要把员工的心安下来，不能离开他们想挣钱改变命运的欲望。员工升职发财的唯一通道，应该是创造大美绝活。这样华山一条路，就会收拢员工的心。而要做到这个，就必须让价值创造、价值评价、价值分配三位一体，形成闭环，而且，不可以由长官意志插手其间，应该一切以数据驱动。当时正在进行移植IBM机制流程的工程，对此，高管们的反映不切合实际，有太多不适应的地方。任正非却想，你感到不适应就说明做对了。就是要让官僚不舒服，这样才会形成压力。有了这套新机制，一切都靠数据驱动，长官意志也就跟着淡薄了。于是，任正非大脑中闪过"削足适履"这个概念。要到欧美人家里去，就要穿人家的鞋。如果不合适，就把多余的部分砍掉。

▶ 5."群众是真正的英雄"，让听到炮声的人呼唤炮火

任正非很难得有一个月的时间独处。他还想到了自己参军时，因为记住父亲的教导，做了一系列的发明。他还认真学习了《毛主席语录》，其中有些话很打动他，比如"群众是真正的英雄"，"从群众中来，到群众中去"。华为虽然还不大，但是也已经开始产生了官僚主义。有位、有权、有钱、有势，可常常自然而然显出惰性。公司从上到下的考核，已经不注意激活员工的奋斗精神，为此还真需要发扬军队的奋斗精神。华为注重树立一线英雄，注重赋予一线更多的权力，让权力听到炮声，以一线员工的奋斗精神来鞭策高层的惰怠。

当时，任正非还没有形成"让听到炮声的人呼唤炮火"的华为体制设计，但是这一段反省是一个重要的里程碑。后来在2008年，任正非的思想日渐成熟，还自己亲赴阿富汗待了一个月，来近距离体察美军"让听到炮声的人呼唤炮火"的新体制，通过几个地方的试验，任正非推出了"让听到炮声的人呼唤炮火"这一体制。可是，太过超前，当时他想形成一个总裁办公会决议都没有实现。后来华为人逐渐懂了任正非设计的前瞻性和根基。确实，这样一种体制，是防止华为老化的重要保障。人性根处的惰怠，非要有无数股力量合起来，才可能动摇一二。否则，华为哪里有勇猛精进的势头？

"让听到炮声的人呼唤炮火"，还要注重一个建设，这就是"三三制"的决策体制。权力要听得到炮声，决策权力下沉。从上到下每一级都坚持按"三三制"建构，即客户关系专家、总体方案设计专家与交付使用专家合一，这样就可以拍板决策。而且最高层的战略决策会议，也要吸纳新员工参与，给他们开"天光"，以便后续落地执行时更有整体意识。

▶ 6. 以众人之私，成众人之公

任正非与一般企业家不同，他把个人利益看得比较轻，愿意和员工分享公司发展成果。他说："钱分好了，管理的一大半问题就解决了。"无论是从华为的股权结构还是华为的薪酬制度上，任正非都做到了最大限度与员工分享。目前，华为有8万多名员工持有公司股份，占总股本的99%，任正非仅占1%的股份。

记得2015年的一天，我在任正非的深圳办公室喝茶。

我问："任总，未来对华为的冲击会是什么？"

任正非戳着自己的胸膛说："最大冲击是我呀，是我们华为人，是我们的成功呀！我们太成功了，我们的自负、自傲、自闭就紧跟着来了，华为不倒下才是怪事呢！”

我说：“任总，今年我来了三趟华为。我有个感觉，华为跟其他中国公司不一样。许多中国公司都在学国学、学稻盛哲学或者学自己公司的理念，就是要员工改变工作态度多干活少拿钱。而华为却不一样，一个劲地激发员工对升职发财的欲望，以改变自己和家庭的命运；多追求发展机会，以尽情开发自己的无限潜能；多争取荣誉，以提升自己的境界和格局。任总，员工对财、权、名的追求，其他公司在限制，华为却放开了去激励。财、权、名可都是私欲呀！私欲如狼似虎啊！什么样的人可以驾驭如狼似虎的团队呀？”

任正非打断我：“王老师你打住，我在私欲上与员工同流合污！”

任正非在堵我的嘴。我一愣说：“我当然知道您有私欲，您的私欲大着呢！您的私欲岂是员工加班加点努力干活多挣俩钱就能填满的？您让我想起了中国历史上的一个人物：曾国藩。平定了太平天国，有实力当皇帝了，他却不当，认为那不是他想要的。任凭自己的权利被缩减，财富被缩小。朋友夸奖曾国藩：曾公呀，您是‘以众人之私，成一己之公’！任总，我今天把这句话改两字送给您：‘以众人之私，成众人之公’！华为是众人的。您是中国最会分钱的老板，把华为发展成世界一流公司，实现了您最大的‘私欲’！”

很难得，任正非沉默了。70多岁的老人低下头思索了有一分钟，站起来说：吃饭了，吃饭了！他招呼我们到小餐桌旁，示意我坐在他的对面。

任正非深谙人性。人都是自我驱动的，关键是自己要成为什么样的人。任正非认为，人要克制两个劣性：一是贪婪，二是懒惰。

人的懒惰（华为称惰怠），可以通过激发人升职发财的私欲，让他自己干掉他的懒惰；也可以创造一个公平竞争的环境，生存危机和压力也会干掉一个人的懒惰。

人的贪婪，可以被引导到“造物”上来。唯有创造大美绝活，才可以实现升职发财的梦想。要创造出大美绝活，就需要琢磨所有相关联的人之性和物之性，要深深地进入虚空包容的广泛连接。在造物之前，人有各种各样自私自利的欲望。可是在造物过程中与造物以后，人的心境就已经发生了改变。当你学会与深层的人之性和物之性连接的时候，急功近利不行，急躁不行，唯有谦虚低调、静下心来走进对方的心，才能与正能量连接。当你做好这一切以后，你的大美绝活就可能出来，你的意念已经全然不同，你的人和你的心境就已经全然改观了。

任正非熟稔人性改变之道。其他的方法工具可能你学不来，但是这样的意念转化，人人都可以学。任正非自己是这样改变的，他认为人人都可以这样改变。所以，华为的顶层设计，并不是建立世界一流企业，而是每个人的自我超越。自我超越之道，就是造物之道，就是意念转化之道。

一个人要持续拿出大美绝活，最重要的是什么？不是你的工具，也不是你的技术，也不是你的经验，而是你是否可以在每个当下清空你的一切方法经验。一如丰田方式的创始人大野耐一所说：“昨天最好的做法是今天最坏的做法！”如果你有了这样的自觉，那么你也就熟谙了“一切从零出发”的不二法门。

人是自我驱动的。自我驱动需要一个环境。华为员工在福岛核泄漏现场，可以背起背包就往一线走，冒着感染癌症的危险，也要去抢救信号。因为，那里有千千万万的生命等待救援。客户的生命需求，就是华为奋斗者的命令。他们义无反顾去冲锋，因为他们知道，只要干了业绩A，就必然有回报B等待着。中间没有任何其他官僚腐败插手其间。为这个信任建立保障的，是华为20多年持之以恒引入的欧美大公司的机制流程建设。

起初，华为员工意见很大，认为这些机制流程不符合中国实际，想拒绝执行。任正非就发出了“削足适履”的号令。你认为鞋子不合脚，就砍掉你脚上多余的部分，适应这双鞋。20多年过去了，这样以数据驱动的机制流程，就是保障了信息的透明和公正。

正是在大规模移植和改造欧美机制流程的基础上，才使得华为的理念可以落地：建立健全“价值创造、价值评价、价值分配”的闭环，让人人在追求改变自己和家庭命运的驱动下，去自发自动开发潜能，做出最好的产品。

“以众人之私，成众人之公”，关键是任正非自己要当个“无事人”。而且，不只是自己要当一个“无事人”，他也希望高管团队也成为“无事人”。他不仅仅是要管住自己那双“闲不住的手”，他还想从制度上管住高管那双“闲不住的手”。

日前任正非在接受北欧新闻采访时明确地说：“我们有9万多的员工有公司的股份，我个人的股份最多，但也不过1%左右。当然，我们的分配方式不一定适合其他公司，我们是高科技公司，财富在每个人脑袋里，不能都在我的脑袋里，如果把利益都给我，大家都跑光，实际什么都没有了。所以，我们按照大家脑袋里的重量，每人分一点股份，形成我们这种主义，可能就是‘不三不四’主义，不知道怎么定义。”

“员工资本主义”，在美国的极限打压中，让人认识到了华为模式的伟大。华为的管理之道，是尊重了个人的私心，并建构“以众人之私，成众人之公”的具体机制来实现华为公司和员工的同步成长。在此，我们可以讨论一个有趣的话题：华为的公私观与华为机制的魂魄。

北京商业管理干部学院院长杨谦，在听了我的《华为企业方式：以众人之私，成众人之公》的演讲后，高度共振。他说，尽管有无数人在解读华为的成功，但是离开任总内心的解读，都只能是读而不解。从《华为基本法》到今天的华为模式可知，显然华为的成功不是偶然的。表面上看，华为的技术领先战略成了今天的制胜之道，然而，更为重要和基本的是，我们今天解读的华为独特的企业方式："以众人之私，成众人之公"，"以成就众人之私"来"成就众人之公"的企业机制（高工资、高奖金、高持股）。

杨谦院长勤奋。他回头就写了短文《华为的公私观》。他在文章中进一步展开了对华为公与私美妙结合机制的具体分析。

任正非深谙人性之道的管理智慧，才是华为成功的基础。机制成为华为企业一只"看不见的手"，使得"众人之私"能够"成就众人之公"。私与公看起来是两个极端，却在一个机制中有了畅行的通道。

人具有复杂性，古今中外，男女老少，概莫能外。例如，那位最早提出"看不见的手"，被奉为现代经济学之父的亚当·斯密。他的《国富论》是现代经济学的开山之作，也是经济学学生的必读之书。但是，可能并不是所有熟读亚当·斯密《国富论》的人都知道，其实亚当·斯密的出名，并不只是因为这部经济学巨著，还因为他的另一部著作《道德情操论》。

亚当·斯密在《道德情操论》的开篇写道："人，不管被认为是多么的自私，在他人性中显然还有一些原理，促使他关心他人的命运，使他人的幸福成为他的幸福必备的条件，尽管除了看到他人幸福他自己也觉得快乐之外，他从他人的幸福中得不到任何其他好处。属于这一类的原理，是怜悯或共情，是当我们看到他人的不幸，或当我们深刻怀念他人的不幸时，我们所感觉到的那种情绪。"

企业制度的设计是一个企业家的用心。在这个过程中，反映出企业家对人性的洞察，诚如华为的任正非那样，不是从概念出发谈道义，而是从人性出发定制度。因为他知道，从人性出发设计的制度，符合人性也才能激发人性。当然，人性并不是一般管理者所讲的人情，而是基于人的本心而采取行为的基因。

"无知之幕"（Veil of Ignorance）是一个著名的思想实验，是美国哲学家约翰·罗尔斯（John Rawls）在其1971年出版的《正义论》中提出的。“无知之幕”假定“各参与者不知道他/她在社会中的地位、阶级出身、天生资质、自然能力、理智和力量等属性，也没人知道他/她个人的关于善的观念，以及自己的心理特征，各参与者也不知道社会的经济或政治状况”。

罗尔斯的假定创造了一个特别的博弈条件，人为制造了一个人人完全平等的处境，以便考察什么是人们仅凭理性所做出的真正公平的选择。罗尔斯发现在现实社会中，当人们有了社会身份，那他的选择就会偏向自己的身份。这样的情况在制度设计者和政策决策者身上也会体现，因此会影响制度或政策的正义性。

“无知之幕”的假定条件创造了完全公平的博弈环境，相当于人人被蒙住双眼，人人对自身状况一无所知。正因为无知之幕遮蔽了一切信息，罗尔斯相信，这个完全公平的处境能够使人们形成一致同意的公正选择。

麻省理工学院斯隆学院教授黄亚生指出：

> “无知之幕”的伟大之处就是它不需要制度设计者和政策制定者是高尚的或是智慧过人的，你完全可以自私、仅关心自己的利益。但是当你不知道自己的身份是什么，你关心自己利益的同时也就关心和维系了他人的利益。

对于一个企业的制度设计，其实也是这样一个道理。所以，学习华为，讲很多策略好像没什么用处，学习者都会觉得学不了。那是因为，你如果不能和任正非一样洞察人性，你可能就根本理解不了华为真正的核心竞争力在那里。

是的，任正非深谙人性的魅力。不深入人性，不从人性的根处寻找解决办法，只是人云亦云学一些模式，哪里也去不了。唯有从人性的根处出发，尊重和敬畏人性的作用机理，你才会找到打开每个人巨大潜能的钥匙。“你完全可以自私、仅关心自己的利益。但是当你不知道自己的身份是什么，你关心自己利益的同时也就关心和维系了他人的利益。”

▶ 7. 华为的顶层设计：造物造人，实现每个人的自我超越

任正非闭关一个月以及以后的一段时间，也正是华为开始引进IBM机制流程再造的启动的时候。当时IBM顾问提出了一个问题：华为的顶层设计是什么？对这个问题一时还真找不出一个准确的说法。任正非静下心来，从头捋了一遍自己的人生，也从头梳理了一遍华为十几年成长的过程，一条线索渐渐清晰：造物造人，实现每个人的自我超越。

实现每个人的自我超越，每个青年都会挂在嘴上。但是一个饱经沧桑的过来人，尤其是在死去活来的至暗时刻，把每个人自我超越不仅仅作为一个长远的目标，而且是度过至暗时刻的根本方法，这个可不一般。这个“过来人”，对苦难的体会有独特的深刻性呀！

当无妄之灾压向任正非，当一片黑暗笼罩着任正非的时候，他选择静下来自己独处。他选择屏蔽掉所有信息的影响，深深走进自己的生命，深深走进最亲的亲人。在父母亲的镜子面前，他照出了自己的不足，他看到了父母亲对于灾难的达观和通透。

在至暗时刻，究竟是什么东西让任正非安全度过至暗时刻，并且有了一个不一样的自己？还是黑格尔说得透彻：

> 人要经历一个不幸的抑郁症或自我崩溃的阶段。在本质上，这是一个昏暗的收缩点。每一个文化创造者都要经历这个转折点，

他要通过这一个关卡，才能到达安全的境地，从而相信自己，确信一个更内在、更高贵的生活。

黑格尔说的，这个更内在、更高贵的生活，也就是任正非一直强调的造物，造大美绝活。可以说，一切英勇心灵都会在为人类幸福创造大美绝活上，实现最大的求精造物，把自身的各种痛苦聚集起来，用痛苦创造欢乐。一如罗曼·罗兰在《贝多芬传》中所说：

一个不幸的人，贫穷、残废、孤独，由痛苦造成的人，世界不给他欢乐，他却创造了欢乐来给予世界；他用他的苦难来铸成欢乐，好似他用那句豪语来说明的——那是可以总结他的一生，可以成为一切英勇心灵的箴言：用痛苦创造欢乐。

“用痛苦创造欢乐”，这是任正非走出黑暗的光明，这是任正非的生命写照。唯有把你的苦难和痛苦凝聚起来，用他们创造出大美绝活，给世人带来喜悦和欢乐，你的生命价值才可以得到自己的确认。

“逝者已逝，活者前行”。母亲走后闭关一个月，任正非回到了自己的原初花园，回到了自己的智慧之井。国内外市场激烈的竞争，让他一度淡化了市场竞争的意识，现在他感受到了内在的能量。闭关一个月，他推开了关着的门，写了一篇文章《我的父亲母亲》。这篇文章，内容丰富，实际上是任正非生命觉醒的一次记录，也成为中国商业史上的经典。

这一个月闭关的价值非同一般。人人需要静默。越是泰山压顶，越是需要静默。内在自性出不来，一个人是没有力量的。公司危机深重，他静默的时间也越来越多。这一个时期的静默，让任正非写出了华为历史上不朽的经典：《华为的冬天》《我的父亲母亲》《北国之春》《一江春水向东流》和《管理的灰度》等。除了上面我们梳理的几个关于华为的经营之道以外，这个时期更酝酿形成了任正非的灰度哲学。

▶ 8. 灰度哲学助推任正非走出了抑郁

任正非2018年跟索尼吉田社长回忆过他那一段患抑郁症的经历，读来令人扼腕唏嘘。他说：

> 2000年前后，我曾是忧郁症患者，多次想自杀。当时我知道这是一种病态，知道关键时刻要求救。承受不了这么大的社会压力。国外有些年轻的大公司CEO，他们发展比我们快，现在也承受不了压力，问我是怎么过来的。实际上每个人在不同时间的心理状态都不同，我们过去根本没想到要做世界第一的问题。有时候我说“要活下来”，并不完全指经济还包括思想。外界神化我们，是不符合真实的，真实是我们很无奈。
>
> 直到2006年，我在西贝莜面村吃饭，我们坐在大厅。有很多内蒙古村庄的农民姑娘在唱歌，我请她们来唱歌，一首歌3美元。我看到她们那么兴奋、乐观，这么热爱生活，贫困的农民都想活下来，为什么我不想活下来？那一天，我流了很多眼泪。从此我再也没有想过要自杀。那时，我们才把战略目标调整过来，华为几千人几万人一直聚焦在同一个“城墙口”冲锋，每年研发经费150亿至200亿美金，全世界没有一个上市公司愿意投入这么大笔钱搞研发。这个时候才萌生要为全人类服务的念头。

生命原来如此简单！生命原来可以如此开怀！服务员兴奋、乐观、自在的鲜活生命，警醒了任正非的生命。这是任正非一个时期以来一连串深层思维意识转变的显现或宣泄口。从那一刻起，任正非知道了微笑面对一切无妄之灾的力量。

任正非用简单质朴的语言，回顾创业以来的艰辛和心得，描绘着常人难以启齿的真相：技术战略选择不合时宜，公司遭遇中国政府的严厉审查，同时又遭遇跨国巨头思科的围堵封杀，公司面临关门的危机，而任正非自己又身患癌症和重度抑郁症，特别是父亲母亲意外去世……一连串内外交困的打击，没有把任正非打趴下，反而催生了他的灰度哲学。跳出二元对立的世界看事物，让任正非有了非同一般的生命觉醒。

反者道动。灰度哲学认为，世界上一切都在翻转。谁想到美国的打压，非但没有摧毁华为，反而激发了上下同欲、众志成城的精神力。一切发生都有道理。再坏的发生也没有必要抱怨和愤怒，而是需要静下心来，一切自己创造，创造自己一切。

灰度哲学，是任正非这一段痛苦经历的结出来的果。灰度哲学成为任正非的思维底层逻辑。在任正非当初的几篇文章和后续思想发展的谈话中，有关灰度哲学，他提得最多的就是“开放，妥协，包容，创造，造物造人，每个人的自我超越”。

开放。“保持空杯，保持开放”。这可能是近几年任正非的高频词。与此相应的还有“面子是给狗吃的”这一理念！当真放下了虚头巴脑的“面子”，人感觉到自己渺小，行为才开始伟大。

妥协。事件的是非很难判定，一切都在反转。祸兮福之所倚，福兮祸之所伏。美国无厘头霸凌华为，如果坚持要在谁是谁非上撕扯明白，也就断送了华为的前程。而智者任正非，却能超出是非，2018年他在多个场合一直强调：我们的产品做得还不够好。他抓住美国打压的机会窗，点燃每一个奋斗者的激情，拿出让大家不得不买的大美绝活。

还有一个案例，说明任正非的妥协是何等彻底。小灵通技术战略，在华为大学被定位为一个失败的案例，因为只是从技术员的主观动机出发，而没有考虑市场需求。而现在看来，这是华为一个发展过程中最成功的一个案例——坚持以客户的长期利益为中心，哪怕不赚钱也不去忽悠客户。

包容。每个人都有巨大的无穷性，每件事都有巨大的无穷性，每个当下都有巨大的无穷性。一个人所见的、所听到的，所经历的、所判断的，都有片面性。如果把辽阔圈起来，自己就狭窄了。包容，就是给当下的无穷性一个机会，给时间的无穷性一个机会，给每个人的无穷性一个机会，给自己一个机会。那个十几年不出活的顶级俄罗斯数学家，如果没有任正非和华为的包容，恐怕早就被迫离开华为了。正是包容，让那个数学家格外努力，拿出了贯通3G和5G的大美绝活。

创造。一切自己创造，创造自己的一切。人靠绝活立身，企业靠好产品和服务实现高收益。所有的开放、隐忍、接纳与包容，都是为了不耽误创造。人的本质是创造。唯有创造才可以把一个人独一无二的禀赋发挥出来，也唯有持续创造大美绝活，一个公司才可以走上长久发展之道。

造物造人。接近美，接近神。人的本质是创造。造物是静心的过程，造物是连接天地的过程。无论造物的目的是什么，无论在什么样的条件下造物，只要你想拿出与众不同的绝活，你的心就不得不静下来，就不得不琢磨相关的人之性和物之性，就不得不去琢磨事物的本真。造大美绝活是标靶，而在造大美绝活的过程中，接通了人之性、物之性和事物之本然，一个匠心匠魂的人就出来了。

每个人的自我超越。马斯洛在20世纪50年代，提出了需求的五层次论：生理需求、安全需求、社会需求、尊重的需求、自我实现的需求。结果据此好多理论发展起来，都在鼓励利己主义。晚年马斯洛对自己的理论作了修正，提出了需求的第六层次需求：自我超越和灵性成长。西方哲学的源流就是充分自由地发挥人的天然禀赋，马克思哲学也以“个人的自由全面发展”为最终目标。

中国儒释道三家都在强调尽性之道。《中庸》说：唯天下至诚，为能尽其性；能尽其性，则能尽人之性；能尽人之性，则能尽物之性；能尽物之性，则可以赞天地之化育。六祖慧能说，一切万法不离自性。老子更给尽性之道开列出一个次第：道生之，德蓄之，物形之，器成之。

为实现尽性之道，老子还提出了实现尽性之道的三宝：一曰慈，二曰俭，三曰谦。

灰度哲学最具穿透力的是悲悯和毅勇，即对这片土地上的苦痛有悲悯之心和去解决苦痛的毅勇。当一个人知道自然宇宙的真相，当他知道自己每天每时每刻都面临着一个巨大的无穷性变化，秒秒钟有无穷多意想不到的可能性发生，他就不会再自以为是了，他就会感受到自己的渺小，他就会坚定不移地开放！开放是对灰度的敬畏，是对灰度中巨大无穷性的敬畏。唯其敬畏，才坚持开放，才能和世界进行能量交换。

美国举“全政府”之力对华为打压围堵，而华为能够在逆境中高歌猛进，追根溯源，是与小灵通引发的一系列关于至暗时刻的生命觉醒，有着很大的相关性。尤其是灰度哲学，让任正非看人看事，有了一双高维的“天眼”。

▶ 9. 华为文化的无形之力

至暗时刻，任正非不仅仅找到了自己和华为生命的方向，也找到了华为文化的走向。具有无形之力的华为文化，开始成型。

任正非早已卸掉对人财物的签字权，他唯一攥在手里的，就是对华为文化的主导权。华为可以有今天的成就，跟任正非几十年如一日抓文化建设不无关系。华为对世界的贡献，不只是拿出了让大家不得不买的5G、终端、生态系统等科技产品，而是创造了不同凡响的华为文化。这是中国人对世界商业文明的重大贡献。

以客户为中心

以客户为中心，这是华为发展战略的支点，贯穿于华为经营管理的方方面面。2019年5月12日，日本媒体采访任正非时，一个资深专家说："虽然华为存在外部环境的挑战，但华为在技术上是世界最领先的一家企业。今天上午黄卫伟老师跟我们说，华为有一个基本的理念，就是确保在一定利润的前提下重视成长最大化，另一方面追求在存量市场获得第一名的地位，这是华为现在成长的驱动力。"

任正非不认同这说法。他说：我们公司是追求客户的满意度，而不是追求成长的速度和存量的管理。

任正非的大白话很明晰，有点像贝佐斯对亚马逊的描绘："在不确定性的世界，把战略建立在不变的事物上，即客户的极致体验上。"

以客户为中心这个真北，贯穿在华为经营管理的方方面面，贯彻在考核升级的最终筹码中。无论你多么英勇善战地攻克山头，只要在以客户为中心方面有欠缺，就可以被一票否决。

记得一次我请教任正非，该怎样给中小企业讲华为经验？任正非说："中小企业哪里要学什么经营模式，华为经历无数挫败才体会到，做企业就是磨好豆腐给最亲的人吃！"这句话把华为的"以客户为中心"，推到了一个既有宗教般虔诚又有灵魂深处大爱的高度。

以奋斗者为本

以奋斗者为本，是任正非创立公司的第一念。他43岁创业，感觉已经过了能量最强大的岁数，由于自身对现代科技知识极其欠缺，所以任正非格外尊重年轻员工的激情和创造精神，他从一开始就懂得授权，他对年轻人有着深深的敬畏。他敬畏年轻人身上的无穷可能性，敬畏他们的天然禀赋和巨大潜能。

在任正非看来，人人都是自我驱动的。人的根性有两个，一个是私欲，一个是懒惰。任正非正视人的私欲，他认为私欲是人类的创造力之源。他认为华为就是实现每个员工和家族“望子成龙”的现场，就应该让奋斗者挣很多钱，就应该让这些贫寒子弟有机会升职发财。

但是，任正非有一个独特的观念：在华为挣很多钱、升职发财唯一的路径就是在本职工作中创造大美绝活。这就是说，你是否创造了大美绝活，不以任何长官意志的判断为准。华为以价值创造、价值评价、价值分配的闭环，保证了一切都通过数据呈现。

当人置身于本职工作的大美绝活的创造时，他就必须收回心神，专注琢磨与工作有关的人之性和物之性，琢磨如何集成所有内在和外在的能量，用于本职工作。这样默然静心专注人之性和物之性的研究，在做好产品和服务的过程中，人的心性就自然起了变化。开始你是抱着多挣钱的私欲去工作的，而大美绝活出来以后，你就有了匠心匠魂，你的心就澄明起来了。由是，任正非就实现了他的顶层设计：造物造人。

长期艰苦奋斗

任正非之艰苦奋斗的思想，不是临时起意或是概念上的推理。那是在洞彻“其兴也勃也，其亡也忽也”的历史发展过程中提出来的，他指出：

> 繁荣的背后都充满着危机。这个危机不是繁荣本身的必然特性，而是处在繁荣包围中的人的意识。艰苦奋斗必然带来繁荣，繁荣以后不再艰苦奋斗，必然丢失繁荣。千古兴亡多少事，不尽

长江滚滚流。历史是一面镜子，它给了我们多么深刻的启示。

长期艰苦奋斗的文化不会变化，这不是中国特色，这是人类特色。

艰苦奋斗是一种意志力的呈现。如果你的发心就是创造出大美绝活造福人类，那就意味着你选择了艰苦奋斗的道路。创造大美绝活的过程中，没有鲜花和掌声，甚至也没有共情和理解，通常你得到的是不理解和冷漠。就是在那种孤寂的境遇中，你却能咬住牙，不抛弃，不放弃，不掉链子，默默地在黑暗中一点点向前推进。你知道你的黎明，你知道你的意志，你知道这个世界会因为你的意志而与众不同。这样一种主体精神，就是艰苦奋斗的精神，就是强大的生命力，就是创造大美绝活的意志力。

艰苦奋斗的过程是“反人性的”，反的是人天然的趋向于贪婪和惰怠的人性。华为不得不在内部做出这种“反人性”的管理，才可以持续向客户提供人性化的产品。

艰苦奋斗的意念是万能的，把意念转化为现实的努力是卓绝的。每个华为奋斗者，为了父母的回眸一笑，为了改变家族的命运，更为了那刻骨铭心的自我超越，他们意识到自己在创造历史，他们做好了准备：

我将前行，不管背负多深的伤痛！

青山处处埋忠骨，何必马革裹尸还！

坚持自我批判

任正非特别看重自我批判。他认为，如果华为没有坚持这条原则，华为绝对不会走到今天。2018年6月美国开始打压华为，任正非的反应一直处于反省的状态：是我们的产品做得还不够好。在这样的反省过程中，华为奋斗者抓紧修补，在欧洲建立信息安全测试中心，真正地“把客户信息安全作为华为经营的最高纲领”。

在任正非的心目中，自我批判已经不是一个工具和方法，而是生命成长的不二法门。在今天的虚拟互联时空中，任正非赋予了自我批判更多的内涵。这些是他思想每日精进的切身体会。他说：

> 自我批判，是思想、品德、素质、技能创新的优良工具。
>
> 永远不要忘记自我批判，摩尔定律的核心就是自我批判，我们就是要通过自我批判、自我迭代，在思想文化上升华，步步走高，去践行人生的摩尔定律。

任正提出“人生的摩尔定律”，在他的心目中，摩尔定律更像是一个自我迭代、自我超越的信仰系统。“流水不腐，户枢不蠹。”正是因为有了摩尔定律这样的信仰，生命才会不断超越自我，取得新的突破，呈现出日新月异的状态。美国打压华为以后，任正非的一系列访谈，突出了他思想上这样的特质。有这样的思想引领华为，才会有日新月异的华为。

世间万事万物都在分分钟“死去活来”。昨天最好的做法，很可能是今天最差的做法，因为时空的变换，使得最好和最坏分分钟在逆转。因为工作不是在真空中推进，是在各种各样的偶然发生中引发时空极速旋转的背景下工作，没有一成不变的东西。我们必须转换自己的意念，必须分分钟不停地“拨拉”合宜的或不合宜的意念，必须分分钟归零。唯有坦然接纳新发生，才会对新发生有办法，为此，就不能不坚持自我反省和自我批判。当然，自我批判还跟任正非的一个更为深刻的灰度哲学息息相关。

正非灰度哲学

03

简单与复杂、无序和有序之间的距离远比人们通常想象的短得多。

——普利高津《探索复杂性》

人活着就是在对抗熵增定律，生命以负熵（反惰怠）为生。

——薛定谔《生命是什么》

人类最伟大的发明是创造的过程，是提出新现实的过程。领悟这个创造过程在所有领域都是达到真正精通的根本。这需要具有直觉，需要接受高度的模糊性、不确定性以及勇于失败的精神。我们要敞开心灵，接受不敢想象的事物并且要尝试不可能的事情。

——彼得·圣吉

从人类文明的结晶中，寻找解决世界问题的钥匙。

想起蹉跎了的岁月，才觉得，怎么会这么幼稚可笑，怎么一点都不明白开放、妥协、灰度呢？

——任正非

罗曼·罗兰在系统研究贝多芬之后，写出了《贝多芬传》与《约翰·克里斯朵夫》。他发现了一个千古秘密——“一切英勇心灵的箴言：用痛苦创造欢乐！”

任正非就是“英勇心灵”之一。任正非在创业的前15年，有接近90%的时间在死亡线上挣扎。尤其是2000年前后，他的人生更是进入了至暗时刻，让他时不时想死想活。

至暗时刻，任正非没有沉沦，没有抱怨，他按了一下生命暂停按钮，从喧嚣的环境中沉静下来，一个人闭关一个月。我们已经说过，这一个月任正非觉悟了许多东西，但收获最大的还要数灰度哲学。那是任正非的宇宙观，从宇宙观看下来，苦难与喜悦是一体两面。这仅仅是灰度哲学的一个简单应用，已经使任正非走出了重度抑郁症的缠绕。在任何悲催的无妄之灾面前，他都可以洞见光明，并找到路径带领华为走出危机。

灰度哲学揭示了创造力生成的过程，一如彼得·圣吉所说：

> 人类最伟大的发明是创造的过程，是提出新现实的过程。领悟这个创造过程在所有领域都是达到真正精通的根本。这需要具有直觉，需要接受高度的模糊性、不确定性以及勇于失败的精神。我们要敞开心灵，接受过去不敢想象的事物并且要尝试不可能的事情。

彼得·圣吉无意中说出了任正非灰度哲学的基本规定性：灰度哲学需要有高度直觉，需要接受高度的模糊性、不确定性，需要开放、妥协与包容，还要有勇于失败的勇气，更需要打开思维、打开心灵、打开意志，回归本源，接纳过去不敢想象的事物，并且要努力去尝试不可能的事情。

无形的思维力，必以有形的产品和服务作为支撑。没有大美绝活作支撑，无形的思维力与精神力就会缥缈不接地气。清谈误企也误国。

深重的危机滋生哲学

在2019年8月20日的访谈中，美联社记者问任正非："美国实体清单是不是华为迄今为止遇到的最大的危机？这场危机与2000年前后的小灵通危机比较起来，哪一个更深重一些？"任正非回应说："30年来，华为全都是痛苦，没有欢乐，每个环节的痛苦是不一样的。今天你们第一次提出来，把2000年的痛苦和现在的痛苦比较，以前我还从来没有想过这个事。谢谢你们！"

▶ 在灰度哲学的熏陶下成长

在任正非还没有出世前，灰度的种子就已经种在他的生命里。父亲任摩逊当年经历了民国初期的军阀混战，经历了日本侵略战争，给儿子起名"正非"，出自"正可正，非常正；非可非，非常非"。

这其中至少有三层含义：一是"非即正，正即非"，一切都看大小环境；二是极度极致，极度正，或极度非，一定要活出极致；三是虚怀若谷，随心所欲，无为又无所不为。

▶ 一直不顺遂究竟为什么？

任正非是个喜欢分分钟问"为什么"的人。后来，在《一江春水向东流》一文中，任正非是这样反思由少年到青年一路不顺遂原因的：

小时候，母亲给我们讲希腊大力神的故事，我们崇拜得不得了。少年不知事的时期我们又崇拜上李元霸、宇文成都这种盖世英雄，迷恋着张飞杀岳飞的荒诞故事。在青春萌动的时期，“生当作人杰，死亦为鬼雄”又成了我的人生警句。当然这种个人英雄主义也不是没有意义，它迫使我在学习上争斗，有了较好的成绩。

当我走向社会，多少年后才知道，我碰到头破血流的，就是这种不知事的人生哲学。我大学没入团，当兵多年又没入党，处处都处在人生逆境当中，个人很孤立。当我明白团结就是力量这句话的政治内涵时，已过了不惑之年。想起蹉跎了的岁月，才觉得怎么会这么幼稚可笑，怎么一点都不明白开放、妥协、灰度呢？

我是在生活所迫、人生路窄的时候创立华为的，那时我已领悟到个人才是历史长河中最渺小的这个人生真谛。

这三段把任正非思想意识转变的过程，如数呈现出来：从追求伟大到体悟渺小，从自是、自强、自矜到开放、妥协、灰度。事物有着巨大的无穷性，少一点预设判断，给无穷性一个机会呈现，也是给自己一个机会。这样简单的大道理，容易懂，但却不容易做。

任正非内在的悲悯和大爱被唤醒了，在母亲离世的至暗时刻却有点开窍了：他看到自己之所以走不出这个死循环，是因为把个人看得太重，没有把自己这个水滴融入大海。当一个人有了无私的爱，生命必然呈现出不一样的色彩，一如纪伯伦的诗所云：

带着爱去工作

生活的确是黑暗的，除非有了渴望；

所有渴望都是盲目的，除非有了知识；

一切知识都是徒然的，除非有了工作；

所有工作都是空虚的，除非有了爱；

当你们带着爱工作时，你们就与自己、与他人、与上帝合为一体。

什么是带着爱工作？

是用你心中的丝线织布缝衣，仿佛你的至爱将穿上这衣服；

是带着热情建房筑屋，仿佛你的至爱将居住其中；

是带着深情播种，带着喜悦收获，仿佛你的至爱将品尝果实；

是将你灵魂的气息注入你的所有制品；

是意识到所有受福的逝者都在身边注视着你。

只有那些思想禀赋超群的人才是幸运的。他们的情怀和智力已经超出了私欲所需，他们已经把自己的身体融化在利他的事业之中了。因此，他们可以在日常生活之外，同时享有精神生活。而享有精神生活，只依靠闲暇是不够的，还必须拥有真正充足的力量。

什么是真正充足的力量？充足的力量不是个人的孔武有力，而是你能融入一个强大的团体，而这一切是从一个简单的意识开始：我个人是渺小的。我的生命只有融入众人的生命之中才有价值；必须把自己融入众人的向往之中，才可以拥有真正持续不断的力量。

▶ 灰度意识是大海意识

在格式化的世界里，思考的力量让任正非发现了灰度意识。他不相信放之四海而皆准的东西，他喜欢不停地较劲、不停地思考，这一点可以与造物之神尼古拉·特斯拉媲美。特斯拉说：

> 这些年来，我都在享受着发明创造带给我的无尽的快乐，并为此感到满足。如果思考在人们看来也是一种劳动的话，那人们夸我是世上最勤奋的人，我觉得一点也不为过，因为我一天的时间几乎都是在思考中度过的。

任正非不再重点盯着自己的一碗水、一锅水或一湖水，他直接盯上了大海，一切能量来自大海。在萌芽阶段，一切就已经非常清晰——把小我的知识资源归于大海、融于大海。

任正非一旦认识到了就马上行动。他感觉到自己的渺小、过去的自以为是、知识的落伍，自己不懂通信尖端研发，还不懂管理，为此他喜欢看到年轻人。

年轻人有热情，大学毕业后有新的意识，他们有无穷的潜能，他们敢想敢干。他很爱他们，也信任他们。于是，他从创业开始就懂得授权给别人，他自己则乐于当一个“无事人”。

“无事人”不是没事干，而是不揽权，充分授权。“群众是真正的英雄”，“从群众中来，到群众中去”。在华为成立之初，任正非任凭各地“游击队长”自由发挥。任正非贴着地皮走，到各地去听汇报，了解他们的具体困惑和纠结，需要什么支持，然后就豁出去找资源帮他们，现场帮年轻人拿出解决困难的办法。他一个独行侠，不需要人接，不需要人送，也不带秘书或随行人员，一个人独来独往。有地方公司要去接他，他就说：“我可用不起你们。你们集中精力把客户伺候好了，就一切都有了。你们要屁股冲着老板，笑脸冲着客户！”

信任也是要付出代价的。他充分信任人，可是常常发生被授权的人不仅不珍惜，还撑大了贪腐的口袋，往自己兜里捞钱。他最信任的、授权最大的科技英才离开华为，拿着华为的技术和人才，去蚕食华为的市场，与华为分庭抗礼，他实在不懂这个社会了。他实在不懂得人性，他的体力和精神都在超常支出，结果患上了重度抑郁症。

每个当下他都会思索。思想是一柄双刃剑，想不通就会纠结和抑郁，想通了就可以从高处俯瞰惹你烦心的事，这样，“烦事”反而成了营养的能源。这个转变是一种重大的转折，除非强有力地推动，否则不足以形成这个转变。

▶ 任正非与苏格拉底式的觉醒

经历了无数个不眠的日日夜夜，任正非不断否定自己，得到了一个真相——混沌灰度。他确信，人们也应该通过这样的认识论来认识这个混沌世界，他感到，40 多岁以前的生命白过了！如果早知道点“灰度”哲学，能够做成多少事呀！这种觉醒，有点像当年的苏格拉底。

苏格拉底研究天文学，观测宇宙，越看心里越发毛，越研究越感到没有底。他看到了一个巨大的无穷性的宇宙，看到了世界发展的巨大无穷性，而他却对此一无所知！他感到惶恐：“我唯一知道的就是我一无所知。……认识你自己！”接着又像一只牛虻，用“为什么”这把利剑猛扎那些自以为是的人，他立志通过发问“为什么”而成为真正伟大思想的“接生婆”。

一如苏格拉底，任正非也认识到自己的无知和渺小。任正非把母亲的“面子是给狗吃的”发挥了一下，认为“不要面子的人才，才能进步”，“所有干部都应该不要‘面子’，要‘面子’的干部没多大出息”。于是，他见人就问“为什么”，一再发起自我批判的会议和讨论。最后，他干脆把“坚持自我批判”列为华为“四句教”。

灾难不使一个人灭亡，就会使他觉醒。从生命觉醒的视角反观华为内部外部碰到的一个又一个难题，他一下子就清爽了。

任正非意识到，生命就是“十几秒钟的光照”，而每个人都要来世间完成一点事。他的生命已经不属于他自己！如果属于自己，在十几秒钟的光照下，一滴水早就蒸发得无影无踪。一滴水的生命属于大海，想要生命有价值，也必须融入大海。

任正非意识到，此前他一直把打拼成英雄视作人生目标，但光环之下实际上涌动着浅薄、空虚和烦乱。当一滴水融入大海，当他可以俯瞰那一段生活，表明他已经把注意力转向了内在，把自己内在价值的提升放在了一切事物之上。这个转变意义重大，他的境界和格局越来越连贯，越来越统一。

任正非的头脑只被有价值的事物吸引，他对激发一线员工的管理方式还是很有心得的。随着公司越来越大，他把重点从走动式管理转移到组织制度建设上来，并且从2004年开始建立了轮值CEO制度，放出人财物的全部授权，他不再签任何一个单了。

正是在这一交接过程中，他打开心扉，回忆如何从一个无知的凡人到华为领头人，他将他的体悟分享给他的团队时说：“也许是我无能、傻，才如此放权，使各路诸侯的聪明才智大发挥，但这反而成就了华为。我那时被称作甩手掌柜，不是我甩手，而是我真不知道如何管。今天的接班人们，个个都是人中精英，他们还会不会像我那么愚钝，继续放权，发挥全体的积极性，继往开来，承前启后呢？他们担任的事业更大，责任更重，会不会被事务压昏了，没时间听下面唠叨了呢？”

相信华为的惯性，相信接班人们的智慧。

说穿了，任正非不仅自己想当个“无事人”，他也想让他的高管甚至轮值CEO们，也当个“无事人”。《一江春水向东流》成文于2012年，2009年任正非就明确提出华为要建构新体制——让听到炮声的人呼唤炮火。

任正非的心中有一幅清晰的画面：每个人都是自我驱动的，每个人都有巨大的无穷性，自主、自发、主动是一线员工释放潜能的最佳路径。他尊重和敬畏个人的本性，他要带领华为走出一条全新的组织建设之路。华为很早就锁定了华为组织建构的定位——让每个人超越自我。从这个高度看下来，当然所有的中高层管理者，都应该成为“无事人”。

这一切都得益于任正非的灰度哲学。

灰度哲学的宇宙观

“华为的本色就是灰色。”任正非在2019年12月11日接受拉美和西班牙媒体访谈时，坦然回应日前网络上对华为的批评：

> 华为过去一段时间红得发紫，如果大家黑一下华为，华为的颜色就变灰一些，恢复了本色。华为本色就是灰色，并不是什么红得发紫。在社会认为华为很好的时候，实际上华为本身也是矛盾重重的。

灰色是黑白两极的中间色，有着无穷的可能性和延展性。灰色不是标签式的存在，而是活泼泼的生命体。灰度哲学是一种宇宙观。从灰度哲学的宇宙观看下来：没有对手，没有敌人；心中无敌，天下无敌，因此华为就永远不会输。

华为的发展就是一部压强史。正是在登顶世界5年之后，在任正非不知该怎样使华为变得更强大的时候，在华为正走到顶点要往下滑的时候，美国最强的压力铺天盖地压向华为。“反者道之动”，任正非以灰度哲学为指引，将巨大的压力演化成无穷的动力，助推华为走上一个发展的新轨道。

▶ 灰度哲学——华为全球化的整体观

任正非在《灰度领导力，每个管理者的必备素质》中写道：

> 华为这28年来，坚持做一个开放的群体，始终没有停止过开放。我们以开放为中心，和世界进行能量交换。只有开放，才有今天的华为。我们不强调自主创新，我们强调一定要开放，我们一定要站在前人的肩膀上，去摸时代的脚。我们还是要继承和发展人类的成果。

做企业必须对混沌、无常、灰度有一种刻骨铭心的体认，但同时必须有一种东西可以划破混沌太空。这个闪电就是造物造人——既有大美绝活，又有创造大美绝活的造物者。本来是一片混沌，当有了大美绝活和造物者时，混沌就被撕裂，重新组合成一种有秩序的新排列。灰度与造物造人，这是任正非哲学的阴阳两面，缺一不可。

我们常常以自己的情绪、知见和预设判断去面对事物、框定事物，因此成为自闭的人。我们的情绪和预设判断犹如一个厚重的筛网，一旦跟我们内在的预设不一致，无论外在的景象多大、声音多大，我们都看不到、听不到。我们在大多数场合下，都是情绪和执见的奴仆。

“祸兮福所倚，福兮祸所伏”，一切都在反转，事物具有巨大的不确定性，也有巨大的无穷性。你不对所有新发生的事物开放，你守不住灰度；你不妥协，你满脑子的条条框框，你排斥任何你不知道的，你守不住灰度；你不包容，过去时空发生的事永远在奴役你，你同样守不住灰度。因此，灰度意识是每个管理者的必备素质。

站在混沌、无常、灰度这个高地，任正非看清了事物昙花一现的根本，看清楚了未来，看清楚了一切变化发展的实相，心中更有一种根深蒂固的敬畏。敬畏事物昙花一现的本质，敬畏事物发展的无常，敬畏每件事物的巨大无穷性，敬畏每个人的巨大无穷性，敬畏每个当下巨大的无穷性。

任正非深知，要把这无穷性赋予现实，必须在专注、聚焦的同时，坚定不移地开放！开放是对灰度的敬畏，是对灰度中巨大无穷性的敬畏。

在2009年完成的《管理的灰度：开放、妥协与灰度》中，任正非对灰度哲学的认知越来越清晰了：

> 一个领导人重要的素质是方向、节奏。他的水平就是合适的灰度。
>
> 一个清晰方向是在混沌中产生的，是从灰色中脱颖而出的，而方向是随时间与空间而变的，它常常又会变得不清晰，并不是非白即黑、非此即彼。合理地掌握合适的灰度，是使各种影响发展的要素，在一段时间的和谐，这种和谐的过程叫妥协，这种和谐的结果叫灰度。
>
> 没有妥协就没有灰度。妥协其实非常务实，是通权达变的丛林智慧，凡是人性丛林里的智者，都懂得恰当时机接受别人的妥协，或向别人提出妥协，毕竟人要生存，靠的是理性而不是意气。

不仅仅是任正非发现了“柔弱、开放、妥协、包容、反转”的奥妙，当今另外三位经营大咖乔布斯、稻盛和夫、贝佐斯，也同样发现了创造力生成的灰度哲学。

智能时代的信息一下子丰富起来，丰富得让人无所适从。大工业时代形成的发展模式和意念无法可持续，在一个没有地方可以让人们丢弃废弃物、有毒物质和垃圾的世界里，我们无法继续使用“获取、制造、损耗、收益”的模式继续赚钱，尤其是在像特朗普一样的国家领导人走上前台，高举“美国优先”的旗帜，不按惯性套路出牌而把世界拖拽进巨大的不确定性之中的时候。

在这个方向不明的时代，在巨大的不确定性中，人们常常有彷徨徘徊、不知所向的窘境。我们本以为这是弱点或劣根性，没有那些英雄人物的杀伐果断和敢作敢当，可乔布斯、贝佐斯、稻盛和夫、任正非四位商业巨子，却对彷徨徘徊的灰度哲学大加赞美。

商业巨子的灰度哲学观

▶ 乔布斯：保持饥饿，保持愚蠢

一个人创造一件划时代的产品已经极为罕见，乔布斯却一人参与并领导了两个开创了新时代的产品：发明第一台个人电脑，开辟了互联网时代；创建创造性的智能终端，开创了移动互联新时代；而他卓有成效的预见和努力，依然让苹果处于人工智能云时代的领导者位置。

乔布斯17岁时皈依佛门，对哲学和禅宗有着无限的热爱。他曾经想用哲学和禅法，把人类从浮躁的追寻中拽回来。于是，他19岁只身去印度，他渴望获得神性的指引，可是一无所获。后来他在靠近尼泊尔珠穆朗玛峰的一个山村住了半年，就在那里发呆。一天晚上打坐，突然感觉一种热流从涌泉穴往上冒，他睁开眼一看，是电灯！爱迪生发明了电灯，爱迪生改变了世界。爱迪生没有用什么哲学来改变世界，而是用大美绝活改变了世界！我乔布斯是谁？我要去哪里？我该怎么去？我当真要做一个哲学大师？哲学大师真能改变这个世界？不，我要像爱迪生一样，用大美绝活改变世界！

回到美国之后，乔布斯成立电脑公司，创造出第一台个人电脑。

苹果于1984年推出的麦金塔电脑（Macintosh）是第一款成功的商用小型

计算机，采用图形用户界面，乔布斯在苹果股东大会上大力宣传该计算机，他表示："我们将让麦金塔电脑第一次验证其自身价值，无法用手举起计算机的时代将终结。"

但事与愿违，麦金塔电脑的销售遭遇"滑铁卢"，乔布斯没有开辟手机智能时代，却被自己聘请的能人趁机赶出了苹果公司。

乔布斯接纳了命运的安排，他与人合伙创立了皮克斯（Pixar）动画公司。他在逆境中没有停下脚步，而是把自己置身困境迷雾之外，以造物者的全新方式进行思考。他卖掉苹果的股份，把自己全部家当砸进NeXT公司，进行更为新潮的试验。1996年，苹果走不下去了，他被作为救星重新请回苹果。当时，互联网刚刚诞生，没有人知道那意味着什么，而苹果被折腾成一个烂摊子，让人无处下手。

乔布斯重返苹果之后，NeXT公司所开发的技术成为苹果系列产品的核心。苹果依次推出了iMac电脑、iPod播放器、iPhone手机、iPad平板电脑，并成为全球品牌价值最高的公司。更为重要的是，他创造出第一台智能手机，开辟了一个移动互联新时代，而且还形成了一个强大的"扭曲力场"，可以"倾宇宙之力，造苹果之妙有"。

乔布斯回忆说："我深深确信，如果我没有离开苹果，所有这一切都不会发生。那是发生在我身上最好的事情。"

乔布斯在斯坦福大学那场著名的演讲中指出，人生走向从来就有巨大的不确定性，只有那些追寻着天赋和兴趣的人，才可以把在不确定性中碰到所有美丽的意外，创造出开辟新时代的大美绝活。他说：

> 再次说明的是，你在向前展望的时候不可能将这些片段串连起来，你只能在回顾的时候将点点滴滴串连起来。所以，你必须相信这些片段会在你未来的某一天串连起来（connecting the dots）。你必须要相信某些东西：你的勇气、目的、生命、因果。因为只

有你相信这些点是存在关系的，你才能自信地踏上那条你梦寐以求的路，这条路可能带领你偏离主流价值观，而也正因为如此，你的人生可能真的与众不同。

乔布斯说出了一个不凡人生的路线图：要想改变世界变成主流，你必须离开主流；你必须接纳所有的发生，愚直地顺着你的爱好，一往无前；你必须在一系列事务上，持续投入“勇气、目的、生命、因果”；即便有时偏离了主流价值，但也可能最后改变主流价值，引导主流，成就一个人的不凡人生。如果把这一切概括起来，就是他的座右铭：“保持饥饿，保持愚蠢。”

▶ 稻盛和夫：只知其一，一无所知

1959年创业之初，稻盛和夫沿袭了自己当技术员的惯性，时时处处较真，结果什么事都搞得一团糟。师父西枝无奈地想：“他或许是个优秀的技术人才，却终究不是块搞经营的材料。”但是西枝没有放弃稻盛和夫，他用了两年时间，在实践中给稻盛和夫开了一堂课：“只知其一，一无所知。”

看他每天工作到深夜，怕累坏他，西枝常常晚上请他出去喝酒。这是一场别开生面的商业智慧训练课。稻盛和夫不停地给他加酒，西枝就抱怨说只知道灌人，这酒喝得闷气；如果稻盛和夫自己喝，不给西枝加，西枝又说他被冷落了，而一旦加上，西枝又喊没意思。斟也不是，不斟也不是。

这就是加酒的哲学。对方把酒喝掉了，你还要察言观色，主动问“可以加点吗”，这中间有个间隙。适度把握这个间隙的方法，适用于一切商业实务。

稻盛和夫在师长面前总是放不开，西枝就劝他醉一回酒。可是一旦醉了，西枝又会说“人不可以让酒吞了”！

西枝想告诉稻盛和夫的是，做任何事情都既不能不深入，也不能陷入其中不能自拔。在过与不过之间熟练地拿捏尺寸，找出最佳平衡点是最大的学问。这就是为什么稻盛和夫一方面严厉训斥部下，一方面又能设身处地考虑部下的境况，拿出关爱的具体措施。

西枝通过一系列反常的喝酒、问候、吃饭、说话等具体事件的熏陶，使得稻盛和夫对思维的任何一件事的两个极端产生了由衷的喜爱。这种对立的思维直接反映在他经营企业的理念与治理企业的方式上。稻盛和夫一方面强调慈爱是稻盛最基本的做人做事态度，一方面大刀阔斧、有所作为则是他的一贯行事风格。把两种极端的经营思想很好地融合在一起，是从鹿儿岛的明治维新贤哲西乡隆盛和大保久利通那里学来的。

西乡隆盛的“敬天爱人”，是说人生、事业中都有天道、有神理，要心存敬畏，要有爱心，要为提升人类的福祉尽心竭力；大保久利通则大刀阔斧有所作为，认为这是在适者生存的竞技场得以生存发展的不二路径。稻盛和夫讲究仁爱，同时也知道经营中需要有不逊于任何格斗场上的坚强斗志。所谓斗志，是母亲为保卫孩子时不顾一切的勇气，这种英雄气概来自强烈的责任感。无论如何也要保护公司，保护员工，这种责任心使经营者勇敢而坚定。

举凡“敬天爱人”的人，对事对人都有一种无畏的激情。他们有宽厚爱人的一面，也有嫉恶如仇的一面。当然，那种深深的嫉恨，是建立在爱的基础上，存活于“恨铁不成钢”的语境里，时常携雷霆万钧。稻盛和夫就具有这种明显的两面性。

美国作家F·S·菲茨杰拉尔德对此有一段精辟的论述，他认为：“所谓一流的智慧，是指同时具备两种互相对立的思维方式，并能使其正常发挥作用的能力。”这也就是说，同时让两种完全相反的思维方式合而为一，并能根据不同的情况加以灵活运用的智慧，才是称得上超人的智慧。

▶ 贝佐斯的“徘徊”哲学

亚马逊贝佐斯的“徘徊”方法论，是他洞穿迷雾看清未来的法宝。他真诚而纯粹，把他的经验无保留地写进了《贝佐斯致股东的信》中。贝佐斯是当代任正非最为尊敬的企业家。静默下来，我们有足够的动力和觉性来领悟他的哲学。

“徘徊”的神韵：

> 徘徊是由预感、勇气、直觉、好奇心所引导的，并由一种深深的信念所驱动，即这样的结果对客户的回报是足够大的。因此，为找到通往那里的道路，过程中经历点杂乱和偏离是值得的。徘徊是相对效率的一个重要平衡。你需要两者兼顾。巨大的发现——那些“非线性”的发现——极有可能需要前期的徘徊。

这个过程是由预感、勇气、直觉、好奇心、信念、喜爱、自在等要素引导的过程，这是一个向正在发生的未来学习的过程，需要你不断转换视角，跳出巢穴用万事万物的真来看世界，去到空无所空的状态让创意自然流现。意念结晶生成意志，再经历结构具化，最后付诸实施。

用贝佐斯借AWS亚马逊云服务生态的诞生，来说明一个大美绝活的诞生过程：

（1）客户未提出对云服务平台的需求，但是社会发展却已经做好了所有的准备；

（2）需要一个直觉力强的预感家，他可以预感到这样的需求会爆炸式增长，一如乔布斯之对智能终端的好奇和直觉；

（3）还需要有担当财务风险的责任，必须有足够的冒险精神和财力的支持；

（4）接下来就是无数次的返工、试验和迭代。

整个新产品诞生的过程，就是一个不断向正在发生的未来学习的过程。

贝佐斯的“徘徊”方法论，很有点灰度哲学的味道。他抓住了“徘徊”，

“徘徊”是贝佐斯方法论的核心。没有徘徊就没有成就，成就脱胎于徘徊，徘徊孕育了成就。“徘徊”与“灰度”很接近，而任正非提出的灰度哲学，与老子之“道体恍惚”相通。

乔布斯、稻盛和夫、贝佐斯和任正非，这四位经营巨子在说啥？他们在说，阴与阳交界之处，昼与夜兴替之时，徘徊纠缠之时，都是有巨大无穷性的灰色，都需要执两用中。徘徊或灰度，是已经跳出了惯性的牢笼，与事物真相就隔了一层纸，这恰恰是道的存在状态。如何点开贴近真相的那层纸，就需要构建一个特殊的能量场，向正在发生的未来学习，我们自性的源头，会自然流现清晰的未来行动的画面。

熵增：华为以反惰怠为生

人活着就是在对抗熵增定律，生命以负熵（反惰怠）为生。

——薛定谔《生命是什么》

任正非是一个摸爬滚打出来的俗人。俗人摆脱了经验式的理论框架和逻辑体系，更喜欢从生命本源和人类文明发展的历史中去寻找借鉴，一如普利高津在《确定性的终结》中所说：

简单与复杂、无序和有序之间的距离远比人们通常想象的短得多。

确实，简单与复杂、无序与有序、逆境与顺境、自私与无私、正熵与负熵、是与非、善与恶、好与坏、苦与乐等之间的距离，远比人们通常想象的短得多，而且两者之间会瞬息反转，这就让经历了一次次涅槃重生的任正非提炼概括出了灰度哲学。灰度哲学从某个角度上讲，是向大自然学习，向自然科学学习，向社会科学学习，向生命演化的规律学习，向生命的本源学习的结晶。

热力学第二定律和耗散结构理论等自然科学让任正非着迷。生命在内外场域不断的能量交流中，呈现出活泼泼的灰度，这让他在自己生命成长的体验中找到印证而喜不自胜。薛定谔提出“生命以负熵为生”，任正非坚信华为以反惰怠为生。他把个人生命和企业生命定义成一个反惰怠的旅程，并由此出发，构建了华为具有开创性思想文化、价值观、经营管理和战略。“生命以负熵为生”，启迪任正非去发现企业组织中的生命成长规律。任正非认为，人的根性有两个，一个是自私，一个是惰怠。“自私”是个体生命的持续动力，也是企业生命的持续动力；“惰怠”则是个人生命的天敌，也是组织生命的天敌。他坚信“华为以反惰怠为生”。他主导的华为机制策略设计，都是在向惰怠宣战。

向惰怠宣战的勇士任正非还发现了一个有趣的“薛定谔密码”：灰度哲学是一个强大的意念，没有好坏、善恶之分，所有发生都是当下生命的课题。人一旦被利害、得失给捆绑住，就看不到生命的真相，就会举止失措，而灰度哲学则强调在巨大不确定性中去发现实现巨大无穷性的方法。看上去的“灭顶之灾”，只是按照你原来的惯性所主导的生命遇到了“灭顶”之灾，而不是活泼泼、有创造力的大生命的“灭顶”之灾，这里的关键就是“意念转化”。

意念一转化，生命就会“柳暗花明又一村”。一旦确定意念转化是生命精神上的“DNA”，任正非就有了对付任何“灭顶之灾”的法宝。华为30多年的发展就是一部压强史，打压者最终都转化为赋能者。华为正是在这样从上到下不断的意识转化中，走上了今天高科技的领军位置。

2015年任正非说：

> 热力学讲不开放就要死亡，因为封闭系统内部的热量一定是从高温流到低温，水一定从高处流到低处，如果这个系统封闭起来，没有任何外在力量，就不可能再重新产生温差，也没有风。第二，水流到低处不能再回流，那是零降雨量，那么这个世界全部是超级沙漠，最后就会死亡，这就是热力学提到的“熵增致死”。社会也是一样，需要开放，需要加强能量的交换，吸收外来的优秀要素，推动内部的改革开放，增强势能。外来能量是什么呢？外国的先进技术和经营管理方法、先进的思想意识冲击。

华为是一个开放的系统，随时随地从系统外部获得能量。美国政府这两年对华为无厘头的打压，反而被华为转化为上下同欲的危机感。危机感迅速传递到每一个岗位、每一个员工，这让大家意识到：原来还真有生死存亡的问题！员工不再偷懒了，员工都在为生存而战了。这样内部反而熵减了，华为的生存能力和创造能力一下子提升了许多。

任正非强调，未来华为的鸿蒙生态系统一定是开源的，一定是数万个公司可以尽展风采并一同服务于信息社会，而生态系统的建设最重要的就是有 公平、公正的秩序。不开放就是死亡，水一定要向低处流，高处必须不断有水补充进来。如果水只从雪山上流下来，天不再下雨，高山顶上不再结冰，那水就是无源之水，水流干了，这个世界就变成超级沙漠了，这就是死亡。

要避免死亡，一个社会组织系统就必须与系统外做能量交换，就必须吸收新鲜要素，就必须强化内部改革以增强势能。外来的能量除了生产要素、科技要素外，还包括生产要素的先进技术和经营管理方法，还有先进思想意识的冲击。

▶ 中国未来青年之路，中国未来世界级企业之路

2017年，任正非为《华为之熵 光明之矢》一书作序。在这篇经典文章中，任正非对这个概念性的说法做了通俗易懂的诠释。他借用青藏高原之水，说明了熵增熵减的具体含义，对人生和企业都有指导意义。

> 水从青藏高原流到大海，是能量释放的过程，一路欢歌笑语，泉水叮咚，泉水叮咚，泛起阵阵欢乐的浪花。遇山绕过去，遇洼地填成湖，绝不争斗。一江春水向东流，可它们若流到大海再不回来，人类社会就死了。当我们用水泵把水抽到高处的时候，是用外力恢复它的能量，这个熵减过程多么痛苦呀！水泵叶片飞速地旋转，狠狠打击水，把水打向高处，你听到过水在管子里的呻吟吗？
>
> 人的熵减同样，从幼儿园认字、弹琴，小学学数学，中学学历史、物理，大学学工程，之后又是硕士、博士，其间有多少考试前的不眠灯光？好不容易毕业了，考核又要打A、B、C，还有末位淘汰的挤压。熵减的过程十分痛苦，十分痛苦呀！但结果都是光明的。从小就不学习、不努力，熵增的结果更痛苦呀！我想重来一次，但没有来生。
>
> 人和自然界，因为都有能量转换，才能增加势能，才使人类社会这么美好。

任正非以水为例，水从青藏高原欢快地流下，活泼泼前行，浇灌了一方方土地，养育了万千生命，于是一路带来了欢歌笑语，水一下子被拟人

化了。那是一个大环境的作用，才使得青藏高原有源源不断的冰层集结。如果天公不作美，逼着人类用水泵把水抽到青藏高原，水泵的叶片狠狠打击水，这个熵减的过程就会很痛苦。

人的熵减也很痛苦。“少壮不努力，老大徒伤悲。”想重来一次，却没有机会了。人和自然界，都只能通过能量转换来增加势能。

智能时代的无缝隙链接，无量因子被激活，事物昙花一现的本质成为现实，一切相即生即灭。一旦固化就会熵增，熵增到一定程度就是死亡。而人性天然有一种惰怠，人们习惯于走过去的老路。

任正非直面这个真实，于是他一直以来强调灰度哲学和自我批判，强调耗散结构，强调熵增熵减。他说：

> 永远不要忘记自我批判，摩尔定律的核心就是自我批判，我们就是要通过自我批判、自我迭代，在思想文化上升华，步步走高，去践行人生的摩尔定律。

在这篇文章中，任正非用水往高处走形成势能的痛苦过程，说明向苦处行，勇于自我批判，才是迭代更新的不二路径。在本篇序言中，任正非强调了两个基本点。

第一点：每个人都有能量，每个人都有巨大无穷性潜能。若是能量不被耗散，就会成为肥肉。如果把潜能消耗了，情形就完全不一样了，它会转变为大美绝活，它会形成新的势能。

如果没有出口，你的能量，你的潜能，会成为窒息你的源头。常常有人惜力，常常有人等待好的报酬，殊不知却因此荒废了自己的生命。时空一变，你那些自珍的能力一点价值也没有了。愚痴！

第二点：人一旦干啥啥牛，就会聚集更多更强的势能，甚至直接接通宇宙能量，可以“倾宇宙之力，造大美绝活”，从而活出活泼泼的有创造力的大生命。这样的能量循环，会使强者更强，弱者更弱。

企业需要忠诚，更需要你把忠诚和爱转化为创造奉献。企业会用流程优化来巩固你的创造性行为，不让任何一个雷锋吃亏。它需要每个人尽情发挥潜能，以此形成个人的势能，同时也实现企业势能的提升。说到底，还是需要“头拱地，出绝活”。没有大美绝活，势能都无从谈起。“皮之不存，毛将焉附！”

任正非在这里给华为奋斗者指出了一条路：

以反惰怠对抗熵增，以反惰怠耗散能量创造大美绝活，以大美绝活获取势能，以高势能接受宇宙能量干啥啥牛，以干啥啥牛获取活泼泼有创造力的大生命。但愿反惰怠这条路，是中国未来青年之路，也是未来世界级企业之路。

▶ 耗散结构与华为文化的“四句教”

要避免“熵增致死”，组织就必须是一个开放的耗散结构。“耗散结构”理论创始人伊利亚·普里高津认为：

处于远离平衡状态下的开放系统，在与外界环境交换物质和能量的过程中，通过能量耗散过程和系统内部非线性动力学机制，能量达到一定程度，熵流可能为负，系统总熵变可以小于零，则系统通过熵减就能形成新的有序结构。

任正非是耗散结构的坚定实践者，他在2011年市场大会说：

公司长期推行的管理结构就是一个耗散结构，我们有能量一定要把它耗散掉，通过耗散，使我们自己获得一个新生。我提一个问题，什么是耗散结构？你每天去锻炼身体跑步，就是耗散结构。为什么呢？你身体的能量多了，把它耗散了，就变成肌肉了，就变成了坚强的血液循环了。能量消耗掉了，糖尿病也不会有了，肥胖病也不会有了，身体也苗条了，漂亮了，这就是最简单的耗散结构。那我们为什么要耗散结构呢？大家说，我们非常忠诚这个公司，其实就是公司付的钱太多了，不一定能持续。因此，我们把这种对企业的热爱耗散掉，用奋斗者、用流程优化来巩固。奋斗者是先付出后得到，还是先得到再忠诚，这有一定的区别。我们要通过把我们潜在的能量耗散掉，从而形成新的势能。

华为耗散结构的管理，意在聚集更多更强的势能，“倾宇宙之力，造大美绝活”，从而实现“造物造人”的华为目标。如何保障华为这个生态系统里，可以不断生产出大量的“活泼泼的有创造力的大生命呢”？

英国博物学家、经验主义创始人弗朗西斯·培根曾说：

希腊人真的具有孩子的特征，他们敏于喋喋多言，却从来不可能动手去做出什么东西来；因为他们的智慧原本就是擅于文字而贫于行动的。……过了这么多年之后，从希腊人创造的任何一个体系中，以及从所有这些体系中衍生出来的各门学科中，竟然仍然找不到一个实验是用于改善人类境况或增进人类福祉的。

培根对希腊文化的批评，深获任正非的共鸣。任正非早就觉悟到，只有凭借大美绝活才可以改变世界，只在心性上找些舒服的境界或状态是不可能增进人类福祉的。学以致用最重要。灰度哲学的指向就是活泼泼的创造，就是潜能的充分释放，就是个人势能的不断积累，就是企业势能的可持续上升。

任正非很少用中国儒释道经典解释华为的创新，他更喜欢用热力学第二定律与耗散结构说明华为的创新机理。

任正非很有点“大爱不爱，大仁不仁”的特点。他知道，差异、势能、竞争，这是人类生命进化的本质律动。华为把热力学第二定律从自然科学引入到社会科学中来，意思就是要拉开差距，由成千上万的中坚力量带动19.4万人的队伍滚滚向前。华为要不断激活队伍，防止“熵增”致死，决不允许出现组织“黑洞”——系统性惰怠。

“以客户为中心”，“磨好豆腐给妈吃”，这是华为这个耗散结构的目的和标靶。带着对妈妈的大爱、敬畏和郑重，一丝不苟地做好产品和服务的每个细节。不仅仅如此，华为奋斗者在全球为着救援在地震、海啸甚至战火中的人民，可以不顾自身安危，往抢救通讯信号畅通的一线上奔。

企业应该以奋斗者为本，不应该以人为本。在任正非的脑海中，社会与企业的构造是不同的。一个国家可以向企业和人征税，建设以人为本的社会；而企业要以奋斗者为本，全力在竞争中脱颖而出，以取得更大的经济效益，多纳税，支持国家以人为本的建设。一旦企业以人为本，就不能炒掉惰怠的员工。惰怠不受惩罚，很快就会同化员工，结果使得整个企业熵增，死气沉沉。企业是推动社会发展的引擎，以人为本就会导致平均化和一视同仁，因此也就失去了因差异而带来的发展动力，最终一定会死亡。

长期艰苦奋斗是华为强大的生命意念。在每个时空，艰苦奋斗的具体表象是不一样的，但是精神实质是一样的。人不可以怎么舒服怎么来，舒服就是熵增。艰苦奋斗不是反人性，艰苦奋斗是符合熵增定律的生命律条。没有向苦处行的意志，没有我不下地狱谁下地狱的决心是不行的。

坚持自我批判是华为保鲜的不二法宝。人人都是自我驱动的，人的意念决定了人的生命状态。一个人不坚持自我批判，没有人去监督呵护你。“是人不要管，用管不是人。”而人自我驱动重要的是每时每刻都要有不断反省的能力，都要有自我批判的勇气。

下一个倒下的是不是华为？这个问题要持续问下去，每一次问都会产生一种刻骨铭心的敬畏。任正非真诚感谢美国的无厘头打压，华为在全球登顶几年了，员工有些懈怠，来了这么一场“灭顶之灾”，把每个奋斗者都唤醒了，把华为组织也激活了。

灰度哲学的根基

灰度哲学在任正非的字典里，起初是“开放，妥协，包容”的代名词，后来不断反转发展，演化成为生命、工作、万有一体变化的整体哲学，也是任正非俯瞰世界的宇宙观。

▶ 灰度哲学与中庸之道

没有人能够看透任正非。跟了他十几年的高管，往往习以为常的是任正非火爆的脾性和一种偏执狂的劲头，有谁会想到他把中庸之道作为他最珍视的东西呢？比如，曾经做了12年《华为人报》总编辑的周君藏，他说当年任正非的每篇文章、每次讲话、每个要公开的批示都曾经过他的手，他在专著《任正非这个人》中有这样的描写：

> 任正非绝不中庸，绝不“和稀泥”，而且坚决反对下属干部无原则地“和稀泥”。抱怨与中庸，是中国文化之中类似基因似的负面因素，其涉及面、影响度之广深，几乎无所不至。不抱怨、不中庸、完全按事理来处理事情，完全由任正非传播开并坚持了下来。

周君藏的结论或许有许多事实支撑。虽然任正非在一些公开场合的讲话有时可能是这个调调，但以这样对中庸之道有失偏颇的理解来判断，显然还过于急促和草率。

尼采说“只有散步得来的思想是自己的思想”。任正非对此有很强的共鸣。工作之余，他特别喜欢散步，在外出差的时候还喜欢拉上下属出去散步。就在一次散步中，任正非自己说，他是用“中庸之道”来管理华为的。

1996年，有一次在保加利亚的雪山脚下散步，任正非忽然问刚回到华为不久的梁国世：“你知道华为为什么能成功吗？”

梁国世心中一喜，赶紧回应：“我刚来华为，哪里能悟出这般深奥的道理！您说为什么呢？”

任正非答道：“中庸之道。”

任正非不会去迎合谁，任何一桌饭局，任何一次聚会，任何一场演讲，任何一个现场，任何一次散步，其实只不过是推动任正非思考的载体，经由这些载体，任正非要去推进他自己对人生和企业的思考。

那天在保加利亚雪山脚下，在空旷的山地上，只有梁国世这样一个脾气有点火爆的青年与他一起散步。在这里，没有熟人的打扰，只有他自己的意识在流动。任正非置身于这样一个场域中，他既想点拨一下身边的青年，也在梳理他自己脾气火爆和偏执的情由，于是他说出了华为崛起的秘密：中庸之道。

据《下一个倒下的是华为》的作者之一田涛先生说，第一版出来后，外界一片叫好声，可华为心声社区却是一片讨伐声。任正非根据员工反映的意见，让作者先去访谈300个高管和员工，从中抽出一些华为众生相的资料，补充进第二版。原来的理念逻辑内容被替换了80%之多的华为众生相，这让书的可读性一下子就提升了。但我的这一段关于中庸的描述却被保留了下来，足见这个事件虽小，却反映了任正非的心声。

任正非是可以把两个极端都活到极致的人。他的雷霆之怒可以地动山摇，他超强的沉定力又可以让他即使在天崩地裂时也面不改色。他不是和事佬，更不是老好人。他是很霸道的“外王”，又是很王道的“内圣”，他最擅长在最恰当的时候呈现出该有的状态。

常人只看到任正非火爆的性格，偏执狂似的颠覆，却不知道偏离只是表象。真正活在他内心的是一刻接一刻的回归，一刻接一刻的动态平衡。做人、做企业，绝对不会是沿着一条既定的坦途走大道就行的。

一般人往往把“中庸”理解成和事佬，或是两极的中间状态，这就大错特错了。中庸是强调每个时点都要保持动态平衡，保持不了动态平衡的事物就要死亡。设想一个画面，走钢丝的运动员在重力几乎全部倾向一端时，他手中平衡的长杆已经贴身成180度的角，一般人早吓趴下了，而那些勇敢者却可以凭借手中的长杆平衡整个身体。道家讲“执两用中”，儒家讲“叩其两端而执其中”，都是在说两极的动态平衡，而不是说两极的中间位置，中庸含有巨大的勇敢和悲悯。任正非说：

我们要清醒地认识到，面对未来的风险，我们只能用规则的确定来对付结果的不确定。只有这样我们才能随心所欲不逾矩，才能在发展中获得自由。任何事物都有对立统一的两面，管理上的灰色是我们生命之树，我们要深刻理解开放、妥协、灰度。

十分平白的一段句话，含义却非常丰富。管理说到底，就是在“规矩”和“随心所欲”两个极端中间寻找巨大的“自由”，任正非更是把在中间灰度地带的这种“自由”上升到了“生命之树”的高度。他说：“管理上的灰色是我们的生命之树。”

任何事物都有对立统一的两面，固守一端就会枯死。“只知其一，一无所知。”“中庸之道”“执两用中”“叩其两端而执其中”，这是非常美妙的认识论，也是非常美妙的本体论。人们优化思维，莫不是在“正反、是非、善恶、高下、前后、荣辱、强弱、黑白”等等两极中磨合。当然，还有个最终的依归，这就是你的使命感或对超越自己的渴望程度。心存超越自我的志向就会保持空杯、保持开放，接纳所有的发生，并在正反两极的磨合中找出当下的平衡点。

一如走钢丝的平衡，任正非的“中庸之道”就是一个原则。它不是按照既定的模式或套路，而是在混沌、颤抖中把握节律和平衡的实际体验，是很多尝试和失败的精华。你或许会感觉到某些东西在那里，但它是难以捉摸的，你无法指出它，也无法想出它。

非中有正，正中有非。不去向“非”就没有“正”，不守住“正”就没有“非”。任正非不停地离开常态去追求极致，正是为了不断地把这种极致变为企业的常态。而停留在常态又是死亡，只能再进一步去追求新一刻的“非”——极致。当放下了“正与非”，人就可以去大胆地追求“从心所欲不逾矩”了。

自由是“从心所欲而不逾矩”，核心不是“从心所欲”，核心是自我主宰。唯有自律的人才能掌控自己的人生。

不是成功才自律，而是自律了才会成功，所有优秀的背后都是苦行僧般的自律。高手都是持续性自律，废人才是间歇性自虐。

世界时装日本浪潮的设计师和新掌门人山本耀司，以简洁而富有韵味的设计风格而著称。他说："我相信一万小时定律，不相信灵感和坐等的成就。做一个自由而自律的人，势必靠决心认真地活着。"

任正非把他离经叛道的创业求索说成是"中庸之道"，乍听起来似乎有点滑稽，仔细琢磨还真是这么回事。在野即主流！主流即在野！任正非是由"在野"挺进"主流"的代表人物。他一次次地离开主流或常态，就是为了建立新的常态或形成新的主流。他知道，这是一个人、一个企业、一个国家的生命都离不开的和合律动。

人性的光芒在任正非创业的路上闪光。看上去很粗糙，却是华为得以成长为世界级公司的真正密码。

▶ 从中庸之道到直觉判断力

乔布斯、贝佐斯、稻盛和夫、任正非四位商业巨子，都具有灰度的思维特质，都有着穿越不确定性的、超乎寻常的直觉判断力。我们看到，灰度哲学就是一种宇宙观。这种哲学的奥妙在于中庸之道，要在两个极端之间"执两用中"，分分钟拿捏动态平衡点，分分钟拿捏那个变化着的"中"，也就是人们通常所说的"直觉判断力"。

当聚焦到乔布斯、贝佐斯、稻盛和夫、任正非的个人特质时，我们可以看到，所谓中庸之道，就是他们在电光火石之间表现出来的直觉判断力。可以说，直觉判断力是中庸之道的表现形式之一。

当一个危机发生，一切还处在混沌灰度的恍惚之中时，有些人就可以立刻做出实相的判断，找到解决问题的办法，这种直觉判断力常常被作为衡量领导力的关键指标。

几年前，我在一个论坛上演讲。看着一代企业家胆战心惊地交了班，可是凌晨却会睁着眼睛睡不着，心里有万般不放心。而接班的二代常常抱怨，老一代没有授权，还是会一个人说了算。看着两代人的撕扯，我演讲时说：

> 亲爱的年轻企业家，你们知道跟老一辈相比，你们差在什么地方吗？差就差在直觉判断力上。一个问题发生，老一代很快会做出直觉判断。他们从一个危机点，很快找到了危机解决点。而我们留洋回来的年轻新锐，却要等待数据齐备再来分析判断，这往往会贻误战机。老一辈则跑遍了公司的每个现场，一个蛛丝马迹就会知道后面有什么在发生，这些不是大数据逻辑可以提供的。老一代对新一代接班的担心就在这里。想早日承接大任，就要跟老一代学习直觉判断力，这是乔布斯、贝佐斯、稻盛和夫、任正非他们特别擅长的。这是一个当下向未来学习的过程，也是一个自主创造性意念的生成过程。

确实，在阴与阳交界之处，昼与夜兴替之时，徘徊纠缠之时，穿越不知所终的灰度地带，形成创造性的直觉判断，是一个很值得探索的领域。徘徊或灰度，是已经跳出了惯性的牢笼，与事物真相只隔了一层纸，这是接近道的状态。

只看到“正”而看不到“反”，就无法直抵商业的本质，中国儒释道三家都有这样的整体化思维。

还是回到我们关注的焦点问题上。我们看到，乔布斯、贝佐斯、稻盛和夫、任正非他们在一个危机点或问题点，很快会生成一个新的问题解决方案，这种创造性思维往往是直觉判断力的延伸。

灰度哲学创造性地解决了这个生成问题。我的研究发现，灰度哲学作为一种方法论，主要体现在三个定理和一个生成过程之中。

▶ 灰度哲学的三个定理

灰度哲学是需要时间和失败教训才能感悟到的，那是任正非经历无数次心惊肉跳和无数次生不如死的颤抖后，才有了这种整体观。从灰度那个高点看下来，宇宙无边界，人的潜能无边界。而人们却往往不妥协，不接受灰度，非要来个黑白分明，结果自己把自己活活拘死。妥协是管理实践中最讲究的艺术，年轻人虽然知道，但却很难做到，因为他们充满活力，他们还有足够的时间来承担失败。

任正非把灰度哲学上升为每个管理者的必备品质。起初他常常念叨的就是：开放、妥协、包容。当一个人把自己真正开放，那就是要分分钟放下自己的“正确”，向看上去“不太正确”的观点妥协，包容跟自己不一致的人。“或许，是我看错了呢？”这样的一念之仁常常会释放团队无穷的潜能。

在今天巨大不确定性的虚拟互联网时代，任正非的灰度哲学成了一种万有生成变化的整体观。

灰度哲学至少有三个定理。

第一个定理：世界充满了巨大不确定性，也充满了创造的巨大无穷性

在许多人被不确定性搞得徘徊彷徨不知所终时，人们常常会迷茫、惶恐与不安。徘徊彷徨，实际上是人们跳出惯性模式、直面不确定性的一种状态。这时最需要的就是意念的转化，是真正摆脱惯性的拘押，从新的可

能性来透视当下。

“每个人都有巨大的无穷性，每件事都有巨大的无穷性，每个当下都有巨大的无穷性”，三个不确定性叠加，再智慧的人，如乔布斯、贝佐斯、稻盛和夫、任正非等，也会有说不清道不明的恍惚。彷徨、徘徊、灰度，正是他们怀有敬畏之心，才能把巨大的不确定性转化为巨大的无穷性的必经过程。

华为2014年已然成为通信设备领域的领导者，近年来的5G技术进一步推动华为成为数字时代的领导者。当一直梦寐以求的画面就在眼前时，任正非诚惶诚恐。峰巅无景，他首先想到的是过度自信会毁了华为！一个从创立之初就设定的目标一旦实现了，旋即，一种倒下去的危险抓住了他，他立刻思谋摆脱这种命运的路径和方法，这种潜意识的条件反射几乎成了他的特质。

“木秀于林，风必摧之。”正在任正非不知该怎么带团队的时候，美国一方面挥舞打压、断供的指挥棒，一边又营造舆论诋毁华为。一般人会心生抱怨，而任正非则一再感恩美国的打压。这不是言辞上的感恩，因为华为内部很难生成这样的动力，而正是这种动力激发了每个员工的创造性。

第二个定理：超越二元对立，执两用中

> 天地互为通玄黄静里有动；阴阳互济添造化柔中带刚。万有都超越二元对立，是在对立统一的两端互为互济中发展，在即生即灭的反转中，人们唯有超越二元对立，叩其两端而执其中，恒守执两用中的中庸之道。

一切都在反转。既需要对任何一件事的两个极端做好准备，又需要有

在两个极端融通、互济和反转中拿捏动态平衡点的智慧。每一个当下的动态平衡点，就落在两极之间的巨大无穷性之中。拿捏动态平衡点，需要对反转的路径和方式心中有数，这样一种动态平衡就是中庸之道，就是超越二元对立的灰度哲学的奥妙之所在。

2018年6月，任正非就提出了总体战略：华为要活下去，以前这是最低纲领，现在这是最高纲领；中美贸易摩擦已经到了提刀跨马上战场的时候，美国不给我们科技要素，我们要创造要素自己上；迄今为止所有动态平衡点的拿捏，都不是这两个极端，而是落在这两个极端之间的某个点上。

一年多以来，中美科技战在向纵深发展，而华为的大美绝活却有了突飞猛进的发展。确如任正非所说："只要在技术上创新求真，踏踏实实地干出尖端成果，组织有活力，员工有干劲，公司还是有生存与发展的基础与能力的，这点要充满信心。"

超越二元对立是一种整体宇宙观。我们已经看到，任正非在美国无厘头打压之下，没有被拐带着跑了，而是坚持超越二元对立，从合作共赢这个人类文明结晶出发，寻找解决世界问题的钥匙。

从灰度哲学宇宙观看下来，"心中无敌，天下无敌"，因此，也就永远不会输。

对不同时空历史经验的概括，真不是放之四海而皆准的真理。亨廷顿10个预言似乎有些得到应验，但华为却给出了反例。

从万物一体的宇宙观看世界，到处都可以合作共赢。华为坚持从人类文明的结晶出发，寻找解决世界问题的钥匙。面对美国的无厘头打压，华为带着爱、敬畏和毅勇去创造大美绝活，开启了新的文明竞争。

一切发生或正或反都可以被转化为激励个人和组织巨大无穷性的创造力。华为不在意识上对抗，而是另辟蹊径，安心创造真善美绝活，让大家不得不买，在颠倒的世界给人以新的希望。

第三定理：反求诸己，以创造大美绝活的确定性穿越巨大不确定性

不推诿，不抱怨，不抛弃，不放弃，不撒谎，回归本源，点亮心灯。头拱地，出绝活，以创造大美绝活的确定性穿越环境变化的不确定性。

环境的任何变化都是时空的转换，不是变化错了，而是人的心随顺不了变化。从来没有糟糕的环境，都是糟糕的心态。逆境可以砥砺心性。面对美国的无厘头打压，任正非认为还是华为的产品做得还不够好，还没有做到让大家不得不买的程度，这就是差距。结果一年多以后，华为的产品和服务又上了一个很大的台阶。

用三宝锻造大美绝活，广利苍生

2019年，在任正非的访谈中，他一再强调，华为的5G产品已经好得让大家不得不买，如果美国不用华为的5G，就可能在科技上落后了。“让大家不得不买”，成了任正非的招牌语言。

任正非真正不同凡响的成就是在没有方向的时刻，可以把19.4万华为人的心安住在创造大美绝活上。当每个华为奋斗者不断拥抱变化，干啥啥牛时，华为就是一个高效的造物者团队了。

“做企业就是磨好豆腐给最亲的人吃”，任正非这句话说出了华为创造大美绝活的终极目的。这个目的了不起！人都说愿意广利天下苍生，可更多的人还是停留在概念上或心法中，而没有落实在与众不同的大美绝活上。因为打磨大美绝活太辛苦了，对华为来说，不仅仅需要艰苦卓绝的努

力，还需要冲破发达国家的重重封锁。正因为华为有不同凡响的绝活，所以华为的道才大，才可以普惠万物。

华为之所以有广利苍生的大美绝活，是因为任正非带领的华为有三宝。一是慈悲大爱，心心念念着客户的终极福祉，“心中无敌，天下无敌”，故能勇往直前；二是极致，至真、至善、至美、至诚，所以能广利苍生；三是谦下，开放、妥协、包容，不空耗生命能量与资源，“力出一孔，利出一孔”，才能在高科技领域有不同凡响的成就。

灰度哲学：向正在发生的未来学习

迄今为止，我们还没有给出直觉判断力的生成过程。直觉判断力既然是灰度哲学的一个核心向度，也是一种接地气的创造力和想象力，那么我们必须给出一定的解析。

2019年12月1日，我参与了U型理论的创始人奥托·夏莫主导的一个共生互动论坛，现场我被U型理论的魔力给征服了。我感觉，任正非的灰度哲学完全可以用U型理论做出阐释。

奥托·夏莫教授少年时看见祖屋被一场大火毁掉。站在废墟前，他的思维平静下来，感受到了另一个完整的“我”，一个过去从未被发觉的“我”。真正的“我”与刚刚在黑烟中变为废墟的物质财产并没有关联。这也让他明白有一个真正的“我”存活于体内，这个“我”正是那个观察者。他87岁的爷爷看了废墟以后说：“孩子，抬起头来，向前看！”那句话深深地震撼了他，跟他那个内在的“我”合流。在毁灭与生成之间，他有了一种坦然。这份静默和坦然，日后推助他发现了关于生成与创造的U型理论。

灰度哲学的诞生，也是一个生命毁灭与诞生的故事。2001年初，在一连串生与死的灾难之后，母亲的非正常离世一下子把任正非打入了至暗时刻。在闭关一个月以及后来若干年的反思过程中，任正非意识到“逝者已逝，活者前行”，他要全心全意磨好豆腐给最亲的人吃。灰度哲学让他拥有了整体的宇宙观，从生生不息的历史长河去看任何一朵浪花，就有了全然不同的体认。

▶ 灰度哲学与U型理论的作用机理和过程

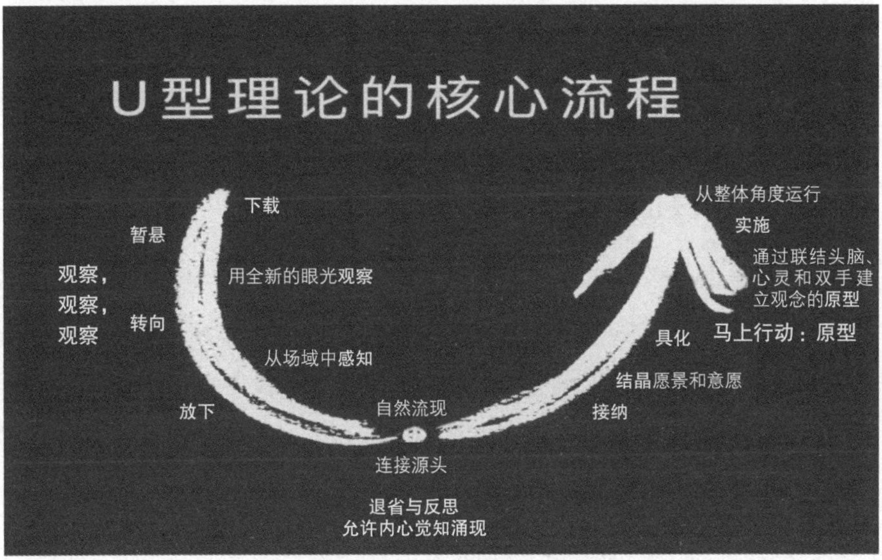

奥托·夏莫U型理论核心流程图

由此，奥托·夏莫把“危机点—执行力”的直觉判断力，变成U型的思维过程。

若想成功地进入深层次认知空间，沿着U的左侧下行，我们会经历暂悬、转化、放下和自然流现这4个认知层面。学以致用，然后沿U的右侧上行可能是同样的路线，只不过你跨越的界点是来自相反的方向：结晶、建立结构原型和实施。

这个向正在发生的未来学习的模型，是在奥托·夏莫U型理论模型的基础上，结合贝佐斯、乔布斯、稻盛和夫、任正非四位经营之圣的学习方式，我们注入了灰度哲学的内涵。

这很好地诠释了任正非灰度哲学的作用过程。灰度哲学重点在从内在态度到大美绝活的创造，而U型理论也不是空泛的理论建模概念推演。此前我对灰度哲学的研究偏重于宏观描述和逻辑延展，接触奥托·夏莫的这张U型理论图解之后，我为灰度哲学找到了内在的作用机理。

一如彼得·圣吉所说："人类最伟大的发明是创造的过程，是提出新现实的过程。"灰度哲学与U型理论一样，最终都指向"破惰通变的创生力"。为实现创造性实践，U型理论提出，必要的技能训练也是很重要的。

▶ 一个"自然流现的活力场"理论

奥托·夏莫喜欢把U型理论称为"活性场域的理论"。10年前，笔者还把"地头力"与"活力场"一起申请了商标专利。活力场是一个开放的综合的能量场，而不是线性的过程。观察乔布斯、贝佐斯、稻盛和夫、任正非，我们会发现他们的行动不是线性的轨迹。相反，他们与其面临的艰难境况共舞——不断观察和觉知（联结），允许内部感知或直觉涌现，然后瞬间采取行动，并且他们自始至终都采用这个方式。为了提高与正在生成的深层场域的共鸣，活力场的组织与搭建需要建立三种不同的基础结构：

（1）建立共同感知的流程和基础结构，有利于参与者对周围更大的生态系统中实际发生的一切进行共同观察和理解；

（2）建立共同自然流现的深省和静默的场域，从个人和集体层面上促进深层次聆听，联结到真实存在和创造力的源头；

（3）建立场所和基础结构，为新的运行模式建立原型，通过实干探索共同创造的未来。

“自然流现”与“固步自封”这两种力量是互相关联的。我们经常会看到人们在面临极度毁灭的同时觉醒，获得了更高层次的意识和觉察，任正非就是这样。在上一章“他找到了生命的真北”中，已经呈现了任正非在至暗时刻的生命觉醒，并以此达到了一个内在更高的大我境界。

任正非给我开了天眼

任正非是一个梦想家，也是一个造物者和建构者。“正非灰度哲学”在中国有着深厚的沃土，会形成一道巨光，光而不耀，可以照亮人们发现自己的路径。稻盛和夫哲学的核心是“敬天爱人”。稻盛哲学作为一种哲学体系，有一个原点——“作为人何谓正确?”这是稻盛哲学的眼睛。在不确定性环境中，“作为人何谓正确”是稻盛哲学直落根本的天眼。那么，“正非灰度哲学”一以贯之的天眼又是什么呢?

“正非灰度哲学”的伟力在于以简单朴素的原则贯通一切意念，我对此有切身体悟。那是2013年5月14日，任正非出差到北京，约我在北京的贵宾楼喝下午茶。这是我第一次面见任正非。我提前10分钟到现场，任正非却早就坐在那里了。看我有点紧张，任正非说:“王老师，你的新浪微博有9 400多条了，我时常看。”

一句话就让我的心安了下来，谁知道一瞬间他又给了我当头一棒。

▶ 一闷棍敲醒梦中人

我开头没话找话说:“今天中国兴起了稻盛哲学热，有些企业家是想让员工学习稻盛哲学，改变工作态度，激发潜能多干活，少要报酬。稻盛和夫就是一个制造精密陶瓷的，却能凭借厚重的‘无名之朴’，建设两家世界500强，还能拯救日航。人们没有去反思……”

任正非打断我的话："王老师，你根本不了解稻盛和夫！”

我腾地一下子脸就红了，怯怯地问："任总，我哪里错了？”

任正非说："你说‘就是一个制造精密陶瓷的’，太过轻淡！‘皮之不存，毛将焉附？’你不了解稻盛和夫的产品，怎么能够了解稻盛和夫？稻盛和夫做的精密陶瓷是氮化镓，是一种新材料，在未来10年至20年会引领一场实实在在的新材料革命。没有氮化镓产品的支撑，哪里有什么稻盛哲学和心法。你这样脱离产品空讲哲学和心法，会害了中国企业家！”

“皮之不存，毛将焉附？脱离产品空讲哲学和心法，会害了中国企业家！”一句话如醍醐灌顶！任正非一闷棍过来，实际上是给我开了天眼！

什么是企业家？一说起来我们常常想到使命、理想、家国情怀等等。而任正非分明在说，企业家的本职是“造物者”，他必须拿出与众不同的大美绝活（产品和服务）。大自然中没有两片树叶是一样的，凭什么企业家就可以粗制滥造复制他人的产品？没有完成“造物者”这个本职工作，去说什么企业家的使命、理想、家国情怀都是扯淡！人靠绝活立身，企业靠好的产品和服务实现高收益。

这是任正非的一贯思想。任正非是一个有使命感的人，从创业之初，他就想“做一两款产品出来”。后来，他的父母都是因为产品和服务问题而以非命的方式去世，更让他发心："做企业就是磨好豆腐给最亲的人吃！”“做企业就是磨好豆腐给妈吃！”要带着对妈妈的爱、敬畏和郑重去做产品和服务。

任正非一次跟我交流说："昨天见了一个日本代表团，日本人可高兴了。中国人富起来真好。最近五年，中国人到日本扫货、网购价值总额是惊人的3万亿美元！”富裕起来的中国人不是不爱国，是因为他们在国内很难找到放心的东西吃和放心的东西用，这是中国人刻骨铭心的痛！任正非要从华为开始，给中国人在全球化市场上打下一个根深蒂固的桩——“创造大美绝活，让大家不得不买！”

这次美国发动的针对华为的科技战，之所以虎头蛇尾，最关键的地方就是华为有5G等一系列大美绝活。离开这些真善美的绝活，一个公司就会在智能时代落后，这是谁都付不起的代价。

在创造大美绝活这个基本点上，稻盛和夫与任正非高度同频共振。稻盛和夫创立京瓷，与创业伙伴签血书：要把陶瓷技术发扬光大，造福日本，造福人类。稻盛和夫常常一天工作20多个小时，他甚至会抱着产品睡觉，“现场有神灵”，这让他找到了一个又一个突破点。正是这些来之不易又浑然天成的突破，才让稻盛哲学有了土壤和根脉。

任正非这一闷棍给我开了一双“天眼”，让我一眼看透了商业的本质，看透了人类真切的痛，也看透了一些唯利是图的奸商。他们不顾环境和产品的品质，只想把钱搂进自己的口袋里。这双天眼改变了我的思维方式，从此以后，到任何一个企业，我首先关注的是他们的产品和服务。如果企业家对产品说不上个一二三来，我就知道这个企业没有什么前途。

▶ 任正非放不下一件小事

在2016年巴塞罗那恳谈会上，10个大咖争先恐后地问着问题，任正非快速直接地回应着，其中有两次提到了我，我知道该我问问题了。可是，如何才能提出有价值的问题呢？

那年春节我刚好与女儿一起看了《美人鱼》。走出电影院时，女儿说了她的观后感：“星爷牛！星爷不用自己的眼光看世界了，他用章鱼的眼睛、美人鱼的眼睛、草地的眼睛、水的眼睛和花盆的眼睛看世界。”女儿的话令我很惊喜。在巴塞罗那的那个当下我想起了女儿的话，于是，我这样提出了问题：“任总，我这次来巴塞罗那，发现华为人已经不用自己的眼睛看世界了，华为人在用供应商的眼睛、最终客户的眼睛看世界，华为人在用大自然最节俭的组织方式的真看世界，华为人在用万事万物的真看世界……”还没等我将问题提出来，任正非就接过话头说：“用万事万物的真看世界太重要了！”

任正非讲述着万事万物的真都是怎么表现的，中间两次还提到了日本的原材料很牛，华为不能去研发氮化镓，但可以去研究氮化镓的应用，这样就不跟日本人冲突了。说着他就停下来，在那里用钢笔一笔一画写下了三个字——氮化镓，并伸出手来递给了坐在他侧对面的我。任正非反复提到氮化镓，那就是在回想2013年我们两个人的对话。

当时我们有个约定，就是不对外发布谈话内容。任正非的担心是，那么多媒体都想采访他，而他一概谢绝，如果跟我交流的消息散发出去，就不合适了，好多大媒体就会找他，他没有办法拒绝。我遵守约定，没有对外发布。一直到2015年，我才将其中谈到稻盛哲学和京瓷的部分，在专栏文章《任正非一棒敲醒梦中人》中公开。可能是任正非读了，看到我没有提氮化镓，他就知道我没有真正弄懂这个问题。

三年了，这件事一直影响着我、改变着我、塑造着我，谁知道任正非心里也没有放下这件事。他还能在节奏非常快的对话中暂停下来，一笔一画写下氮化镓三个字送给我，这其中所蕴含的诲人不倦的温度很是感人。

▶ 造物→复命→无我→造物

中国有些企业家焦急，恨不得一个早晨致富，一股脑地追逐投资模式和商业模式的泡沫。中国富强了，许多公司成功了，许多公司也疯了，开始无节制地去投资和迷恋模式泡沫，结果很快资不抵债甚至濒临倒闭。

在时代的标杆人物身上，凝聚着时代的转型方向。将经营重心从概念、模式、说法和故事回归做企业的本真——“磨好豆腐给最亲的人吃”，这是任正非身上所呈现的历史性方向。中美科技战爆发，任正非意识到深刻的危机就在眼前，于是砍掉了华为45%的产品线，“力出一孔，利出一孔”，集中兵力于主航道，继续30年猛轰一个城墙口的战略。任正非不仅自己清明，还建造了一个能量场，让19.4万华为人安心创造大美绝活。他从来不去看乱七八糟的投资机会，他只是在自己的领域里把供应链上的事想透了，在该布局的地方布局。

任正非深知，创造大美绝活必须分分钟自我超越。21世纪之初的几年可以说是任正非的至暗时刻，而正是至暗时刻让任正非原力觉醒，让他意识到必须建构一个上下同欲的能量场，让全体华为奋斗者同频共振，让共情的能量贯通流动。于是，他提出了一个华为组织变革的顶层设计：每个人的自我超越。

基于对人性的洞察，他认为人有两个劣根性，一是贪婪，二是懒惰。要激发每个奋斗者对于“升职发财”的欲望，让他们为改变自己和家族的命运，自己干掉懒惰。这里的基本逻辑是让价值创造、价值评价、价值分配形成闭环。

可以抱有“升职发财”的私欲，而要创造出大美绝活，就要安下心来，“两耳不闻窗外事”，仔细琢磨物之性和相关联的人之性，去广泛连接内外能量场。而要连接内外能量场，就必须具备清静、谨慎、敬畏、郑重、精进、纯粹、开放、包容等品质。当一个人可以安心造物了，他的意念就会发生根本性的改变。

“造物→复命→无我→造物”，这样无穷尽的循环，就是一个人超越自我的全过程。一旦造物成功，他还必须分分钟清零，进入“无我”的状态，才可以持续造物。任正非是这样走过来的，他相信每个华为奋斗者也可以这样超越自我。

任正非在《我的缺点和优点》的讲话中说：“不要做一个完人，做完人很痛苦。要充分发挥自己的优点，使自己充满信心去做一个有益于社会的人。一个完人，抹去了身上许多棱角，自己的优势往往被压抑了，成了一个被驯服的工具。我希望把你的优势充分发挥出来，贡献于社会，贡献于集体，贡献于我们的事业。每个人的优势加在一起，就可以形成一个具有‘完人’特质的集体。”

任正非有觉性，他深知真正的成功都源于开启自性本源的能量，同时又要想尽办法聚集企业内外乃至宇宙的能量。只有把内在本源能量与广域能量连在一起，一个人和一个企业才可以真正成就自己的事业。

人要认识自己，发现自己的天赋和天性，发现自己生命力的特质，必须唤醒内心沉睡的力量，必须自己设计一个又一个巨大的挑战，设计一个撕裂自己舒服的机会之窗。“昨天的做法是最差的做法”，你必须有这样的洞察和直抵根性的认识，才有可能撕裂自己的惯性，撕裂自己思维深处的自负，把自己逼到绝境，你的优势才可能发挥到最大限度，你才可能拿出与众不同的大美绝活。

任正非除了会随时随地反省自身以外，他还喜欢人们向他开炮，那是真正在帮他。以至于美国围堵华为时，他开始一直反思的问题是：一定是我们做得还不够好！一直到后来，美国亮剑要封杀中国高科技时，他才毅然决然地说：“现在是提刀跨马上战场的时候了！”即便是在这样的时候，任正非还是念念不忘要与先进的美国拥抱，共同为人类创造价值。他所谓的“战场”，就是“创造真善美绝活，让大家不得不买”的真正战场。可以说，任正非是在“倾宇宙之力，造华为之大美绝活”。

全球化新时代需要一种定力

中国企业的全球化遭遇到复杂的大环境，有许多不利因素在起作用，这是中国融入世界文明所必须经历的过程，尤其是那些歧视，那种评判之声、嘲讽之声和恐惧之声，让人心里感到寒冷和低沉。这个时候，自我的信心来自内在的自性光明，来自对内在大道本源的信仰。对任正非来说，这个大道本源就是他的光明初心："磨好豆腐给最亲的人吃！"守护好这个本源，还要适应环境即生即灭的变化。任正非在这方面走出了自己独特的范。

▶ 企业不仅仅是大环境的承受者，同时也是大环境的建构者

中国企业面临的大环境问题，主要是中国和西方不同的价值观导引出来的一系列复杂问题。面对这些复杂问题，任正非公开讲话时很低调，说"我们是做企业的，'蚍蜉撼树谈何易'，只能适应大环境"。

当然，任正非又有一种高度的自觉：企业不仅仅是大环境的承受者，同时也是大环境的建构者，企业在大环境下不能巧妙地缓解或解决环境问题，就没有办法生存。企业直接在生产力的第一线，直接在造物的第一线，人口的大部分都在企业中就业，企业更应该有担当、有建树。

华为在西方遇到的问题，大多数是因为价值观和沟通方式的不同所造成的。与西方沟通，存在着话语体系和基本价值罗盘不同的障碍，这是几千年形成的不同体系，对接起来比较困难。但是，到人家家里去做客，只

能尊重人家的习惯。砸场子只会激发对方的反弹，他们就会把墙越筑越高，更增加我们进去的难度。做企业的，要有主动担当的精神，要去创造性地开创有利的环境。任正非把这个担当概括为："从人类文明的结晶出发，寻找解决世界问题的钥匙。"

▶ "站在西方的角度，去解释文明的兴衰"

对华为来说，既然要到西方去发展，首先必须充分认识西方的价值观，站在他们的立场上去理解他们。摆在华为与中国企业面前的任务，不是去改造别人的文明，用任正非的话说：我们所能做的只是"站在西方的角度，去解释文明的兴衰"。

任正非的《从人类文明结晶出发，寻找解决世界问题的钥匙》一文，其核心就是不能以你的是非对错去揣度西方文明，而要以人类文明的一种结晶出发去寻找解决世界问题的钥匙。

西方传教士不顾生命危险，跋山涉水到不发达地区传道，任正非对此表现出了极大的敬意。华为是新时代的"传教士"，当华为人把发射天线在鸟不拉屎的地方竖立起来，给周边落后地区的人民带来文明时，那种孤独的喜悦曾经激发了一拨又一拨华为人。

任正非还表达出了对西方冒险家的深度理解：他们不顾个人生命危险去探宝，然后献给女王或大英博物馆，那是一种为了信仰的牺牲精神。如果我们仅仅从财富掠夺这样的维度去解读，就永远无法接近他们内心的价值。任正非举了津巴布韦维多利亚大瀑布的例子。这个大瀑布是戴维·利文斯顿发现的，他做出的牺牲没有办法度量，不理解这些文明的开拓者就没有办法与西方人对话。

任正非在一系列访谈中一再提起传教士对中国的贡献，以拉近与西方读者的距离，这也是同理心的自然呈现。

▶ 跳出非此即彼的思维

大环境很重要，而维持全球大环境的和谐就要尊重人类文明，而且要从人类文明的结晶出发，去寻找解决世界问题的钥匙，要切忌非此即彼的直线思维。事物都是有缘起的，且在不断反转之中。谁可以想到美国往死里打压，反而激活了华为上下同欲的创造力，进而把华为长期战略的罗盘重新调整过来，使一个更具内力和张力的企业战略更加清晰可见。这其中的关键一点便是任正非杜绝了非此即彼的思维模式，在面对无妄之灾时顺势而为，让一切朝着对华为有利的方向发展。

任正非认为，我们可以有自己的价值观，但需要充分认识和尊重西方的价值观，并把两者一致的地方说清楚、说透彻。我们可以坚持自信，我们可以守护我们的价值观，但必须求同存异，求真务实。真实是生命，东西方都推崇实话实说。只要有了真，就会有善和美，真善美是分不开的。

比如，2019年8月15日，任正非接受英国天空电视台记者访谈时，他用华为员工写的《一人一狗一厨》来举例。说华为人来到荒无人烟的小岛上，在极其原始的生活条件下，就是想着怎样在科摩罗建构通讯网络，让那里的人民享受现代文明的福泽。这个员工写的琐事反映了华为“以客户为中心”的理念：全心全意为人类做贡献，要用大美绝活让人们享受到新文明。这个巧妙的回应一下子真实触及了英国记者的关心。说白了，那也是西方世界关注的焦点。

如果这个记者来一点联想，联系到任正非不断说的英国传教士走遍世界给人类带来文明的说法，两者可谓异曲同工，那是一种深沉的大爱，那是一种高贵的奉献精神。任正非巧妙地把东西方价值观一致的地方通过员工的小故事给呈现出来，并表示“这种为人类幸福奉献一切的使命，我们当然要守护”。

任正非谈话的智慧在于，他在博弈的两个主体之外发现了第三个主体——世界人民的福祉。博弈的主体可以是美国政府与中国政府，也可以是美国政府与华为。众多迹象表明，美国发动科技战打压华为，是因为华为是中国高科技企业的标杆，华为要争取活下去，就被逼成了美国的对手。而华为一直在做的，就是为人类创造价值，华为带给世界人民的都是正向利益。有了这个基点，任正非充满了信心。正是基于这一点，美国经济学家也担心美国正在输掉对华为的科技战。

任正非认为在中美两国政府的博弈中，华为只是一粒小芝麻。可是，华为又处在了这样一个科技领头羊的位置，就成了美国政客发动国家机器来碾压的对象。

任正非不去跟你讨论华为在想什么，而是心心念念牵挂着最终用户，牵挂着世界人民的福祉。在博弈的两个主体之外，他找到第三个立足点，而且这个点也是博弈中的两个主体最终都在意的焦点。有了第三方出现，一切便就有了转机。平衡点不是你死我活，而是第三方的利益是否受损。争执的双方在保护中对各自的利益可以互不相让，但在第三方主体客户的利益受损时，就不能只蹲在自己的利得圈里心安理得了。

这真是人类文明的一把钥匙！不要固守在利益的一方，而要看到这个利益主体最终的目标和发愿是什么。跳出当下的是非，从这个高度上看一切就简单明了了。既然我们都是为了最大多数人民的利益，那么当社会大众的利益受损时，我们就知道触碰到了底线，该回撤了！

▶ 公关就是营造利他、合作、共赢的能量场

公共关系纲要中，哲学、历史、社会学和心理学等都要放进来，这些人类文明的结晶，会带着我们找到解决世界问题的钥匙。

公关工作常常被人误解，任正非的这段话说透了公关。过去说起公关，似乎就是游说，就是处理危机，而没有把公关工作当作一个企业整体价值观和使命落地实施。公关工作需要的可不仅仅是懂技术、懂专业、懂业务的人才，更要求公共关系从业者把哲学、历史、文学、社会学、心理学等等都囊括进来。任正非把新时代的公关工作提上了一个相当的高度。

国家发展需要开掘一个洼地或环境，企业发展也需要开掘一个洼地或能量场。企业能量场在于企业文化，在于公关为企业发展在对外关系上所营造的整体能量场。任正非说：

> 我们的公共关系工作现在应该不需要再去强调身份证明，能证明的差不多也证明了。

这句话意义丰富。一是说，既然公关是给企业发展营造整体能量场的，那就是企业的头等大事，一把手应该挂帅去攻公关业务。二是说，公关不应该从部门出发，而应该从企业整体出发，甚至从人类文明的整体出发，来看人看事看物，如此才不至于触礁搁浅，任正非的通篇讲话都在传递这样的信息。这种大智慧，很值得我们学习。

面对当下纷纭复杂的情势，公关成了第一要务。现在确实需要的是解决商业大环境问题，大环境就是公司发展的洼地。但如何看复杂的大环境呢？如何为企业发展建构洼地呢？

企业既需要有一支战斗团队，可以创造大美绝活，更需要把大美绝活推广到所有市场的末端。这是一支战能胜、守则固的团队。现代企业单凭一支战斗团队，表面上可以“攻城掠寨”，实际上却行之不远。因为一个企业还必须有一支可以在大环境中穿梭自如的公关团队，这支团队必须武装到牙齿，但也必须心存悲悯和敬畏。这支公关团队不仅可以为战斗团队保驾护航，甚至可以提升和改造战斗团队。

华为十几年前就搞了“备胎”计划，每个“备胎”计划中的战士都在嗷嗷叫着想上战场，但时机不到就不可以上战场。美国极限施压，华为到了生存还是死亡的关键时刻，这支队伍才亮相于世界。即便如此，任正非依然说美国供应商只要不断货，继续给订单。因为华为知道，这个世界是合作共赢的时代，华为只是想更好地与美国人一起为人类创造价值。

在今天大数据越来越透明的世界上，你做什么、说什么都必须真实，必须符合规律，必须始终在根本处用力。任正非和华为最大的优势在于直落事物的根本，创造出了真善美绝活。真善美是普遍的价值观，是东西方都尊崇的信仰。

虚拟互联网时代的全球化需要大历史观

“华为过去30年的发展，不仅得益于中国改革开放的环境，也受益于全球化的产业环境。”

▶ 华为是如何发展起来的

华为的发展，既得益于中国改革开放的环境，也得益于美国领导的全球化电子工业革命。20世纪七八十年代，全球电子工业以日本为中心。那时，日本靠精益生产，很好地解决了成品率低、成本高的通病，由此，日本电子产品风靡世界。90年代美国数字技术兴起，开启了新一轮的电子工业革命，模拟技术被颠覆，人类进入虚拟互联网新时代。华为于1987年成立，进入90年代，华为这只“小麻雀”刚出窝，正好在寻觅技术方向，步步跟随，刚好踩上了时代的节奏。

华为今天的发展，得益于美国企业的全球化。华为一出生就对标美国，在科研方向上，在产品线的构建上，在研发生产流程机制建设上，在创新之魂上，华为都紧跟美国的步伐。华为是民营企业，许多国有企业可以享受到的资源和条件，华为没有。“无依则生，有一则活”，这就给了华为一种拼劲，而企业生存靠的就是这样一股劲儿。在国内“贸工技”占主流的商业思潮中，华为瞄准了欧美先进企业，全心全意，立志超越，立志要拿出让大家不得不买的大美绝活。

> 正是因为我们的出身不好（民营企业），才使得我们更加努力，我们才更加有希望。我们不被个别西方国家认同，不要埋怨，因为我们做得还不够好。

不断遭受磨难，让任正非对磨难有了习惯性的反应：是我们做得还不够好；磨难会成就华为，磨难会让华为拿出更好的大美绝活。

本来华为在5G领域已经有最好的东西了，却不被个别国家认同。任正非不抱怨，坦诚还是华为做得不够好。他知道，华为的技术当真要好到对方不引进就要被甩在后面时，他会急赶着来追你。

华为与人类文明的发展，高度同频。

古代人经历了无数的灭顶之灾，在巨大的不可测危机之中，他们无穷性的潜能被激活，从而走到了今天。回看人类历史，就是一个不断战胜灭顶之灾的挑战史。人类文明发展史告诉我们，所有的无妄之灾，所有的挑战和困难，其实都是纸老虎。只要人们怀抱梦想，只要人们义无反顾，只要人们有坚强的意志力，只要人们敢于尝试，只要人们抱有好奇心，只要人们敢于置身百死千难之中，你内在的潜能或许就会被激发，你身上潜藏的伟力或许就会爆发，人类的奇迹就可能会在不可能处诞生。上述可能性发生一个，就会有意想不到的奇迹出现。

任正非认为，横亘在中国跟西方之间的是不同文化的大山和海洋，需要我们这一代人去跨越。想想人类祖先们的征程，我们这个挑战就轻微多了。为了填补这个空缺，为了长我们自己的功力，我们需要加强学习哲学、历史、社会学、文学等人类文明的结晶；我们需要洞察西方最新的思想发展、思辨要点和社会心理变迁。如此，我们才可以做到用他们的视野和价值观，去解读他们的问题。记住，不能自以为是，不能用我们的价值观去解读跟他们的分歧，那样越解读越会走进死胡同。

▶ 权力结构大转移与灰度哲学

当前我们还缺乏对西方世界（权力结构、文化与冲突、价值观、社会心理等）的深刻理解和认识。在西方占据强势话语权和世界主流价值观地位的现实下，我们只有站在西方的立场上理解西方价值观，基于西方的思维方式进行对话，才能有效沟通，才可能找到解决问题的办法。公司不能低估全球权力格局的动态变化，不能盲目自信。要将外部环境的压力变成倒逼我们业务创新与管理改进的动力。借鉴世界和中国发展历史，只有不断解放思想、开放进取、自我变革，才能不断强大，公司走向封闭收敛是没有出路的。

任正非对历史上权力结构大转移的研究，着眼点是现在世界的权力结构正在发生的大转移。与此相应的，是文化冲突以及价值观、社会心理正在发生的巨大而微妙的变化。

世界权力结构的大转移还是潜在的，西方还是占据着强势话语权。在这样的现实中，华为只有理解西方的价值观，基于西方的思维方式进行对话，才能有效沟通，才可以找到问题的解决办法。

任正非告诫华为，不可以见风就是雨，不可以低估全球权力格局的动态变化，不能盲目自信。大环境对中国形成了挤压，大环境对华为更是恶劣。美国断供的利剑就悬在那里，随时可以落下，华为必须对断供做好充分的准备。

“车到山前必有路，出水才看两腿泥。”外部环境的压力已经变成倒逼华为业务创新与管理改进的动力，一年多以来，华为已经创造出利益人类的众多大美绝活，一切用产品和服务来说话，真正拿出让大家不得不买的大美绝活，才是真正的战场。

在虚拟互联网时代，强势与弱势之间的转换常在瞬间发生。正是这样一幅活泼泼的新局面，才使得各国都有接纳华为的可能性。抓住从工业时代到虚拟互联网时代转变的基本趋势，化解不必要的担忧，必须高擎“合作共赢”的旗帜。任正非说：

> 外部环境虽然逐步变坏，但未来世界数字化、智能化和云化的空间很大，我们只要在技术上创新求真，踏踏实实地干出尖端成果，组织有活力，员工有干劲，公司还有生存与发展的基础与能力的，这点要充满信心。

外部人文环境可能会进一步变坏，文化冲突与价值观的冲突可能会愈演愈烈，但未来世界的数字化、智能化和云化的空间很大，这是华为的好消息，也是华为的坏消息。华为通过不懈奋斗终于奋斗登顶了，却发现巅峰无景，没有一丝松口气的机会，一切都在瞬间天翻地覆。

华为的发展史就是一步步在专业领域实现突破，创造出一系列让大家不得不买的绝活的历史。这是华为的核心竞争力，也是华为活下去的基本技能。只有华为在技术上有一定的前瞻性，抓住这个时代进步的戏眼，组织有活力，员工有干劲，创造出大美绝活，华为才可能继续拥有光明。

从固有的价值观出发去看事看人，就无法与西方交流，也无法走进西方；用理解去诠释变化着的世界给西方看，西方就可以明白和理解。但是，全盘西化也是没有出路的，华为的全球化必须有自己不同凡响的全球化整体观，这种整体观是对中国传统价值观与西方价值观的有机整合。

在“从人类文明的结晶出发，寻找解决世界问题的钥匙”的讲话中，任正非几次提到了这个问题。他说，写实绘画与工业革命有关联，而写意绘画与人工智能、虚拟游戏更相关。从写实与写意的对比中，任正非想着的是工业时代与虚拟互联网时代的区分，这是他的一个底层思维。

> 近现代权力的大转移有两个大时代，一个是工业化时代，一个是虚拟互联网时代。这是任正非的一个重要思维特质：大工业流水线时代，容易产生垄断，而虚拟互联网时代则更体现为“其兴也勃焉，其亡也忽焉”，这个时代的铁律是不领先就死。在此基础上，任正非进而提出华为应该选择的全球化整体观。

在工业化时代的权力大转移中，中国企业落后了；而在虚拟互联网时代的权力大转移中，中国企业有可能赶上去。华为之所以能够在虚拟互联网时代突飞猛进，从一个后发的小企业成为通信设备的领导者，关键是华为有以开放、妥协和包容为特色的灰度哲学。

灰度哲学：穿越未来科学的方法论

任正非之所以能够抓住稍纵即逝的机会窗，更多的是与他的科学观相关。要抓住历史的机会窗，需要有点任正非的科学观。

任正非深知，创新的基础是学术自由——自由的学术思想、自主的研究方向，自由自主是很重要的。美国无疑拥有世界上最利于创新的土壤，在科学和技术两个领域，美国都是世界的领导者。互联网出现以后，人们获取各种信息更加方便了，特别是理工科的论文并不具有意识形态限制，在全世界可以自由分享，这为科学和技术的发展提供了最好的土壤。

任正非尊重科学，敬畏科学带头人。华为在全球资助科学家的研究工作，但承诺科研成果全归科学家所有。科学家只需要保证课题结束后，在向世界分享成果时，华为也可以获得公众知道的部分即可。之所以这样做，是因为任正非懂得深度科学是不能有任何干扰的。科学家持有一种无欲无求的状态，就是一心想更深入地探索本质，一旦没有了这种自由精神，他们可能哪里也去不了。

▶ 灰度哲学是穿越科学技术的方法论

西方工业革命以后，古希腊的传统科学精神日渐淡薄，一种机械的二分法占据了思想界的主流地位。而中国大道源远流长，一直就没有断过。任正非在2013年跟我的一次交流中提到了这个问题，他阐释问题的高度令我肃然起敬。

那天我跟他提起跟稻盛和夫的一次交流。

当时我问稻盛和夫："中国把您拯救日航的试剂传神了。您究竟是怎样拯救日航的?"

稻盛和夫回应说："你知道什么是敬天爱人吗?"

我赶紧摇摇头，以期待的眼神仰视着他。稻盛和夫看着我说了很重要的思想：

一般人理解敬天爱人是敬畏规律，用仁爱之心爱人。太浅了！敬天爱人最重要的是敬畏员工巨大的无穷性，敬畏每个当下巨大的无穷性。因为我是从一线摸爬滚打出来了，我知道一线关键岗位的大头兵是一个公司最重要的资产，他们身上有着巨大的无穷性潜能。

没做啥，我也不懂航空。跟高管开会听到一大堆抱怨，我就走向一线员工去听他们的意见，他们对每一个难题都有解。于是，我就在3个月内跟3万名日航员工握手问计，请教日航的真问题和解决办法。

谁知道，这么一个简单的行为，员工就被激发了，日航的能量场就不一样了。拯救日航的是日航员工身上的无穷性潜能。我的作用就是，敬畏员工巨大的潜能，并开辟梳理通道，建构文化能量场，让那些潜能释放。

听了我的讲述，任正非若有所思地点点头。说者无意，听者有心。任正非联想到一个更大的画面，他说：

激发起每个人的潜能，形成一个能量场太重要了。

在虚拟互联网时代，中国的玄学是有极大价值的。西方大公司要把研发机构的总部搬到中国来，才可能在未来10年至15年占领制高点。因为中国有玄学的土壤，有整体性思维意识。西方的思维方式比较机械，在未来的虚拟世界，中国的玄学应该是有大作用的。中国不一定是无为的，也是有为的。有为怎么走我们不知道，整个来说是会出现更多的叛逆，对优秀分子的怪异会有更多的宽容。

砖抛出去玉就跟着来，任正非不愧是一个贯通的哲学家，他提出了在巨大不确定性时代的认知架构。

任正非提到了玄学。在古语中，“玄”就是黑白之间的灰色，也就是灰度。“玄”与“灰度”等价，都是一种富有无穷性的灰色。以至于有一个时间段，任正非不说“灰度”说“灰色”。同时，“玄学”通常也指以老子为代表的道学。任正非无意识的一句话，揭示了灰度哲学的源头。并且他还指出，西方大公司如果不来中国搞研发机构总部，就不会在虚拟社会占领制高点！我对此说法欣欣然。

灰度哲学是华为文化的灵魂，也是华为区别于任何一个世界一流公司最根本的地方。任正非已经自觉地把他的灰度哲学，从热力学第二定律、耗散结构理论、量子物理，追溯到西方科学技术的源流，追溯到老子的混沌无为玄学。灰度哲学或可以给未来企业提供一种整体观。因此，国外大企业要确立和研究整体战略，还必须到中国来大规模搞研发机构，才能在未来占领制高点。

“造物之神”特斯拉就站在这样的制高点上，他对科技进步、科学指向和宇宙发展都有特立独行的观察。特斯拉与大多数现代科学家不一样，他的发明深扎于人类文明的源头上。他说：“我的大多数能力在出生时就获得了，它们与宇宙中最普遍的灵性能量有着密切联系，因为这是灵性的力量。”

在虚拟互联网时代，以西方科学与中国玄学为基础的灰度哲学，正在指引着华为逆势而前行。其实，这种方法论在西方也日渐流行起来，物理学耗散结构理论就直接揭示了无序与有序之间的转化，肯·威尔伯的《万物简史》等一系列专著，就是打通东西方哲学、心理学的重要著作，其核心思想就是我们这里所谈的混沌、灰度哲学；还有一系列畅销书如《复杂》《黑天鹅》等等，这说明灰度意识已经走进西方企业家心中了。确实，企业家每天面对现实中巨大的不确定性，肯定要想办法转化意识，以走出迷宫。

在不确定性的虚拟世界，如何能够保持一定的前瞻性而又不损害活泼泼的生命力？这是个人、企业和国家都遇到的抉择问题，这也是任正非思考的焦点。我看了许多任正非的讲话，发现“玄学”时常出现。“玄学”，在他那里是泛指的讲究空性哲学，或者是在说灰度哲学。

在虚拟互联时代，任正非历经人生和企业的磨难，提炼出灰度哲学。直面正反、是非、好坏、高下、前后、正奇、黑白、雄雌、曲直等一系列对拔的两端，在不断反转的过程中把握事物的发展；“叩其两端而执其中”，在巨大的无穷性中去拿捏动态平衡；安住当下19.4万华为人的一颗心，让他们聚精会神地创造大美绝活。以创造大美绝活的确定性，把巨大的不确定性转化为华为巨大的无穷性。

在未来虚拟社会左右真实社会的现实中，信仰和生命意义是很重要的定盘星。对任正非做企业的信仰，理论化的说法是“为人类创造价值”，而更具悲悯心和同情心为基调的说法则是“磨好豆腐给妈吃”。以此为价值的真北，会呈现出巨大的无穷性。没有点灰度意识，就不会从整体上把握走向，就会陷入顾此失彼的被动之中。这或许是任正非在那个当下的思考。

在大地上默默耕耘、头拱地出来的企业家，都是这个时代的哲学家。任正非有一种开放的思维和格局，他没有像美国政客那样，“把辽阔圈起来”。他是真正在整合全球生产要素，以生产出好产品，造福人类。任正非说：

> 比如5G技术，是来源于土耳其数学教授Arikan 2007年的一篇数学论文。多年前，他发布论文后的几个月后，我们发现了这篇论文，就投入了庞大的研究力量，把它解析成了今天的5G标准。中国在科技领域的思想还是百花齐放的，华为还有非常多的外国科学家，我们努力吸取这个时代的营养，让自己快速前进。

任正非对科学精神和创新，有着很彻底的认识。他正是从空性的整体观来看待事物，来看待美国政府对华为的围剿。从高维空间看下来，一切就都简单化了：无妄之灾，让华为成长为一个非凡的公司；一切善良人们的关注和共情，对华为而言都是一种无与伦比的滋养。

2019年11月21日，英国《经济学人》发行年度特刊“*The World in 2020*”，预测下一年度及未来趋势。任正非在年刊发表的特约署名文章《我们处在爆炸式创新的前夜》中说：

> 我们坚信，未来二三十年人类社会必然走进智能社会。今天，人类社会正处于新理论、新技术再一次爆发的前夜。发展潜力巨大，但也存在诸多不确定性。很多问题依然存在，但开放创新是最好的解决之道。

华为作为行业领导者，在其前边横亘着一些看上去无法突破的边界，比如现有的定律和标准已经快到尽头了，现在已经不是科学研究有重大的突破的黄金时期，发展已经在曲线的饱和段。华为跑不快了，无限的忧虑和惆怅开始弥漫。造物者任正非却看到了一幅巨大的无穷性的画面："人类正处于新理论、新技术再一次爆发的前夜。"这期间有巨大的不确定性，同时也有巨大的无穷性。保持空杯，保持开放，持续创新，合作共赢，是最好的解决之道。

灰度哲学的具体运用

1 000多年前，欧洲处于中世纪的黑暗之中，GDP每年增长不到0.1%，而此时的中国文明已经非常发达。为什么在其后1 000年中，中国就衰落了，欧洲就崛起了呢？有一个原因是在于欧洲兴起了文艺复兴运动。欧洲的文艺复兴是面向广大人民群众的，以他们能够接受的方式，去揭示简单的真实。真实回归生活主流，真实回归日常生活，真实就有了天翻地覆的效应。

任正非梳理西方的文艺复兴运动，实际上是在着手考虑华为的文艺复兴运动——直接激活19.4万华为奋斗者。华为组织的顶层设计就是每个人的自我超越，华为的体制就是要让听到炮声的人呼唤炮火。任正非只是想在华为掀起一种旷日持久的思想解放运动，以直接激发、撞醒、开启、鼓舞一线员工的自性元能量。

▶ 每个人的自我超越

华为的顶层设计是"每个人的自我超越"。确实，人类到了需要超越自己的时候了。外求的时代过去了。接下来人类只有内求！何谓"内求”？就是人类需要依靠自身获取巨大的能量。意识能量的传递，是可以超越空间限制的。

华为30多年来，每每有危机发生，任正非首先想到的是一线员工。在他的思维深处，始终有唤醒、开启和鼓舞一线员工巨大潜能这个纲。

危亡关头是组织换血改变的大好时机。

2019年，在美国把华为列入“实体清单”的危急关头，任正非所想的就是建立华为上下同欲的能量场，核心就是打通一线员工。华为心声社区于2019年8月19日发表了任正非关于组织变革的讲话。任正非向全体人员发出号召：积极工作力争完成销售目标，公司已启动“作战模式”以度过这场危机。

> 我们改革的目的是为了简化作战管理、简化层次，“权力要听得见炮声，钱要体现公司意志”。我们既要把权力给到最前方，让他们在一定范围内有战斗权力、战役权力、战略的准备权力，也要承担责任，也要平衡，这样才有利于作战。

任正非是个真人，他喜欢开宗明义。他在这次讲话中明确规定，“权要听得到炮声，钱要体现公司意志”。要把权力交给最前方，让他们有战斗权力、战役权力和战略准备权力；同时要担当责任，还要在战斗权与资源调动权上有一定的平衡。在危亡关头的改革讲话中，任正非重提美军的改制：

> 美军五大军种是主建组织，但无权调兵；有九个作战中心，没有兵，但它有权指挥作战。

华为也不全学美军，华为的国家代表处是作战中心。代表处可以拥有少量精兵，代表处要做强战斗部，代表处不能按业务峰值配齐资源，其他由资源中心和能力中心来承担责任。每个企业都会遇到各种各样的危机，但像华为这样的灭顶之灾还是很少见。任正非却能在这样的危急关头，大力换血再造组织的活力，着实让人敬佩。从中也可以窥见，华为30年是如何从弱小变成强大——以每个人的自我超越为顶层设计，抓住一切外在的内在的危机，果断激活每个奋斗者的自性元能量，就像任正非所说的：

> 权要听得见炮声，钱要体现公司意志。
>
> 向上捅破天，向下扎到根。
>
> 现在公司处在危亡关头，如果你认为自己不适合这个岗位，可以下岗让道，让我们的“坦克”开上战场；如果你想上战场，可以拿根绳子绑在“坦克”上拖着走，每个人都要有这样的决心！
>
> 上半年我们经营情况看起来很好，应该是中国区客户同情我们，及时支付了货款，中国区销售量大，显得现金流多，这并不代表真实情况。
>
> 现在公司处在危亡关头，第一是号召大家立功，第二是尽快把优秀人员选拔上来，增加我们组织的“活血”。
>
> 通过3年至5年时间，华为公司一定会换一次“血”。
>
> 当我们度过最危急的历史阶段，公司就会产生一支生力军。
>
> 绝大多数员工应心静如水，做好本职工作就是参战。

诚如傅雷所说：“真正的光明绝不是永没有黑暗时间，只是永不被黑暗所遮蔽罢了；真正的英雄绝不是没有卑下的情操，只是永不被卑下的情操所屈服罢了。”

“过来人”任正非自己经历了造物造人的磨难和考验，以后就看他如何把19.4万华为人锻造成铁军了！

▶ 以最终用户为战略基点

> 我们公司是追求客户的满意度，而不是追求成长的速度和存量的管理。

客户满意度与极致的客户体验，是华为长期发展战略的支点，也是华为经营管理一以贯之的大道。灰度哲学是需要方向的，方向不是利润、不是规模、不是金钱，而是客户真正的福祉。

我们前面提到过，“磨好豆腐给最亲的人吃”看上去是一句朴实的大白话，好像跟高科技没有太大的相关性，而实际上这是华为人内在的心法。谈任何外在的相，如利润、发展、新算法、高科技、大美绝活等等，都要从内在心性上去拿捏，这是任正非长期以来自觉形成的方法论。

“研发要站起来，在战略机会上要领先”

30年来华为主要是跟随战略前进，跟随战略安全可靠，可以踩着前人的步点走。可是，华为现在已经处在领军位置，就要担当起领军的职责。而且，正是因为作为领军人物的投资和探索，才有了今天华为在5G等领域的进步。从无到有的创新充满了风险，也充满了机遇，机遇在于最终用户不断变化增长的需求。

最终用户说出来的需求不是他需求的全部，还有他们说不出来的需要。任正非对最终用户的需求做了5个分层划分：（1）客户需求是一种逻辑学和哲学；（2）客户需求是人性的持续激活与成长；（3）客户需求是人类文明发展的必然趋势；（4）客户需求是即期面对现实问题的需求；（5）客户需求是长久面向未来新生活方式科技创新所创造出来的需求。

任正非对每个分层都做了很精炼的哲学概括，他想用深入人性的持续激活与成长去把握客户需求，这一点只有乔布斯做到了。任正非希望华为可以抓住客户的困惑、纠结和向往，随顺客户需求的动态变化，来把握事业的方向。任正非的细分与考究，让我想起了2016年的一次交流。

2016年，任正非在与我们交流时明确说：

> 华为是一棵大树，树枝上面结了许多果子。树干就是我们的大数据管道，树枝上挂了很多果子，其实就是运营商、内容提供商等各种商家，几千家、百万家将来都在这棵树上开花，服务社会。根在哪呢，根在最终客户那个地方。我们吸足营养，这样会使得我们的树干更强壮。

华为战略有一个重大转移，即从琢磨运营商需求到直接琢磨、研究最终用户的需求。当我听到一个B2B公司，竟然要以最终用户需求为转移时，感觉有点不可思议。当时我有一种懵懵懂懂的觉知，于是问道："任总，一家B2B公司以最终用户的诉求为转移，感觉要变天了？"任正非回应说："我们是为了更好地为运营商服务，当然要研究最终用户需求的变化了。"

任正非在此提出了一个很重要的区分，就是运营商与最终客户。华为战略是要考虑最终客户的诉求，它一下子就把自己的产业链往前拓展延伸了。"战略前移"，在华为与消费者之间建立了巨大的战略空间，通过掌握最原点的终端客户，反过来掌控运营商的需求，同时又通过技术创新应用与互联互通实现C端的超级延展，打造了一个无线连接的"域场"，以万物互联实现"华为+"，进而实现"客户+"。这是一个人与人、物与物、人与物的全连接世界。华为是一个融合世界产业的生态链，华为是在包容一个世界，而不是占领一个世界。

把最终客户与运营商区分开来意义重大，这关系到华为到底有没有自身的长远战略。如果华为战略前移，就会更准确把握最终客户的需求，会给运营商和一般企业提供更为宽泛和有价值的服务，这个市场的潜力是巨大的。

运营商的利益维系在对最终客户需求的开发和满足上，华为战略前移可以更好地帮助运营商服务最终客户，华为不从事运营商业务，他们是为最终客户服务的伙伴，他们的利益是一致的。聚焦最终客户的诉求，给了华为这样的制造企业一个不一样的视角，华为就此可以从最终客户的立场和感受来看待通信行业，进而来看待这个世界了，这是客观而究竟的视角。

聚焦最终客户的诉求，还使华为在“利益”之上，又有了“大义”的照耀。这是一个企业家从商人到价值创造者的升华，是一个企业从单一产品打市场到全生态产业链共建发起者的升华，是一个企业从一个产业到一个连接全世界共建发起者的升华。

根植于最终客户无限宽广的诉求上，深深扎进最终客户的内心深处，华为这棵大树就根深叶茂了。从这个意义上说，华为终端是没有止境的：手机、手表、笔记本、各种各样的智能仪，一切万物互联所涉及的，可能华为都会尝试。我预计，不排除未来华为可能从事高端智能机器人与精密医疗仪器的生产，因为那是最终客户诉求的必然延伸，可进一步拓展华为管道的宽度。想想，那是一个多么巨大的市场呀！

交流后，我在第一时间发出了《从华为战略树看华为战略的转变》这篇文章。文章发表后，当时的华为常务董事徐文伟表示，我抓住了任总谈话的核心，还给我提了几条数字和文字上的修改意见。现在看，那篇文章写得表面化了，仅仅是在对最终客户诉求的点上漂移，而没有走进当今客户诉求的信息传递的深层诉求。在开放的信息传递中如何既增加无穷性接口，又能保护客户信息的私密性，这是一个很大的课题。紧紧围绕着此课题展开，就会有无穷多的可能性出来。

华为的最终用户开发计划之大，超出我们的想象。怪不得任正非在访谈中不时点评说：过去学习移动互联的领军企业是苹果，现在学习万物互联的领军企业是亚马逊，这其中包含了任正非所有想说但还没有说出的渴望。

在整个“云化”（私有云、小公有云、全球化大云）的过程中，需要重新建构数据基础设施，这是跟现在的计算机语言方式不同的语言，华为的鸿蒙生态系统或许对此有所延伸。一直到有一天我听到了Handle系统的介绍，才知道华为所从事的工作有多精深。

Handle系统是由“互联网之父”、图灵奖获得者、TCP/IP协议联合发明人罗伯特·卡恩（Robert Kahn）博士于1994年发明的。Handle系统实现了数字对象体系架构（DOA）的核心功能：标识、解析、信息管理、安全认证。Handle系统定义了一套成熟兼容的编码规则，拥有一套稳定的后台解析系统和一个自主可控的全球分布式管理架构，是一套起源于互联网、以实现信息系统的互联互通为目标的标识注册、解析服务、信息管理、安全控制的技术体系。在Handle系统的支撑下，可实现异主、异构、异地信息系统之间的安全互操作。

2014年，被挤出通信设备供应商前五位的美国思科，曾经想花200亿美元购买这个还未成型的操作系统，以实现咸鱼翻身，但被卡恩回绝了。卡恩担心这样一个生态系统的私有化会有害于全球化进程。

巨大的无穷性就在当下

有人说“百年基础研究的红利基本消耗完了，现在是存量竞争”，我不认同。这个时代正从管道转向平台化；平台逐步云化；私有云、小公有云逐步成为一个全球化大云；云开始逐步地智能，

到万物智能，这中间需要多少的理论突破呀！

任正非给出了一幅灿烂的图画。存量竞争的时代引发了恐惧，大家都追求锱铢必较的“零和游戏”。任正非提出，对无穷的未知可能性的开发才是竞争的伟力。这是一个原创爆发的时代，这是个技术突飞猛进的时代，切不可把辽阔圈起来，自己就狭窄了。

从人类文明的发展可以看出，人的认知有无穷多的可能性，只是受制于一定条件下的经验和理论，只要人们可以提升思维层级，人们的思维就可以被打开，就会表现出巨大的无穷性。从源头出发，从自然法则出发，开始一层一层地建构，这里面有着巨大的历史性机遇。

任正非认为，基础研究突破所带来的红利并没有消耗完，无穷多的结构层级潜能正等待着探究和释放。我们一般人不知道未来的图画，只有少数精英天才正在孜孜不倦地研究着未来的趋势，我们要宽容他们。华为正在从1→N的研发模式进入0→1的研发模式，这是一个巨大的转变，我们要用足够的宽容对待科学家。华为更要与明确的标杆——亚马逊看齐，亚马逊模式对世界的震撼太厉害了，他们在科技聚集上的能力超强。

存量改变永远是最大的机会，但只有大的突破才有改造存量的可能性。中国的高铁和轮船为什么做得好？为什么其他国家很难超越？就是因为他们不停地造物、造物、造物！

在中国大地上，不停地造造造，不停地做做做，每天都一点点改善和创新，天长日久积累起来，我们就拥有了独一无二的绝活——总体集成，中国高铁就是最好的例证。

“高铁工业的发展模式就是走合作共赢的道路，任何一个技术只有一个国家掌握的时代已经一去不复返了。”高铁技术来自上千个公司、几十个国家。高铁反映了现代技术的主旋律就是合作共赢，造大轮船也是合作共赢。

现代的人们要学会在合作中求发展，而不能一味地靠垄断求发展。

2001年任正非去日本考察后写了《北国之春》，就发现了日本公司的这个不二密码：日本公司从生存危机中省悟到，不管做什么，不管大小，都要把自己的活做成绝活，让大家不得不买。不管是高科技还是餐饮服务，都必须有绝活。这是日本的画面，大大小小的生意遍布各处，到处都是绝活。

研发从正三角形到倒三角形

> 过去公司的人才结构是“金字塔”，将来应该呈倒三角形，我们把确定的工作实现智能化和自动化，下面三角形变小，我们要腾出这个口来，从世界前沿招聘更多的博士、硕士，以及更高端的科学家、专家进入我们公司。

这又是一个全新的视野。在工业时代，人才是正三角形。底层工作人员逐级往上走，越来越小，顶级人才在最上端。华为要在众多不确定性之中选择未来的研究方向，要包容科学家长期没有研究成果，要保证铺开的面足够宽，要对未来有冲击力。而由最前沿的科研而下，则应尽可能地智能化和自动化，去掉臃肿的中间层和底层，让科学家最前沿的研究成果可以直接进入公司的技术战略层面。

▶ 以利他、合作、共赢为纲

> 未来公共关系的价值观与战略纲领是合作共赢，要建立起一个开放的思想架构。你们是一把“伞”，可能与业务部门有冲突，会各说各的调、唱唱双簧；他们做他们的“矛”，也没有什么不

好，没有必要步调一致。合作共赢是公司的大思想，实现过程是困难的，要允许部门不听话，他们慢慢会转过来的，这就是华为。

这里，任正非直接给出了公关工作的价值观与战略纲领——合作共赢，要建立一个开放的思想架构。业务部门可以只盯住一个目标，而公关工作必须把握公司的整体方向——合作共赢。业务部门攻山头的思维，与合作共赢不是一回事，那是他们的本位，那是他们的立场，公司内部唱唱反调是好事不是坏事，没有必要什么时候都步调一致。合作共赢是大思想、大格局、大战略，实现落地很困难，要经过复杂的过程，要遇到许多挑战。允许业务部门不听话，他们听话但不坚持他们的本位那是失职。一个公司就是要刚柔并济，一边打一边爱，爱得真切，打得自然，这就是华为的真实，离开这个真实就没有华为了。

领先者可以只顾自己，领导者就要顾及他人。这么多年来我们都想领导行业，但我们还做不了领导者。那我们就要实现战略领先，利他、合作、共赢，这与西方的价值诉求是一致的，公共关系一定要强调和平共处。

中国企业从领先者到领导者的变化，树立的旗帜就不一样了。领先者就是要做全球领先企业，而领导者更要竖起合作共赢的大旗，否则就会被当成颠覆者，就会遭到排斥。后进公司一定要跟领军公司有不一样的追求。中国企业一方面要坚持全球化开放，开放自己的供应链，开放市场，但与此同时，中国企业还要强调合作共赢，这是这个时代的主旋律。即便华为还做不了领导者，华为可以实现战略领先，可以高举利他、合作、共赢的旗帜。任正非很少讲利他，是因为他认为做商业利他、利客户是自然而然的事。但在从领先者向领导者转换时讲利他却有着深意，既然利他、合作、共赢是西方的价值观，也恰恰好是我们内在的价值观，我们为什么不公开提出来呢？这就明确，虽然我们领先，我们还是要保护竞争者利益，要保障供应链所有参与者的利益。

公共关系与技术、市场口可以走不同的道路。公共关系要营造领导者的环境，走的是合作共赢、领袖姿态的道路；技术、市场口可以走不同的道路，这就是竞争的道路。两条不同的道路是各守本分，这一过程中肯定会有摩擦。摩擦不仅仅正常，摩擦还是重要的警醒。

如果公关与业务口走相同的道路，内部的正向反馈容易让公司走极端。没有一种遏制的力量是很恐怖的事。从人类发展史看，有些悲剧本来是可以避免的，就是因为决策者团队只是正向反馈，慢慢形成了一种氛围，让领袖感觉什么都正确，做什么都会得到欢呼，所以就自然而然偏离了真实。公关工作对公司应该要负向反馈，要约束公司的一些极端行为。

任正非不愧是平衡大师，他习惯于在队伍中建立动态平衡机制。

华为最可称道的是“蓝军”，在主力军团之外再打造一支“蓝军”，专门负责找问题、挑毛病。如果“蓝军”建设相当于财务监督审计，不过是在正常的经营管理上多找一双眼睛来看看问题；那么，公关关系与正规业务军团之间的关系，则属于明显的制衡了。你可以冲锋陷阵抢占山头，但必须给“友军”留出活路。比如，你不能再用低价格政策跟别人抢项目，你要敢于高价抢项目，给别人留出空间；你不能在任何场合有意贬低对手抬高自己；你在竞争中也要善于发现对手的优势，并直接对外说出来，等等。

▶ 把华为价值观本土化

公共关系要做华为价值观的传播者，我们现在的重要任务之一就是怎样从所在国当地的本土文化出发，用本地语言来讲华为的故事、本地贡献等。

公共关系要做华为文化的传播者，这种传播不要以我们的价值观和中国人的方式去传播，而要以本土化的方式去讲述华为故事以及华为在本地的贡献。华为故事并不是简单的产品宣传，而是华为人深入当事国领土，对其土地和人民痛楚的关怀，要在力所能及的范围内，多做有利于当地人民和土地的好事。

公共关系以前主要是对外的一块盾牌，以后不仅是对外的盾牌，也是对内思想转变的催化剂，对内、对外都要开放。

在美国极限施压的条件下，公共关系要从人类文明结晶中寻找解决世界问题的钥匙，这是一块绝对的盾牌。有些时候，业务工作也要给公共关系利他、合作、共赢的大局让路。借助公共关系，华为可以建立尽可能广大的同盟。公共关系同时也是对内思想转化的催化剂，因为公共关系是从高纬度上透视商业，可以看到商业的实质和全景，这对内部的思想转化是具有决定意义的。我们既需要战士冲锋陷阵的勇猛，又需要从总体上把握事物运行规律的通透和超越。

从总体上看华为，我们就没有任何可以值得自我吹嘘的东西，什么时候都要守住谨慎、敬畏、郑重、精进、纯粹、开放、包容等这些做人做事的基本品质。最重要的是要心存敬畏，当对人对事的敬畏之心升起时，思想的转变就到位了。社会上有夸大华为能力的舆情，华为自己要警惕。

任正非提醒大家，无论做出了什么成绩，都要戒骄戒躁，都要谦虚敬畏，如此才不会树敌，如此才会化敌为友，走上合作共赢的大道。

▶ 建构一圈一圈放射形的能量场

公共关系要从一个部门走向一个“场”态，公共及政府事务部要建“场”，而不是突破。公司内外的“场”都在变化，公共关系的抓手就是解决“场”的问题。

奥托·夏莫的U型理论，强调场域的能量。灰度哲学的应用特别广泛，它的主要作用是把人的内在能量场与外在能量场相交融，形成一个活泼泼的富有创造力的能量场。

从一个部门走向一个“场”态：上下同欲和内外高度共振

公共关系就是构建能量场。这个判断很前卫、现实、整体。

一个人和一个企业本来就是一个能量场，能量场的强弱，内在决定于是否上下同欲，外在决定于是否跟大环境高度同频共振。内在上下同欲是形成个人和企业整体能量场的决定性条件，如果内在的精气神不聚，形不成一个有机整体，能量场就一定是弱的。

一个与世界为敌的个人，看上去身体强壮，但能量场却很弱。对外不能与环境高度共振，个人或企业再孔武有力，其能量场也是很低的。一个与世界不可共生的企业，再多的资本也堆不出一个能量场。尤其是在虚拟互联网时代，处处牵一发而动全身，每个发酵点都可能是至关重要的点。如果不是从一个能量场的总体来观察、监督、复盘，一个交际过程就可能走向极端。

个人和企业都是生命体，生命体最重要的标志就是能量场。能量场的强弱和势能是由生命体释放出来的“精气神”决定的，而“精气神”则是由生命体的软硬件——意念、精神、灵魂、功力、匠器、绝活等构成的，它是一个人或一个企业整体能量场走向的决定性因素，公共关系就是致力于抓能量场的建设。

开放很重要。近几年华为的发展，就是发展了一些新的供应商，比如与徕卡相机、欧洲汽车厂商、日韩大公司的合作，让华为内部充满了生机勃勃的景象。随着终端和企业业务的发展，众多供应商、合作伙伴、企业客户都可以成为华为的新锚点。锚点多了，华为这条大船就稳定了。

公共关系工作的职能边界不能过于清晰化。一个强大的能量场不是几个人或一个部门就可以成就的，必须上下同欲，必须所有人心往一处想、劲往一处使才可以。不是公共关系部门要增加多少编制和投资来做一件事，而是如何鼓励全员参与。要讲好一线员工的故事，用小故事讲大道理。华为员工《一人一厨一狗》的文章，看上去都是生活琐事，但对华为精神的传播却胜过高大上的宣传。

国际大环境或许总体上对崛起的中国企业不利，但环境也是人建设的。我们可以通过正向能量场的建构，向大环境释放正向能量，增加与大环境的共振。任正非还提到，华为的高级副总裁余承东有上千万的粉丝，他一转发就有很多人看到，这对华为善意和精神的传播是极其有意义的。无缝隙的信息传递，为一个开放企业统一能量场的建设提供了最好的数据流基础设施。

公共关系要关注企业在变革过程中所产生的各种场。对于华为建构的上下同欲的能量场，别人一般不理解，怎么华为就可以一以贯之、一贯到底呢？其实很简单，在华为开会决策讨论的时候，大家都可以发言，即使反对都可以，但一旦做出了决策，你不执行就得下岗，没得商量。

华为现在实行让权力听得到炮声的体制，要把合同审批权下放到代表处，各代表处一下子就升格为类似于军长级别的干部了。军长的职位一下子多了起来，从哪里来这么多干部？竞选！现在华为考军长的模式已经建立，并在热火朝天地进行中，任正非喜欢这样的场景。他进一步提出，是不是可以像伦敦的海德广场一样，任何人都可以用半个小时做学术报告或展示自己的风采，这样便会形成一个个不同的能量场。

公关考评不用一个公约的筛子

任正非喜爱思考，边讲话边思考，是他的习惯。任正非讲话没有底稿，他讲话时的状态比较灵动，说到竞选，他一下子就联系到公共关系工作。他说，公共关系也可以建构这样竞选的能量场，可以给每个人半个小时来展示自己的风采，考评时就沿着你所展现出的轨迹，以此来评价你的价值，而不是像通常那样，用一个标准的筛子来评价，把优点抹掉，把缺点都装进来。

任正非提出了一个重要问题，通常的考评是根据格式化的筛子对员工定性筛选，这样做的结果往往是抹掉了优点，留下一大堆缺点，只见树木，不见森林。而现在提出公共关系从业者，要对自己做到什么的画面非常清晰，你自己去画图，自己去预设，公司就按照你的预设来考评。看上去这是临时冒出来的意念，实际上却是任正非早就有的想法。对于公关工作，当事人自己不去往深处和细处想，还要等待上司给你指点，这个公关工作就基本上不合格了，一切工作都是要由当事人来做的。顺着这样的路子走下去，不就是每个人的自我超越吗?

我们要有自己的制度自信，也要敬畏别人的制度自信

公共关系基本原则与边界要清晰化，比如“我们不能介入民族矛盾，不介入阶级冲突，不介入宗教问题，不介入地缘政治，

不选边站”等等。海外的边界不仅仅在当地，有时候可能就在中国，我们不能牺牲国家利益去做交换企业利益的事情。我们也要感知一些脉搏，不要去挑战别国的制度自信。

要有自己的制度自信，也要敬畏别人的制度自信。制度没有必要去做意识形态的论争，重点是看制度效率，看人民是否有真正的获得感。获得感既包括物质上的丰富，也包括精神上的自由。

公共关系的变革也是华为的变革，从跟随者到领先者再到领导者，任正非感觉华为要经历一番解放思想的文化运动和彻底改造。思想不大解放，不深刻革自己的命，就会找不到北，更不用说要领导世界。任正非的《从人类文明结晶出发，寻找解决世界问题的钥匙》，可以说是重塑华为未来的一个总动员。让我们拭目以待华为不断迭代的新文化运动，这正应了那几句老话：

知人者智，自知者明。胜人者有力，自胜者强。知足者富，强行者有志。不失其所者久，死而不亡者寿。

架构不断迭代，思想不断解放，自身不断革命，就能为可持续发展做好准备。

向日本公司学习，让大家不得不买

04

我们公司追求的是客户满意度，而不是追求成长的速度和存量的管理。

日本经济为什么这么发达？日本公司是以客户为中心，把商品做得这么好，让大家不得不买。日本在工业产品上追求短、小、精、薄，追求客户满意度，值得我们学习。

——任正非

任正非带领华为，在全球化的开阔原野上，用宗教般的虔诚对待客户，把生命全部交给大美绝活，代替语言，在全球客户心中建构终极生命信任。在建构终极生命信任的路上，任正非特别看重日本经验。因为日本有工匠精神！

记得，几年前企业家去日本考察，我作为随团导师。在一家传承了1 300年烤年糕的老店中，我看见55岁左右的老板娘在明火里烤年糕，还时不时躲避着微风吹动的火苗。我带上翻译走近她问："您的店里有十几个员工呢，为什么要坚持自己烤年糕？"她笑笑说："接近美，接近神。"

"接近美，接近神！"这六个字太有震撼力了！这不就是在说：创造大美绝活，才是建构终极生命信任的路径，才能见到自性光明的路径吗？这不就是日本人工匠精神的最好概括吗？

其实，工匠精神在中华民族血液里流淌几千年了。在提及华为如何建构生命终极信任之前，我想说一个庖丁解牛的故事。

庖丁解牛：建构生命终极信任之道

庄子是个跨越时代的大思想家。他用喜闻乐见的寓言，诙谐生动地讲述了意念波的作用。今天读起他的文章来，让人仍有心乐齐鸣的感觉。其后的孔子、孟子、墨子等先知，都从人伦关系看世界。而道法自然的庄子，则如搭上了一艘太空船，进入了一个无限的宇宙，从宇宙的高度来俯瞰自然、世界和人。

但庄子没有停留在大宇宙的变化中，他也没有去研究这个无限流转的时空的真相。而是调转回头，重新来看人在至隐至微处的意念波动变化。他想处理的是人的问题。

从无限时空俯瞰，庄子看到了人类的渺小和局限，同时也证悟了渺小中的无限生机，看到了生命的更大可能性。他证悟了人与天地并存的精神，证悟了人也可以自然而然拥有巨大无穷性。他决心要摆脱自己的生命经验的限制，做一次生命逍遥游。

而庄子《庖丁解牛》的故事早已为大众熟知，如今细细读来颇有一番新意。牛的筋骨和经络，相当于复杂的社会。现实社会的利得冲突，使人活在生存奋斗的恐惧之中，活在利害关系中，活在权力的撕扯之中。庖丁解牛却呈现了另外一种可能性：不必卷入是非利害，只要我们清明地观察，随顺自然，就会合上自然法则。

庄子用超然的心态俯瞰众生的是是非非。宇宙自然本来就是一个整体。在冲突最炽烈的地方，还会看到对立的两极之间油然而生的内在联络。我们只要了解一个事物的来龙去脉，就会找到化解是是非非的通道，逆袭、反转或随顺自然脉络的发展，就会随时随地活在一种愉悦的状态之中。

庖丁是一个匠人。中国历史上的匠人、武术家、医生、农民、炼丹师、文学家、艺术家、科学家等等，都是得道高人。唯有大德才能载道，而能把一件事做透做好，就是匠人，就是大德。

庖丁承载着工匠精神与科学精神一体的七种品质：谨慎、敬畏、郑重、精进、素直、广大、包容。他同时也修炼了两种能力：化浊为清的沉定力和破惰通变的创生力。

七种品质与两种能力，不是在义理逻辑上理清楚就行了，那是把生命交给了当下的绝活，是一种修之身的功夫，是一种生命觉醒的意念。

▶ 谨慎：道心唯微，慎终如始

庖丁谨慎。

庖丁杀了19年牛，每次都如同第一天站在牛面前一样，因为这可不是件小事。自然法则存在于每一个当下的细微事物中，做事很需要有点如履薄冰的谨慎。庖丁解牛已经纯熟到如此地步，他每次都不会想当然。

他清楚地知道，容不得任何一点掉以轻心的地方，必须全神贯注，才能捕捉到牛的内场域与天气氛围等外场域所给出的特定空隙和脉络。这是一种很重要的场域。

而现实中的人们，都活在自己的惯性中，都在用自己的习性排除新发生，安住在以前形成的套子里。在套子里很舒服，轻车熟路，没有不知道的了。经验成了标准，标准成了枷锁，枷锁拘押了天性，被拘押的天性反弹注定会产生烦恼和恐惧。

烦恼产生后，会有一系列的冲动。

第一个冲动，是排斥新发生，或者干脆说这是不可能的！当我们有太多不可能的时候，但是需要警醒，说“不可能”的根据是什么？

第二个冲动，是不屑一顾。我大风大浪都走过来了，就这泥水沟里一点涟漪，还能挡住我？可行事往往败在不经意的细节。

第三个冲动，是不担当不作为。或者找出一大堆并不紧迫的事情，把真正该做的事情推掉。必须做的事，你不担当不作为必受其害。

这些道理，很容易懂。一到现实中又很容易被习性拘押着走了。许多人的生命活到20多岁就已经死了。他们以后的生命无非就是复制他们最强壮的时候的自己。

一如卢梭所说：“人生而自由，却往往无不在枷锁中。”富兰克林·罗斯福则更为直接：“人类不是命运的囚犯，而是他们心灵的囚犯。”

生命的觉醒者如庖丁，他已然冲破了束身的枷锁，心灵已经自由了。

▶ 敬畏：敬畏因果

庖丁有敬畏心。

牛，被比喻为天生的气质、性格、性命之理；刀，则是人的心神。

如果横冲直撞，不敬畏，不把牛的天然脉络视为神明，牛刀早就给毁了。哪里还能19年如一日！敬畏一个事物的本真和无穷性，敬畏自然形成的条理，随顺客体的天性和脉络，根据我们的身体特质去活、去发展，就不会伤害到我们的天性和身心，而且还会使我们随时随地活在一种愉悦饱满的状态之中。

“为善无近名，为恶无近刑”，这是为人处世的底线。守住这个底线就是敬畏。

人做成一件事，并不是简单的个人力量。在此之外，还有自然的力量和外场域的能量。世界上的能量通常在低处汇集，无论一个人有多牛，都不骄傲自满，都要懂得敬畏，这是重要的谦德。懂得谦虚、居下、低调，就会得到意想不到的能量。一如《易经》所说：

天道损盈而益谦，地道变盈而流谦；
鬼神祸盈而福谦，人道恶盈而好谦。

人都是带着使命来的，而个人使命的完成，却不能仅仅靠个人的力量，更需要随顺自然法则，以借上自然力量的东风；还需要靠他的谦德，汇聚路人的能量协助他完成使命。

见到盛气凌人的人，我们就知道他太缺谦德，必定会遭遇失道寡助的场面。运气、风水都不会帮他了。一个人的运气写在他的脸上，写在他对人对事的态度上。

在人的天性中，有迸发和创造的可能，有行善的可能，有怠惰的可能，也具备毁灭和摧毁的可能。

善和恶是没有明确区分的，都是瞬间转化。

善施与者，如果是借功德名声壮大自己的私，善行就变了味道，就会沦为恶；如果一味顺着自己的喜好，不顾惜周边人的利益和感受，看上去是顺应个人天性，实际上是为恶了！

种瓜得瓜，种豆得豆。因果法则，从来不爽。

▶ 郑重：全心全意，一丝不苟

庖丁郑重。

一整头牛都全然解开了，庖丁清澈的自觉意识，并没有消除。他会轻松地松一口气，让自己沉浸在舒畅的感觉之中。

这是一个生命的完成，也是一份生命的享有。他再一丝不苟地把一切都收拾好，实际上是把自己收拾好，重新获得氧气的补充，使自己的身心灵，不因过度的紧张而过度地使用。这种自始至终的郑重，成就了庖丁技艺和道德。

一个好厨子，一年也要换把刀；一般的厨子，一个月要换一把刀；庖丁的刀用了19年了，刀没有换过，而且锋利如初。

郑重，可以避免让自己纠缠于现实的是是非非，保持自己一以贯之的清明，没有一点掉以轻心的地方。

庖丁解牛就是一个合规的寓言。

一整头严丝合缝的牛立在那里，庖丁甚至不用眼睛看都能对牛的天然组织和纹理了然于心。这就是合规，合上事物本然的自然秩序，合上那些不可言传的复杂纹理和经络。

庖丁用刀不是去砍、去切，而是顺着牛的纹理走就成了。所有的那些难缠的筋脉，都不会妨碍刀子的行走。别人用战争、用冲突才能解决的问题，他却只是肃然郑重顺着牛的天然组织纹理走就成了。真可谓：

善为士者不武，善战者不怒，善胜敌者不与，善用人者为之下。是谓不争之德，是谓用人之力，是谓配天古之极。

——《道德经》

对于造物者和建构者来说，他必须向世间的苦处行，才可以聚焦生命的目标；必须向自己的苦处行，拿出绝活可以消解或解救人类的困难。

▶ 精进：一往无前，勇猛精进

庖丁精进。

庖丁解牛，拿着刀挥舞自如。他认为那是道的运行，因为在那个迷人的弧线中，有天人合一灵魂的歌咏，每一刹那都有不同感受与呈现。

庖丁深知，一刹那接一刹那生命的美，是不可以用语言描述的。每一刹那都是在面对一个新的客体，每一刹那风向人流都不一样，每一刹那走刀的寸劲和方向都有变化。犹如那激流中的浪花，每一刹那都欢快地精进。

生命在不断创造、创生中丰盈。生命从物质到身体，到心智，到灵魂，再到灵性，每一个阶段都在超越与包容，每一个阶段都是深度更深，意识更高，含摄更广。

每个人都是一个主体，一个人的价值在于他对社会的有用。他的效用越大，价值越大。

在每一个当下，这个效用都体现在一个“相”上。

任何一件事都有“体、用、相”三个维度。本质主体没有变化，效用却不停地在变化。而实现“用”的“相”，则更是具有无穷的组合形式。如果执着于一个曾经好的“相”，而不问具体的“用”，必然要被淘汰。

人不可能两次踏入同一条河流，世界上没有两片相同的树叶。没有任何一个“相”可以传递借用。一个不怠惰的人，一个勇猛精进的人，他就会让“相”即生即灭。让“相”即生即灭，这反映了事物昙花一现的本质，也反映了一个人勇猛精进的程度。

庖丁之所以威武，就在于他有着让相即生即灭的魄力。一刹那接一刹那的美，一刹那接一刹那的善，一刹那接一刹那的真，一刹那接一刹那的精进。

“生也有涯，知也无涯”。人生其实就一个瞬间，未知的东西多了去了。以有限的生命去探索无限的生命，“殆矣”！

当你把名利当目标，名利就会捆绑了你鲜活的生命，渐渐地就会失去喜悦和安宁。翻转过来，聚焦当下，聚焦有限生命的瞬间，聚精会神于当下，无限的可能性就出现了，甚至无穷宇宙的奥秘，都在当下呈现了。这样你也就拥有了勇猛精进的无限的驱动力。

勇猛精进，是在现实有效性工作中一点一滴的进步。专注于当下的改进！当下的意义，就在于摈弃过去未来的一切虚幻，只对当下场域负责承担到底。只有在没有目的心和计较心的情况下，才是真正的做事。

无论是成长还是生命的觉醒，焦点都在于是否可以在每一个当下拿出绝活。有绝活，才可以成长，才可以有生命觉醒。

▶ 素直：简单纯粹，连接万物

庖丁素直。

起初，一头结结实实的牛在他面前，他感觉在对着一块大石头，不知道从哪里用力。三个月之后，他在那些复杂多样的牛筋、经络中，他看出了清晰的纹路，看到了巨大的空间。

半年以后，他就不用眼、耳、鼻、舌、身、意去感触牛了。他的心神已经对任何一头在他面前的牛，有了一个整体的把握。这个时候，他已经与牛合一了。物我一体，让他拥有了一颗素直之心。

松下幸之助的父亲早亡，家庭困难，他9岁就辍学出去漂泊打工。干活多、吃得差、体弱多病，松下先生认为自己没有人脉、没有技术、没有学问而又少不更事，于是养成了总是向他人请教的习惯。就是后来被尊为“经营之神”几近神化后，他也一直不忘贯彻“终生学徒”的素直之心。

这是松下真正伟大之处。松下幸之助说：

所谓素直，不是让往右就往右，让往左就往左，一味顺从。所谓素直之心，是指勇于承认自身不足，并不遗余力保持谦虚态度；素直是善听他人意见的大耳、审视自我的真挚的双眼，并把它们常备于心。素直的态度是进步之母。即使是刺耳的话也以谦虚的态度聆听，当改之事就在今日立即改正，不拖到明日。这种素直的心态能提高我们的能力，改善我们的心智。

素直之心就是可以承接天地旨意的心。

只有当你头拱地在一步步往前走的时候，当你真正接地气时，你的心就会纯粹起来，你的心就渐渐广大起来，你就会连接上虚空生生不息的振动频率。

素直之心，是一颗做人做事没有弯弯绕的纯粹之心。我们做事，常常带有许多结论、框框和假设，常常是落进框框里的。

素直之心，是一颗与事物机理相通的心，是一颗随顺自然的包容心，是一颗柔软的心，空阔灵然，可以让我们看到真实的风景、听到天籁。

一般人都用自己的眼、耳、鼻、舌、身、意六识来辨别事物。而至人的心却像个孩子，分分钟打开自己，纯然以他人心为心，以万事万物的心为心。在孩童的素直之心中，渗透着天人合一的绝学。“百姓皆注其耳目，圣人皆孩之。”

素直，也就是赤子之心，即简单纯粹，谦下慈悲，开放包容，空阔灵然。善于学习，勇于自我批评，保持一个活泼泼的大生命。

▶ 广大：空杯开放，无边无际

庖丁广大。

庖丁的纯粹，让他跟复杂的牛筋骨架连通，让他与复杂的社会相通。以至于他敢宣告：这不是术，这就是大道。唯其纯粹因而广大。不纯，不广；广大，必纯。

庖丁广大的心，其小无内，其大无外。那是一种与众不同的境界，对世界真相了然于心。一切都在迅速变化中，一切都在高度振动中。身在一个局部，却能看到广博的世界。真可谓：一即一切，一透一切透，一广一切广。

“有无相生，难易相成，长短相形，高下相盈，音声相合，前后相随，恒也。”知道宇宙万物转化的实相，老子就把收敛低调作为生命的一种基本方式。

这是一种领导艺术。道德不是狡诈，而是一种修身养性的功夫。道德修养愈深，言行愈是谦逊，愈是以百姓心为心，以百姓利益为先，而把自己放在百姓的后面，这样才会使百姓敬佩，会受到百姓衷心拥戴，当然不会处在权力的不安和惊恐之中了！

心纯粹了，路就广大了。纯粹而广大，是一种自然而然的事。那是在这片土地上的祖先们世世代代传承下来的一种生活基本心态。有一颗广大的心，就可以看到自然美的壮丽。

▶ 包容：混沌圆融，无所不容

庖丁包容。

庖丁有一颗包容心，那是已经洞悉了刹那间生灭流转的实相，不迎，不送，不留，不住，不捆绑，一切随顺自然。

包容心，就是拥抱一切你看得到的东西。你的真心总是与你看到的任何东西同在，尽管你不自觉，尽管你没有听到、看到、感觉到，但是你知道你的心就在每个当下所要从事的具体事务之中。

生而为人就难免会有许多烦恼，但是这些烦恼是被我们自我中心的观念创造出来的。实际上，我们没有必要强调任何特定的东西。庖丁就没有这样的烦恼。

坏事总是结伴而行。一个43岁创业的中年男人，被炒了鱿鱼还离了婚，任正非找不到雇用他的公司，只好咬咬牙自己凑钱创办公司，自己雇佣自己。而公司开始运营以后，他发现自己已经过了不惑之年，却充满了困惑。他深切地认识到，在人类历史长河中，自己是何等的渺小。同时，他更体会到浪费掉的生命时间很可惜。

一个历经人生冷暖的灵魂，来到了人生的正午，有了别样的视野。任正非看到了“歪瓜裂枣”的价值。尽管看上去并不完美，但它们很甜，可以给企业带来业绩上的突破。他曾经说：

> 你们搞错了，枣是裂的最甜，瓜是歪的最甜，他们虽然不被大家看好，但我们从战略眼光上看好这些人。今天我们重新看王国维、李鸿章，实际上他们就是历史上的歪瓜裂枣。我们要理解这些‘歪瓜裂枣’，并支持他们，他们可能超前了时代，令人不

可理解。你怎么知道他们就不是这个时代的梵高、这个时代的贝多芬、未来的谷歌？所以，要合理评价这些人，对“歪瓜裂枣”不求全责备，才能真正发挥他们的价值并获得与其贡献相符合的回报。

常人只看到任正非火爆的性格，偏执狂似的创生，非同寻常的超越，却不知道，偏离只是表象。

真正活在他内心的，是一刻接一刻的本真，一刻接一刻的平衡，一刻接一刻的敬畏，一刻接一刻的谦卑。做人，办企业，绝对不是沿着一条既定的坦途走大道就行的。宽容失败，包容异端，成为华为核心竞争力的重要组成部分。

上面我们分析了庖丁身上所承载着的工匠精神与科学精神一体的七种品质：谨慎、敬畏、郑重、精进、素直、广大、包容。下面我们着重分析庖丁在七种品质之外所修炼的两种能力——化浊为清的沉定力和破惰通变的创生力。

七种品质与两种能力，不是在义理逻辑上理清楚就行了，那是把生命交给了当下的绝活，是一种修身养性的功夫，是一种生命觉醒的状态。要不庄子怎么会说，庖丁可能是中国生命觉醒第一人呢。

▶ 化浊为清的沉定力

庖丁起初看牛看到的是一座严丝合缝的大山。错综复杂、混沌的现实，让他像个傻子一样，不知道如何干活。

不过，庖丁有足够的时间和耐性，静静地、傻傻地看牛。一看三个月，浑然一体的大山，开始消解了，显现出脉络、空隙、肩胛、架构、空间等等。两年过去了，他可以不用眼睛看，牛的内场域和外场域了然于心，于是他心中有了当下最轻巧的行刀路线。

庖丁的这种沉定力，是当下浮躁的社会最缺乏的。在互联网的极速时空中，人的心绪像极了龙卷风似的狂飙，受着各种各样情绪的绑架与贪欲的驱使。情执与物执，常常于平地掀起滔天浊浪，各种各样的情绪或心贼相互搏杀。

很少有人甘于沉默，甘于无知，甘于谦下，甘于饥饿，甘于愚蠢，甘于等待。更有人吹捧只要站对了位置，一头猪也可以飞起来。飞起来的猪是要去找死呀！

沉定力，重要的是无为而无所不为。

庖丁解牛，是要有具体行刀路线和节奏，而这个路线和节奏，必须符合那一刹那牛的律动。牛的律动受制于牛的内在场域，也受制于牛的外在场域。庖丁必须对这一切都了然于胸。他的刀，必须像水一样，随顺自然。无论什么藏污纳垢的地方，他的刀必须清清爽爽地进出。

庖丁的这种沉静力，可谓上善若水。

> 上善若水，水善利万物而不争，处众人之所恶，故几于道。居善地，心善渊，与善仁，言善信，政善治，事善能，动善时。夫唯不争，故无忧。
>
> ——《道德经》

上善若水。水可以跟它所接触到的任何一物都带来利益，为物所用，乐此不疲。老子借水的不争无为，一连串讲了七个善：居善地，心善渊，与善仁，言善信，政善治，事善能，动善时。这种随时随地找到自己正向作用的秉性，几乎与道全然吻合了。水虽然利乐万物，却不为重视，好像有无它都可以。正是在悄然不觉中，水达到了它利益万物的本质。

解牛的庖丁，没有在义理上琢磨探讨，他们也没有出家到深山老林中去打坐修行，只是专注做平常做的事。他在一个很普通的工作中，拿出了独一无二的绝活，完成了对自己的修炼。以至于我们说到这七个善，都可以看到他的影子。可谓，随顺自然，自然而然，无为而无所不为。

在剧烈的数码变动时代，一片混沌，一切都在变动不居之中。是否可以保持清静，需要在动中保持沉静；要有多维度的思考和探索，同时又必须保持聚焦。聚焦能力最强的是日本人，他们的纵向一体化的能力，非一般人能够比肩。美国公司最擅长的是大开大阖，它们的横向整合能力，远远超出一般的欧亚公司。

任正非知道聚焦不一定能引领主流，但是发散肯定不行。他说：

> 前期的成功，也许会使我们的自信心膨胀。这种膨胀不合乎我们的真实情况与需求。我们还不知道未来的信息社会是什么样子，怎么知道我们能领导主潮流？我们从包着白头巾，走出青纱帐，不过十几年，知道全球化也才是近几年的事。我们要清醒地认识到，我们还担不起世界领袖的担子，任重而道远！虽然聚焦不一定能引领主潮流，但发散肯定不行。

聚焦专注，那是一种强大的沉静力。可以让一个人和一个组织，不受干扰，摆脱焦躁，直接去开启事物无穷的可能性，从而品尝出绝活的巨大喜悦。

▶ 破惰通变的创生力

每一天都是新的。站在牛前，每一次都是新的。庖丁都好像是第一次站在牛前。每一个事物都有体、相、用三个层面，解牛也一样。

“体”，就是牛和解牛者的本体（心态和气息）。每次解牛，庖丁都要让自己沉定下来。因为他知道，自己当下的心态和内在的画面，确定了本次行走的具体的相。

任何事物的“相”都有昙花一现的本质，都是即生即灭。每一次行刀的路线和力度，都会有不同的变化，这是解牛的“相”。

“用”相对讲比较稳定，就是精确的解牛，而且要牛不痛苦变形，味道不发酸。庖丁每一天都在面对一个新的挑战。他需要碎掉昨天的方式，为今天的牛祈祷，以他今天的心态合上牛的内在场域，找出一种牛最小痛处的行走。

庖丁解牛诠释了性空缘起而且体现了体用合一的创生过程。相是即生即灭，就没有什么可以去固守的。任正非对“即生即灭”的相，有着深刻的体悟。“怠惰，是人生最大的天敌。怠惰，是组织最大的天敌。”当任正非这样说的时候，他对人性至隐至微处的隐蔽了如指掌。他的灰度哲学告诉他，如何在每一个当下都可以保持新鲜的第一眼。保持新鲜的第一眼，是创新力的最关键处。有两个原则会贯穿其中。

第一个原则，需要有意识地去创造出一些内在的空间。我们会有洞察、觉知、领悟和形成更多层面的关照，有一种整体观。功夫在戏外。有时必须跳出你正在关注的客体，才可以看到更多可能性的组合，才会看到自然法则的美妙作用。你不是去附加什么，而是让自然法则更为容易地贯彻。

第二个原则，唤醒生命原力，开启源头活水，保持始终活在当下的能力。生命最懂得创造。生命是一种流动。活在当下，随顺自然，向前推进事物，包含着接受、打破、吸收和重组的动态过程。

唤醒生命原力，保持活在当下的能力，随顺自然法则，推进破惰通变的创生力。这种内生的力量，既是一种分分钟勇猛精进的学习能力，又是一种现地现时的应变能力。

▶ 任正非念念不忘七个品质和两种能力

美国举“全政府”之力封杀围堵华为，华为一下子被推到了漩涡中心。空前的关注，空前的危机。这肯定不是任正非所想要的，华为如何在全球化中，建立终极生命信任？

华为在2014年已然登上了全球电信设备商的巅峰。华为一家的盈利，比后三名加在一起的还要多。当梦寐以求的画面就在眼前时，任正非诚惶诚恐，峰巅无景！他首先想到的，过度自信会毁了华为！一个从公司创立之初就设定的目标一旦实现了，旋即，一种倒下去的危险却抓住了他。他立刻思谋摆脱这种命运的路径和方法。这种潜意识的条件反射，几乎成了他的特质。

任正非在2015年开年发表讲话：大道至简，分层分级授权。任正非洞悉生命的律动。他从头至尾强调的是：华为人一旦失去了谨慎、敬畏、郑重、精进、素直、广大、包容的品质，一旦丢失漩涡中的沉定力和身处无人区的创生力，华为就会在一夜之间倾倒。

从小在逆境中生长的任正非深知，挑战和压力才是生命的原动力。而那些虚头巴脑的名誉，只是通向死亡的路标。诚可谓“势无常也，仁者勿持。势伏凶也，智者勿矜”。

任正非讲话时，首先提起了瓦萨号的典故——因国王的好大喜功和暴躁，虽然建成了17世纪装备最全、武装程度最高的战船，但处女航出海10分钟就沉没了。任正非是在借瓦萨号警醒自己和华为团队。他深知，华为一飞冲天，稍一疏忽就会栽下去！华为团队需要保持七种品质。七种品质不是在义理逻辑上理清楚就行了，那是一种修之于身的功夫，是一种生命的活跃状态。

中国历史上的变法大多失利，为什么？任正非仔细研究后发现：历史上的变革者太激进、太僵化、太苛刻、太短促、太急迫、太全面，缺少宽容、缺少妥协、缺少开放、缺少灰度。他们不知道在混沌灰度的世界里，是非、善恶、高下、前后、长短等分分钟都在转化。在灰度中保持平衡的智慧是：曲则全、枉则直、洼则盈、弊则新、少则得、多则惑。唯有知雄守雌、知荣守辱、知白守黑，方可为天下溪、天下谷和天下式。

上面，我们从任正非最近的讲话中，梳理出他念念不忘的七种品质和两种能力：

如履薄冰，严密周详的谨慎；
如登高峰，慎终如始的敬畏；
如做贵客，一丝不苟的郑重；
如泻瀑布，积极向前的精进；
如太阳光，连通万物的素直；
如苍穹般，空虚无边的广大；
如初混沌，无所不容的包容。
漩涡中，化浊为清的沉定力；
安逸中，破惰通变的创生力。

华为以每年150亿至200亿美元的力度投入创新，而且更加主动地强化唤醒每个人的原力与活在当下的能力。任正非洞悉人的根性就是自私与怠惰。华为20多年来，一直坚持三种基本方法，以破解个人和组织的怠惰。

一是激发人对财富自由的欲望，破除怠惰。

二是把“坚持自我批判”纳入华为核心文化的四句话之中，即“以客户为中心，以奋斗者为本，长期艰苦奋斗，坚持自我批判”。

三是营造一种优胜劣汰不得不勇猛精进的文化能量场。别人都在抓有形之力，任正非则聚精会神抓无形之力。华为公司独一无二，与华为文化独一无二直接相关。

华为文化，就是一个破除怠惰创造性的新文化。前方由客户价值做牵引，紧跟着是改变生命状态的奋斗者，为生命的充实和活泼泼而长期艰苦奋斗，并且还要坚持自我批判。这样一个闭合的循环，循环往复，使得组织就透出一股活泼泼的劲头。

华为用了20年时间，花了100多亿美元，从欧美一流大公司引进流程体制的建设，并且在推进实践中，经过“削足适履”和“推倒重来”的反反复复，已经磨砺出全球最全面的一套流程机制，任正非又提出了“造物造人，每个人自我超越”的顶层设计与“让听到炮声的人呼唤炮火”的体制。移动互联时代对企业组织的要求，华为已经提前就摸索到了。任正非说：

> 让听得到炮声的人来呼唤炮火，一定要大道至简，一定要分层分级授权。使管理标准化、简单化。我们未来10年的变革，逐步从屯兵组织，转变为精兵组织。我们这样理解，对前端的不确定，使用富有战略眼光、富有组织能力、意志坚强的精兵组织；对确定的事情，由后方组织在战略机动上适当屯兵（逻辑），以加强平台支持服务能力的提升。

人人都有向好精进的驱动力。对具有上根性的人，六祖慧能曾说“各自观心，自见本性”。而对于一般的人，六祖慧能则说，“须觅善知识”指引路径。企业家，不仅仅是要“自见本性”，还要觅得可以教化团队的“善知识”。30多年的体制文化建设，让华为有了“让大家不得不买”的自信。

向日本学什么？

2019年5月18日，任正非接受日本媒体集体采访。此前在2019年5月16日，美国宣布把华为列入实体清单。

任正非对日本有与众不同的情愫。2000年前后，任正非遭遇到人生的一连串打击。尤其是2001年1月8日母亲以非命的方式去世，让他感觉惭愧到了极点，在重度抑郁症重发的笼罩之下，他甚至想到了自杀以求解脱。在至暗时刻，他首先想到的是日本。2001年3月他去日本取经，实际上是在寻找让人生和企业走出困境的方法和路径。回国后，任正非写出了流传广泛的经典文章《北国之春》。

▶《北国之春》帮任正非走出黑暗

2000年，IT泡沫破裂，华为当年销售收入下降49%，任正非最器重的左膀右臂李一男出走，高管与员工大量流失，任正非的皮肤癌第二次动手术，重度抑郁症第二次爆发……2001年1月8日，这个世界上最亲的人妈妈又遭遇车祸去世。他内疚，惭愧，自责……那是任正非的至暗时刻。

至暗时刻，2001年3月任正非又踏上了日本的国土。日本从20世纪90年代初起，连续10年低增长、零增长、负增长。这个冬天太长了。日本企业遇到了什么困难？有些什么经验？势无常也，仁者勿持。势伏凶也，智者勿矜。能给华为什么启示？回国后，任正非就写出了《北国之春》。

《北国之春》是一篇醒世的经典。任正非为华为人树立起一面巨大的镜子。在泡沫破裂，“三大过剩”笼罩着日本企业的时候，却看到那里的人民，平和、忍耐、乐观、勤奋和奋斗的精神未变，信念未变，对生活和工作的热爱未变。这种内心强大的力量，震撼了任正非。他要把这样的精神境界和心的觉醒传递给每一个华为人。

> 什么叫成功？是像日本那些企业那样，经九死一生还能好好地活着，这才是真正的成功。华为没有成功，只是在成长。
>
> 华为经过的太平时间太长了，在和平时期升的官太多了，这也许会构成我们的灾难。泰坦尼克号也是在一片欢呼声中出的海。
>
> 创业难，守成难，知难不难。高科技企业以往的成功，往往是失败之母，在这瞬息万变的信息社会，唯有惶者才能生存。

在松下电工参访时，任正非看到一幅冰川就要撞上轮船的巨画，挂在厂房的若干地方，上面有一句话直接戳中了他的心：“能够拯救公司的，只有你！”任正非的眼睛，一下子就亮了：走出危机靠每个华为奋斗者！

中国当下企业遇到了前所未有的困难，企业的寒冬也眼瞅着就临近了。其实最主要的问题，还是那颗躁动的、贪婪的、走捷径的心遭遇了挫败感。随着经济的高速增长，我们的心不再平和了，我们不再相信自己了，我们开始没有信念了，我们失去了信仰！我们到底该信啥？

任正非在说，向日本人学习，信自己！信自己的天赋潜能！信自己的英雄基因！信自己安稳不动的心！

人的本质不依赖于外部环境，而只依赖于人给予他自身的价值。面对危机、挑战、挫折和崩溃，财富、地位、社会差别甚至健康和智慧的天资都成了无关紧要的了。而唯一要紧的就是灵魂的意向、灵魂的内在态度，这种内在本性是不容扰乱的。任正非借用《北国之春》在呼唤：“头拱地，拿出大美绝活。”

任正非在写《北国之春》时，流了无数的眼泪。他借此走出了生命的困局，他在呼唤他的战友：华为奋斗者，把心安下来，把心安在创造大美绝活上，让大家不得不买！以造物造人为顶层设计，公司的未来无限美好！

任正非在2019年9月会见《北国之春》词作者井出博正时说："我那时写的不光是《北国之春》，我写的是整个日本。因为那个时候全世界都在经济非常困难的时候，日本人是怎么度过这个最大的困难的？我们怎么向日本人学习？所以我就把这个歌曲一次次解析，然后把日本写进去了。那本身就是一个随笔，随便写的，没想到在中国流传开了。”

任正非说他幼时在贫穷的贵州，这首歌的词曲可谓伴随了他的成长，对他个人和公司经营都有很大影响。

井出博正也说道，上小学一年级时，父亲去世了。所以比他大12岁的哥哥进城打工，给家里寄钱，作为弟弟的他才能去上学。成为作词家以后，井出博正首先想写的就是家乡，而且写家乡的时候，就想写自己的母亲和哥哥，那就是后来的《北国之春》。

但愿，每一个生命遭遇苦难的人，每一个遭遇无妄之灾的公司，都来读一下任正非的《北国之春》。你内在的能量场会被撞醒，一个高我或许由此诞生。

▶ 华为的发展战略建构在追求客户的满意度上

故此，2019年5月18日的采访不一样。任正非还特别在一个日式的建筑里接待了日本客人。当时，正好是美国把华为列入实体清单的第二天，对一些重大的事项华为也需要亮明态度。这里面包含后来流传甚广的华为“备胎”计划。

中国一般都是大媒体有优先提问权，而日本很重视这次采访，随队聘请了研究华为的专家和知名教授。而且把提问的权利，首先给了这些德高望重的先生。而专家、教授心很安，没有直奔“实体清单”话题，而是关注华为长久的生存与发展话题。

首先提问的，是一个研究华为的专家，这不是他第一次到华为来。而且，在采访之前，华为首席管理专家黄卫伟还给代表团专门做了讲解。他的问题本来想问华为未来技术发展的展望，可是他提问题的铺垫太重要了，以至于任正非忽视了它的主问题。他是这样铺垫的：“虽然华为存在外部环境的挑战，华为在技术上是世界最领先的一家企业；但今天上午黄卫伟老师跟我们说，华为有一个基本的理念，就是确保一定利润的前提下重视成长最大化，另一方面追求存量市场获得第一名的地位，这是华为现在成长的驱动力。”

任正非对这个理念不认同。这是一般企业追求的原则，在华为不是这样。

3年多前，任正非曾经被一个日本代表团深深刺痛。那个代表团的日本人很高兴，说最近5年中国人到日本扫货、网购价值总额高达3万亿美元！每年4万亿元人民币，全部被中国顾客拿去跑到日本购买吃的和用的商品了！其实所购商品中国也有，为什么不买中国生产的？哪怕中国做的和日本一模一样，价钱上还便宜也不买，为什么？这不是中国人不爱国，而是日本的产品做得太好了。日本产品给人们最深的印象就是质量，质量的目标就是客户需求。任正非明确说：

我们公司是追求客户的满意度，而不是追求成长的速度和存量的管理。

日本经济为什么这么发达？日本公司是以客户为中心，把商品做得这么好，让大家不得不买。日本在工业产品上追求“短、小、精、薄”，追求客户的体验和满意度，值得我们学习。

黄卫伟，是华为的资深顾问，也是华为的首席管理科学家，还是当年华为《华为基本法》的执笔者之一。他主编的《以奋斗者为本》《以客户为中心》《价值为纲》等书，那是他熟读任正非的所有讲话和文章，从中摘编的任正非围绕着特定主题的语录。这些著作一直是华为对到访客人的首要赠书，也是不可多得的学习研究华为的参考书。可是，即便如黄卫伟般资深、谦虚、好学、专注，却在发展方向和总体战略上，摸不准任正非和华为的脉搏（当然，也不能排除是日本专家的转述有问题）。

任正非的大白话很明晰，有点像贝佐斯描绘亚马逊："在不确定性的世界，把战略建立在不变的事物上，即客户的极致体验上。"

任正非一直推崇亚马逊和贝佐斯，不仅仅因为亚马逊已经是云时代的巨头，更因为两人秉持的发展理念是完全一致的。以至于后来任正非说要把5G技术工艺全套出卖给一家美国公司，当有记者追问是不是思科时，任正非当即说，他更看好另外的公司，比如亚马逊。因为亚马逊有足够的资源、技术和强大的经营理念，可以最大限度提升美国客户的满意度。

向日本学习，在华为可不是虚词。任正非一口气叙述了向日本学习的几个方面的心得。

第一，公司总纲：追求客户满意度。"追求客户的满意度，对产品要负责任，卖给客户的旧设备也要维护，不能说现在有5G，以前的2G、3G、4G 设备就不维护了，那非洲人民如何生活？"

第二，华为生产线借鉴日本的质量管理体系。"华为的生产线制度，就是日本丰田公司以及很多退休老专家们来帮助设计的，也就是借鉴日本的质量管理体系。"日本的质量管理体系，在全球是独一无二的。华为一条一条的生产线大多是日本与德国设备。甚至华为的松山湖基地，也是日本建筑设计大师冈本先生设计的。

第三，小而精的5G基站让大家不得不买。“通过向日本学习这种精神，华为的5G基站也做到了让世界不得不买，因为我们追求像日本一样把大的设备想办法做小。5G基站功能容量是4G的20倍以上，体积只有4G基站的三分之一至四分之一，重量只有20公斤，能耗可节约10倍，安装不需要铁塔。对于在欧洲人口密集的城市，有很多老房子没法建铁塔，我们的5G基站随便就可以挂在任何一个杆上、墙上。”

第四，日本的耐腐材料让华为基站厂不会腐朽。“在耐腐蚀性材料研究上，我们也向日本学习，可以做到20年甚至更长时间材料不会腐朽，那么以后5G基站甚至可以放到下水道里，这是非常适合人类需求的。如果到处建大铁塔，要花很多钱，施工时需要大吊车才能吊上去安装。在欧洲，我们一个基站的工程交付费用可以降低1万欧元，而且维护也非常简单。”

第五，华为基站能轻巧适应各种地形。“日本是一个人口高度密集的国家，街区很密集，不适合建铁塔。所以，向日本学习做出的这种基站，功能如此强大，体积如此轻巧，在任何条件下都可以安装，在很冷的北海道和很热的冲绳地区，都可以安装，大家肯定会接受和喜欢的。”

第六，易操作精神贯穿到产品设计中。“日本产品，不仅质量好，还容易操作，即使文化不高的人也能操作好。我们把这种精神贯穿到产品设计中，使得我们有了机会。”

第七，客户是第一要素，有钱没钱都是客户。“华为成功的最主要原因就是把客户作为第一要素。有人把客户理解为有钱的才是客户，我不认同。非洲没钱，我们派到非洲去的员工工资是在中国的3倍多，我们在非洲赚不到多少钱，但是钱比在中国发得多，但我们还是要去非洲。我们不是上市公司，不追求资本报表的漂亮，而是追求为人类服务、为理想奋斗。珠穆朗玛峰无论南坡还是北坡的基站基本都是我们安装的，珠穆朗玛峰上没几个人，能赚什么钱？但有网络就可能挽救登山者的生命。我曾在尼泊尔一侧的珠峰山坡上吃了一顿午餐，但当时不知道，为了这顿午餐，一个尼泊尔姑娘背着食品爬了8小时才上山来，当地人告诉我，我下山3天都走不到。当我们在为人民服务时，人民也在感谢我们。这种精神，不就是日本精神吗？”

第八，未来工业文明中最重要的日本精神。“日本人民的精神是未来工业文明中最重要的一种精神。我们向日本学习了非常多的经验，我也经常给大家讲日本的故事，当然，我们有很多方面也在向德国学习，特别是流程化管理。所以，我们把日本人民的管理方法和德国人民的管理方法、日本人民的精神和德国人民的精神都融合到华为的精神中。”

▶ 横着看痛苦，纵着看开怀

这个日本高校学者的问题，简洁而有穿透力：“我关注中国经济25年了，主要关注中国民企的发展。我认为华为在中国民营企业中是最好的一家，之前华为有没有经历过民企特有的痛苦呢？中国民企的环境不是特别好，中国的民企为什么能有这样的发展呢？”

中国民企发展中的困难和痛苦，这个问题撞击到任正非内心的敏感部位。华为这家民企走出来真不容易。成立之初，公司只有一部车。那时任正非的家离公司有4.4公里，他每天都走着上下班。深圳夏天是极其炎热的，他从家里走到办公室已经全身都湿透了，那时的办公室条件是不可能有淋浴间洗澡的。他就穿着皱巴巴的衣服上班，于是留下了一些流传的故事。

还有一则故事，在山东烟台的一个客户接到个电话，说送冰箱的马上上楼来。打开门以后，一个中年大汉擦着汗水说：“我是华为的任正非，给您送冰箱来了。”经查问华为老员工，说开始几年任总就是个装卸工。这事靠谱。

任正非说，早期民营企业碰到的所有困难，我们都碰到过。最大困难就是贷不到款，自己也没钱。任正非把自己的收入几乎全部投入研发中去了。当时华为的第一笔贷款是费尽了九牛二虎之力得来的，贷到了8万元人民币。怎么熬？在2000年前，华为高管的个人收入基本都返投回公司了。华为被逼才开始想办法把给员工的工资再收回来投资到公司的发展中去，同时许诺员工每月10 000元工资，5 000元解决生活日用，5 000元算作投资股份。于是发明了华为股份制，还创建了名义上的华为内部职工银行，员工可以在那里存款，利率明显高于大墙外面。

2000年，任正非个人还没有房子住，夫人租了一间30多平方米的西向的房子，没有空调。如果说企业家是富人，那时候不知道这个“富”在哪里。任正非的弟弟跟母亲讲：“落后的员工都有自己的房子住，哥哥这么先进却没有房子。”

任正非坦诚：“我除了痛苦，就没有不痛苦。克服痛苦的方法就是遵纪守法，法律不允许做的事情，我们就不做，不去触碰红线，就获得一种安全。怎么获得效益呢？就是希望员工多干活，希望大家多付出一些劳动。我们多辛苦、多劳动，对客户的服务质量、服务态度都好一些，就能获得客户的接受。”

华为跟所有民企一样，都是经受苦磨难出来的。华为跟其他民企还不一样，因为华为懵懵懂懂选择了通讯业。当初中国市场全部让给了西方通讯设备供应商。而且，因为引进技术的阻隔，当时是“七国八制”。中国国企纷纷躲避。任正非不知深浅，只知道这行业还有大发展，就切入了。10年下来有了一点进展，就屡次被人举报，说华为有重大问题。于是，中央和地方政府接连派出工作组严格审查，结果，几经严查，华为没有什么问题，只是有一些小毛病。比如，开设职工内部银行；发工资为了让员工少纳税，就一个月发两次。被审查以后，华为再也不敢做小动作了。关掉内部职工银行，一个月只发一次工资，员工该交多少税就正常交税。公司才获得准许，活了下来。“除了痛苦还是痛苦”，任正非此话不假。

其实，任正非已经很达观了。他紧接着就提出横着看和竖着看的问题。他说：

> 任何国家都会有不断发展的过程，中国也正在改变这些状况，总的来说，环境已经变得好太多了。在外人来看，你们是横向看问题，把日本作为坐标原点来比较，认为我们的环境条件没有日本好。我们是纵向看问题，将30年前作为坐标原点比较，认为今天的环境、政策已经非常好了。我相信国家会变得越来越好。特别是这次中美贸易战以后，对中国的内部经济改革会有加速和刺激作用，我认为环境会变得更好。

回顾这段往事，中国民企始终在生存身份上受到质疑。以前是受到国内的一些质疑。现在华为有点眉目了，又受到美国的质疑，没有什么证据，就举“全政府”之力打压。任正非回顾华为作为民企发展的艰难历史，就是说华为已经在中国被锤炼出来了，想活下去就一定要遵纪守法。这是华为的红线。

当年任正非43岁被国企炒了鱿鱼，因为他做生意付了200万元买电视，最后电视机见不到了，供货人也找不到了。他被骗200万，被公司炒了鱿鱼。他就沉下来熟读法律。因为要自己创立一个全球化的公司，他就仔细研读了欧美的法律体系，对什么事该做，什么事不该做，心里明镜似的。熟读了欧美法律，任正非才开始创立华为。华为的“胎教”是法律。华为也是在“法律”的保护下走到了今天。遵纪守法不是方法，而是华为的天条。

▶ 华为系统的不变原则

日本专家问："日本丰田公司有一个自动化系统。虽然会按照各地的情况调整让生产人员判断生产线情况，但无论在哪里，系统原则都不会改变。丰田一定要维持这样的原则。华为在全球有各种工厂，华为有没有无论在什么地方都要维持的原则或者规则呢？"

日本专家的表达不是很清晰。没有表明他想问的是丰田方式的自动化系统本身的技术原则还是丰田方式的原则。

任正非开始以为是自动化技术原则。他回应说，我们需要维持的原则也是不变的。我们制造工厂的生产线上基本都是日本设备，我们完全是按照日本的理念建的生产线，而且还将会有几百条、上千条这样的生产线，每条生产线长度是120米，会大量采购日本设备。有很多来自日本的资深的顾问和工程师来指导我们，教会了我们日本的管理方法，也教会了我们如何使用日本设备。以后我们在全世界也会建立工厂，把这种精神贯彻到全世界去。日本人民有高度的警惕性，每道工序都在检测。我们采用的是日本的质量管理。

当日本专家校正说，华为有很著名的"奋斗者"的说法，华为是不是无论在哪里今后要维持这样的理念？任正非才知道他想问的是公司经营一以贯之的原则，于是说："你的想法很对，我们认为只要努力工作都是奋斗者。假设我是一个音乐家，每天上班8小时，周末去度假，下周再上40个小时班，你认为会成为音乐家吗？画家也一样，每天上班画一画，下班就不画了，你认为会成为画家吗？制造优秀产品的人的奋斗时间可能比别人多，我们就起了一个外号叫'奋斗者'。成为奋斗者或劳动者是员工的自愿选择。劳动者享受准时下班玩、周末休息、加班给钱，在经济回报上并不吃亏。奋斗者不要这些，就吃亏了吗？没有，成为奋斗者就给他分配内部股票。短期报酬是给他每年的贡献发奖金，但公司后面继续产生的利益跟他无关了。长期激励是用内部股票的方式，让你继续享受过去的劳动贡献。奋斗者退休以后可以保留公司内部股票，享受过去劳动的贡献报酬。奋斗者被分配的股票数量不仅跟职级有关，跟奋斗贡献的年限也有关系。”

这段话对于理解“华为奋斗者”很重要。华为奋斗者有三个特质：努力工作就是奋斗者；制造优秀产品的人就是奋斗者；成为奋斗者和成为劳动者是员工自己意愿的选择。其中的焦点是“制造优秀产品的人”，也就是我通常说的“创造大美绝活的就是奋斗者”。

仅仅努力是不够的，还必须把努力结出果来，就是制造优秀产品，或是创造大美绝活。接近美，接近神。唯有创造大美绝活，才可以接近自性光明，才可以成为奋斗者。每个环节都是闭环。华为不考评你的态度，而考评你的成果。没有态度，出不了成果。但是态度是无形的，没法考量。当无形的态度凝聚成大美绝活时，就可以考核了。

其实，日本专家问的是就丰田生产方式的原则来问华为方式的原则。丰田生产方式，是在大野耐一在20世纪50年代主导下形成的一种精义管理方式。大野耐一主张“答案永远在现场”“昨天最好的做法，是今天最坏的做法”……后人将其概括成了14条原则：

1. 管理决策以长期理念为基础，即使因此牺牲短期财务目标也在所不惜；

2. 建立连续的作业流程以使问题浮现；

3. 使用拉动式生产方式以避免生产过剩；

4. 使工作负荷平均（生产均衡化）；

5. 建立立即暂停以解决问题、从一开始就重视质量控制的文化；

> 6. 工作的标准化是持续改善与授权员工的基础；
>
> 7. 通过可视化管理使问题无所隐藏；
>
> 8. 使用可靠且已经充分测试的技术以协助员工及生产流程；
>
> 9. 培养深谙公司理念的领袖，使他们能教导其他员工；
>
> 10. 培养与发展信奉公司理念的杰出人才与团队；
>
> 11. 重视合作伙伴与供应商，激励并助其改善；
>
> 12. 亲临现场，彻底了解情况；
>
> 13. 制定决策时要稳健，穷其所有的选择，并征得一致意见；实施决策时要迅速；
>
> 14. 通过不断省思与持续改善以成为一个学习型组织。

与这样的原则相对应，华为系统的不变原则，应该是华为的四句教，这就是："以客户为中心，以奋斗者为本，长期艰苦奋斗，坚持自我批判。"如果把这个问题推给任正非，会引发他无限的遐想。他这次对"奋斗者"的阐释，就让人明白了许多深层的道理。

这次访谈，从开始就在谈"以客户为中心"。"以客户为中心"可不是个简单的说法。任正非开头明确指出："我们公司是追求客户的满意度，而不是追求成长的速度和存量的管理。"接着他一口气说了8个方面，都是在具体阐释"以客户为中心"。他最后强调"华为成功最主要的原因就是把客户作为第一要素"。

其实，对此任正非还有许多更为生动的说法，比如"做企业就是磨好豆腐给最亲的人吃"，或者"磨好豆腐给妈吃"。大白话透露着无穷的哲理。

▶ 美国封杀华为，全球化会不会分裂？

日本学者非常担心发生在中美之间的摩擦，有可能会分裂整个世界。

此前，美国发布了行政命令，过去是美国政府不能采购华为产品，现在是通过行政命令禁止美国企业进口华为设备，通过商务部的实体清单制度禁止美国企业向华为出口，这也是让我们非常吃惊的事情。他提了两个问题："第一，美国策划分裂中国和美国之间的经济关系。全球无论是经济还是互联网社会，正在被分裂，您认为未来这个趋势会逆转吗？世界经济和互联网会一体化还是被分裂？第二，美国实施实体清单，华为有什么想法？一种方式是在美国国内起诉，或者通过WTO世贸组织与中国政府合作起诉，这是对立式的方式。第二种方式是像中兴一样接受美国或者第三方的监视，类似和解型的方式。华为选择哪种方式呢？"

任正非回应："美国商务部发布实体清单，由于时间太短，我们还没有思考好。但第一，我们绝不会走中兴的路。两家公司是完全不同的公司，不能因为是中国公司就把两个名字连在一起。第二，不能走WTO国际仲裁的道路，国际仲裁不要动用国家力量，一个小小公司为什么要影响一个国家呢？至于在美国要不要打官司，我们还没有想好。"

而任正非紧接着指出，世界经济已经走向全球化了，全球化是不可逆的。

记得在2013年第一次见任正非的时候，我曾经感叹说："研究中国公司的国际化，首先要研究华为。因为华为是国际化的标杆。"

任正非立刻说："王老师，你错了！华为并不是在国内发展好了，再去国际上开拓市场。华为从一开始就是全球化公司，就是整合全球资源要素，生产出产品供全球客户使用。"

按照任正非对全球化公司的把握，这个基本点当然不会变。他说：

过去传统经济时期，一个国家可以独立地制造一个缝纫机、一台火车、一艘轮船。现在进入经济全球化时代，全球是要合作共赢的。如果一个国家要封闭起来自己制造一个东西，这个零件的销售量不会很大，那整机就会非常贵，不能满足社会上的需求。经济全球化的目的，是你这个国家最适合做这个事，就把这个事做大。全世界高速设备不都是用日本一个螺丝钉厂的螺丝吗？如果每个国家都想做一个像日本那样的螺丝钉工厂，我认为成本会很高。

“如果从全球化退回去，想孤立发展一个产业，经济会走向更加混乱，特别是日本。”任正非不忘记国内市场容量有限的日本，最渴望的就是市场空间。他分析说，日本离中国最近，14亿人民的市场对日本是很重要的。日本产品因质量优秀而占领了中国市场，这个市场还在增长。过去中国对外商投资的限制较多，现在中国通过了新的外商投资法，放宽了要求，商品也可以在中国更快速流通。美国放弃中国市场对振兴美国经济不是好的办法。日本不会学美国。

其实，美国也没法放弃中国这个最大的快速崛起的市场。不仅仅市场巨大，而且中美经济“你中有我，我中有你”的融合度，已经远远超过一般人想象的程度。任正非不会去给你讲理论讲逻辑，他会从人类经济发展的历史中找到最有价值的借鉴。他说：

我认为，世界的铁路因为大家要各自分离，形成了窄轨、标准轨、宽轨，因此货物不能很畅快地流通。历史证明，这对经济带来不好的结果，因此世界一定要建立一个非常好的连接。世界最伟大的发明是“圆”，没有圆就没有车轮，没有马车就没有火车，也就没有轮船。在马车社会时，人们的活动范围是很小的；以火车、轮船为主要交通工具的传统经济时期的发展速度是缓慢的，人类社会经历了很漫长的贫穷时期；当世界走向高速铁路、高速火车和飞机为主要交通工具的时代时，世界发展的速度加快了；网络技术的发达，会更加促进人类社会的进步。

世界也是从3G、4G走过来的，4G就有三种标准，造价比较高。华为登顶成为行业一哥后，不仅仅突飞猛进搞研发，还积极参与各种标准组织，推动形成了5G的全球统一标准。过程中的反复和困难多多，华为事成功退，才保证了全球通过一个标准。他说了一句“好不容易走到一条5G标准”，其中包含的东西，只有华为人可以体味出来。

5G对人类社会产生的意义是什么？将来每个人消费每个比特的价格可以下降10到100倍（科学家说100倍，市场宣传是10倍），5G带来的带宽价格是今天消费的1/10到1/100，这样穷人的孩子也可以在网络上学习了，在网络上能够看见全世界，这个进步是巨大的。

“世界最伟大的发明就是圆！”一切都是圆形的运动。从马车、到火车、到轮船、再到移动网络和5G网络建设，都有一个“圆”在开辟道路并贯彻其中。分裂只是暂时的，一切事物都会在发展中自然而然形成圆形的运动。“圆”，也是任正非灰度哲学思维的一个特质。他会在两极分裂的撕扯中，看到回归圆形运动的力量，看到回归做生意本质的力量。

任正非是讲故事的大师。他不忘在法理逻辑的叙述之外，加上让每个人都会感触到的真实故事。他小时候是在一个很穷的山沟里面长大的，那时也唱过儿歌。在中国有名的儿歌是《让我们荡起双桨》，歌里面有一个词“绿树红墙”。他一直不知道为什么是“绿树红墙”，等着他很老了带小孩去北海公园划船，看到远处墙是红的，树是绿的，才恍然大悟，“啊！这就是‘绿树红墙’”！

物理世界对一件事的体认，是个复杂的过程。任正非对“绿树红墙”

的体认，就整整过了60多年。而现在网络教育就让这种境况大大改观了。很小的小孩在终端一点击就知晓世界了。人类的创造力会得到极大的发挥，人类社会会因此而有极大的进步。曾经有人想过人类社会能不能大同，而网络会让世界走向大同。

前两天有一个人问任正非："你认为下一代青年的民粹意识还会有多强？"任正非说，下一代青年的思维可能是没有国界的。青年们在非地缘政治中，在同一种意识中交流了，怎么还会分成多种意识形态呢？

> 5G是造福人类的，不是原子弹。需要搞网络，网络不互通，交流就困难。未来世界的最大资源在哪？在人口。世界70%、80%人口还在贫困地区，不是在少数发达国家。如果他们自己建了一个封闭的网络，就丢失了这么庞大人口的市场。任正非相信，绝大部分国家的智者都会看清楚这一点，不会走分裂的道路。

灰度哲学就是不一样。他会从一个简单的事件中，看到一般人看不到的东西。谁知道，本来任正非在说5G的作用，可是一转弯，来了一个"圆形"的世界观：每一个点出发的运动都是一个"圆形"的运动，当美国只关心把自己发达的城市建成一个封闭的信息网络时，他就切断了"孤岛"信息与"未来世界的最大资源人口"的链接，那样的网络阻断了与最广大网络的链接，也就是毫无价值的"孤岛"！

▶ 华为备胎解密

日本媒体记者不只懂得把提问权让给德高望重的专家和学者，还会对访谈做足功课。下面这一问，就很细腻。没有扎实的功课，不可能问出这么精炼而又深刻的话题：

第一个问题，美国禁止向华为出口，华为是之前已经做好准备，还是比较吃惊？如果之前就有准备，大概是从什么时候开始准备的？是打算通过自己公司内部开发来解决，还是通过其他渠道来解决这些产品问题？第二，现在美国对华为进行制裁，是针对华为公司，还是因为华为是一家中国企业？华为作为一家中国企业，是吃亏了，还是觉得是一件好事情？

这两个问题都匪夷所思。第一个问题的问法，就让人“生气”：美国的限制是突然的，怎么华为会在此之前已经有了准备？如果有准备，那是从什么时候开始的？提出这个问题的人好像是钻进任正非的肚子里，把他有几根肠子都数了数。第二问，就更招惹人。

谁想到，面对这两个问题，任正非有话想说。确实，任正非与华为是早有准备。华为的“备胎”计划，是面世的时候了！

日本记者的问题，把任正非带回了一段残酷的历史。本来很残酷的事，可是任正非却用轻松幽默的语言把这段故事带了出来。

回顾一下历史，2002—2003年的时候，是我们公司发展的转折点。我们知道会慢慢爬上一个很高的高峰，当然，我们可能从北坡爬，北坡陡一点，困难一点，我们也没多少钱，带不了多少干粮；另外一个队从南坡爬，他们不仅有牛肉罐头、咖啡，还带有睡袋。两队爬到山顶相遇时，是会有矛盾的，也许会有激烈冲突的，我们判断华为会输，所以，我们在2003年时就准备用100亿美元把华为卖给美国摩托罗拉公司。我们已经完成了所有的交易，签完了所有合同。双方团队都穿上花衣服，在沙滩上比赛跑步、打乒乓球，庆祝这个伟大的交易成功。但是在那个星期，这家美国公司的董事会发生变化，换了一个董事长，新董事长否决了这个交易。很多年以后，爱立信CEO告诉我，摩托罗拉公司的第二号人物见他时，说起这件事都哭了。他认为失去了一个这么好的机会。因为我们知道要与美国在高峰上相遇，所以准备戴一顶美国的“牛仔帽”，“牛仔帽”下面是中国人干活，避开和美国的尖锐矛盾，可惜这件事情没成功。

我们高层领导再次讨论这件事情的时候，大概是2003年左右，我们讨论还要不要出售公司？少壮派一致否定出售，我跟他们讲：“那10年以后，我们要面临与美国激烈冲突，要有思想准备。”从那时开始，我们就有了“备胎”计划，数千人隐姓埋名。他们每次都跟我抱怨，说公司不重视他们，看到别人都风光，唯有他们不风光，说明他们对“备胎”计划也是不理解的。我问他们：“工资奖金受影响了吗?”“没有。”那就行了。

任正非还爆料了一个鲜为人知的秘密。为了避免跟美国竞争，在十几年前华为真的想把公司出售了，连出售以后的计划都已经想好了。

第一个假设，是把中国所有大大小小的拖拉机厂全部收购。中国拖拉机的最大问题是漏油、不耐高温，我们用IPD的研究方法，能解决这个问题。那时拖拉机1 000美元一辆，我们把质量提高以后卖2 000美元，如果走了那条路，也许我们就成了世界上最大的拖拉机王国。

第二个假设是搞旅游，目标地区是四川、西藏、云南交界的一个三角地，像瑞士一样开发齿轮的爬山火车，在这个地方建设旅游区。任正非还动员高层领导去“三角地”一块块买地，在火车通过的附近建高级酒店，如果你没买到地，我们的火车就不从那里走，拐弯了。这项计划也是伟大的，当时100亿美元是很大的数字，而且还可以用杠杆来撬动。今天中国的旅游很拥挤，如果那样，也能疏导一下人流。因为大家否决再出售计划，所以我们就一心一意走信息产业这条路不动摇了。

2003年任正非和他的高管团队议论中的开发国家公园的计划极具前瞻性。2019年8月，中国、美国和其他国家在青海西宁讨论了一项“雄心勃勃”的计划：在中国创建统一的、在限制开发和保护生态系统方面有着明确标准的公园体制，这一体制于2020年正式推出。

在首批试点公园之一的所在地——青海，生活着雪豹和荒漠猫等具有标志性的濒危物种。同时，这里也是长江、黄河和澜沧江的源头所在。该计划将把现存自然保护区和新建国家公园结合起来。为此，中国的目标之一是在青藏高原建设“中国版的黄石公园”。报道称，在开发国家公园的过程中，中国政府同时向生活在三江源的一部分人提供与生态保护相关的工作，让当地人成为“管家”。在高原建设国家公园，是一件具有民族自豪感的事情。创建国家公园不仅仅有生态价值，也有经济价值。

对于日本记者提出的第二个问题，任正非认为它是从地缘政治来讨论的这个问题。至于网络会不会分成两个呢？任正非很乐观：现在中美双方都在拼命爬坡，也许有一天我们都会爬到山顶，但我们决不会“拼刺刀”的，而是拥抱双方，庆祝我们为人类信息服务的胜利大会师。

作为中国公司，吃亏还是占便宜？这是个永远说不清楚的问题。说不上占便宜，也说不上吃了什么亏。任正非说：

> 我们在不断前进，不断履行为人民服务的使命。不是所有人都讨厌我们，不让我们服务。我们到愿意让我们服务的地区，也是完成了使命，我认为也是快乐的。不让我服务的地方，我拼命挤进去干什么呢？

▶ 从以土地换和平到以合作换和平

日本记者查阅到任正非的一篇文章中曾经说，受拉宾影响很大。可是，任正非的经营哲学强调，作为商人不应该谈政治。为什么一个商业领袖要向政治家拉宾学习？

又是一个好问题。看上去顺手拈来，实际上包含着很大的信息量。

任正非回答很直接："'打锣卖糖，各干一行'。我作为商人，对政治不懂，如果我干预政治，结果是错的，对国家就有害。那就干脆不要过问政治，而是擅长干什么就做什么。"

他接着说："我说过我是拉宾的学生，我很崇敬拉宾，因为他遵从'用土地换和平'的原则。以色列的人口那么少，周边有几亿阿拉伯人，阿拉伯民族也是很聪明的，再过一两百年，说不定就强盛起来了。拉宾把边界划定之后，跟阿拉伯国家保持友好关系，避免了未来几十年以后的灾难，这是有长远思维的目标。拉宾是很伟大的，他的遇刺是人类的损失。"

任正非受到的启发，就是要对所有的竞争对手都要友好。过去很多年来，华为没有攻击过竞争对手，而是加强技术交流和沟通。即使华为在一些标准领域中取得了领导地位，也没有针对竞争对手有不好的措施。向拉宾学习"用土地换和平"，"用合作换和平"，这对任正非思想有很大的促进，以至于华为学会了从供应商的视角看世界。华为每年在巴塞罗那通讯展上，会拿出40%左右的展位邀请供应商参展，向世界展现一个华为供应链的整体。任正非对这个话题总结说：

如果各国都坚持拉宾的思想，世界大同与和平是可以实现的，人类社会最终要靠劳动创造财富。拉宾去世我很忧伤，乔布斯去世我们也很忧伤，如果他们能活得更长一点，世界信息产业不知道会发生多大的变化。

▶ 中国与日本经济有很强的互补性

访谈最后，又回到中日经济关系上来了。任正非很看重日本。日本匠心匠魂的精神，融入了华为精神之中。在访谈的开始，任正非从8个方面阐释了华为一直以来向日本学习的方方面面。他的名作《北国之春》，更是他在危机深重的时刻，从日本精神中吸纳的营养。他是有问必答，有话就直接说："日本盛产诺贝尔奖得主，说明日本在基础研究上是非常发达的，哪一个人获得诺贝尔奖，不说明什么问题，但它带动了日本整个科研体系的基础研究，这是非常强大的。日本在材料工业研究上是世界上最强的。"

华为把全球最大的研究所设在日本。日本的强项是新材料科学。华为不与日本竞争，就集中在新材料的这一应用上。他曾经说，对于京瓷公司的氮化镓产品，华为的购买份额占到京瓷公司的四分之一。后来，因为技术进步的原因，华为转而从住友商社购买同一款产品。

日本在零部件产业上是世界最强的。智能社会的最大特点是感知，怎么感知？靠传感器，传感器的基础就是材料，包括显示也是材料科学。日本供应商，除了美国和中国供应商以外，占到华为供应商的第三位，每年有近100亿美元的交易额。5G建设对世界直接的贡献是4 000亿至5 000亿美元，而带动的互联网产业会有数10万亿的规模。在华为的供应链中，日本供应商已经结成了长期的同盟。华为与日本企业合作共赢。任正非风趣地说："日本产品的'短、薄、精、小'，一定能在世界上得到超大规模使用。华为和日本企业是互补关系、友好关系，没有任何竞争关系。如果说是'爬山'，那日本企业是在和我们一起爬北坡的，因为我们必须大量使用日本产品才能爬上坡。我们和日本企业是合作共赢，共同做大信息产业，为人类形成智能社会而努力。”

特朗普政府对华为的无理行动，引得一众西方国家唱起了反调，连日本这样的“美国铁杆盟友”也站出来叫苦了。据路透社2019年5月17日报道，日本副首相、财务大臣麻生太郎当天表示，美国试图阻止美企向华为出售相关技术和产品，可能会影响到日本企业，并给该国经济增长带来压力。他说：“向华为供应零部件的包括一些日本公司，整个供应链是以复杂的方式交织在一起的。通过这样的供应链，日本可能会受到（来自美国禁令的）直接和间接的影响。”

任正非说：“最近我看到日本财务大臣麻生太郎的讲话，我非常感动，他很公正、很积极，我们应该感谢他，在这么大的压力下发出这样的声音是伟大的。”

任正非很知道感恩。日本财务大臣说了两句实话，他感恩，因为那里面暗含着对美国行为有违经济实情的判断。甚至对美国打压华为，任正非也感恩。因为美国的打压治愈了华为一个内在的劣根性——惰怠。华为公司世界第一了，华为员工挣的钱太多了，以至于有了安享舒服的氛围。任正非每天为这事发愁，谁知道这时美国打压来了，把华为置于生死存亡一线天。华为员工被激发起来，自觉地成为“奋斗者”。于是，在世界人民面前，华为就立起来了。任正非坦承：

其实我们公司以前一直是胆小的，因为美国打击我们，我们被迫挺起腰来了，是美国把我们逼成了英雄。

确实，任正非一直谦卑低调。华为早就是通讯设备的老大了，而华为一直没有承认。直到2014年底，华为才不得不公开宣布华为公司已经是通讯设备供应商的老大位置。那一年，华为的利润比第二到第四名公司加起来的利润总和还要多。以前华为都是跟着老大走，现在华为成了领导者，走进了无人区，必须把握好方向，带领行业往前走。也正是在华为的引领下，5G标准，终于历史性地成了全球统一标准。华为担当了行业领导者的责任和义务。

任正非还有更广阔的视角。他认为中、日、韩一定会形成自由贸易区，通过经济互补，促进经济发展。虽然三国都一定程度存在一些民族主义的情绪。但民族主义和民粹主义不代表国家和社会的发展方向。任正非做了很好的设想：

> 中日韩是一个工业性的自贸区，东盟想加入进来，一方面买工业产品，一方面卖农产品。当东盟和中日韩自贸区融在一起时，欧盟就激动起来了："我们也有很多优势的东西，想和你们合作，你们人口多，市场大。"这样"一带一路"就连起来了。连接起来后，火车走到一半要加油，中东、中亚有大量的能源，他们也加盟进来，这样我们就会成为一个非常大的经济板块。在这个经济板块中，日本会起很大的作用，因为日本是先工业化的国家。中国是后工业化国家，中国在很多制度上还需要很长时间逐步完善。我们共同推进走向和谐社会，以经济贸易、创造财富为中心，而不是以军事霸权为中心。各国军费开支那么大，节约下来，世界上就没有穷人了。

采访的最后，任正非希望，日本客人经常到华为来走走，更多架起中日友好的桥梁。日本就是一个和谐社会的典范，值得许多国家学习，尤其值得美国学习。因为美国花了非常多的钱打仗，自己的马路却破破烂烂的。任正非很风趣，最后他说：

> 中国很多人不了解日本，但只要到日本看一看，就喜欢日本了。日本是世界最佳旅游国，任何一个小村庄干干净净的，至少有一家好的拉面馆，有一家好的居酒屋，小河沟的水清清亮亮的，沟边长满了野花，里面还有几只鸭子，鸭子旁边生了蛋，又孵出小鸭子来。

在任正非的脑海里，日本呈现出的是一幅自然而然、欣欣向荣的画面。

漩涡中心的任正非

05

现在全世界正在上演两个故事：一个是美国和中国之间的贸易之争；一个是华为和美国之间的故事。从我个人来看，华为和美国之间故事的重要性要高于中美贸易战的重要性。

——托马斯·弗里德曼

华为被特朗普称为“美国的对手”。在这一场包含地缘政治、商业和技术的多种形式的较量中，任正非既是关键人物，也是一个象征。

——法国《观点》

我不是狮子。我想找一个像兔子一样隐藏自己的角落。但是，我不能再隐藏了，我不知道该怎么做……

我们决不能妥协，一定要胜利，除了胜利，我们没有其他路可以走。

——任正非

美国围堵封杀华为，手段之狠辣，用力之刚猛，实属空前。无妄之灾降临华为，华为没有倒下，而且活得很好，公司一派欣欣向荣的气象，令世界瞠目。华为的大客户和世界媒体，纷纷走进华为一探究竟。

以前很少见记者，很少接受采访的任正非，一下子成了媒体红人。75岁的任正非郑重其事，跟记者坐下来，对每一个或刁钻或平和的问题，都会恰如其分地回应。在这些现场问答中，任正非观察问题的视角，思考问题的底层逻辑，对难题的平衡拿捏，他的情怀和价值观，他的信仰，他对商业的理解，一如暖阳让冰雪消融，热情洋溢又润人心田。

一默如雷任正非

2019年以来，任正非已经接待了3 000多名中外媒体访客。以往任正非都是默默忘言，网上看到的多是他的内部讲话。可是，一波又一波的访谈，拨动着中外人士的心弦。任正非自始至终，“保持空杯，保持开放”，从人类文明的结晶出发，看所有的新发生，寻找着解决世界问题的秘钥。让我们看到了一个鲜活的任正非，既有磅礴的洪荒之力，又有在惊涛骇浪中保持镇定的静默和从容。诚可谓：“一默如雷任正非。”

任正非风趣地说，2019年年初舆论的“天空”乌云滚滚，基本上是一片漆黑。一年多的访谈，任正非以及华为，逐渐在大众面前光明起来。

过去华为认为要全力以赴争取客户的信任，真正为客户创造价值，让客户感到华为的产品和服务是最好的。媒体与社会的误解会逐步散去的。华为不会把精力花在迎战政治家和媒体上。西方这些年来对华为的了解实在太少，对于一些充满偏见的政治家的描述和媒体报道，华为此前也很少在媒体上反驳过，让一些人有了更多的误解。人们对华为的争议非常大，华为有必要向社会做一些说明。这些说明是有意义的。

在2018年6月中美贸易摩擦初起，华为开始受到美国打压时，任正非就提出："从人类文明的结晶中，寻找解决世界问题的钥匙。"在国内抵制美国等情绪泛滥时，他又出来说他的家人都用苹果手机，要区分美国政客与美国实体公司。在美国把华为列入实体清单，举全政府之力围剿华为之时，任正非接受了国际一流媒体的无数采访，一思一念都是客户，都是美国人民应该享用高速连接的5G福利，都是世界各地用户享用5G福利的大智慧。华为甚至摒弃前嫌，在美国要建设5G网络时，全力以赴给予帮助，这让世界惊奇。

任正非没有自己，他的起心动念都是中美两国客户、全球客户的福祉。站在最终客户的利益和福祉的高端，华为拿出了让大家不得不买的大美绝活！也正是美国的打压，使华为上下一心，众志成城，让大美绝活如泉涌。华为的形象在全球范围内已经光芒四溢。任正非谦虚地说：多亏了美国帮助，华为品牌才能深入人心。

2019年9月9日，任正非接受美国《纽约时报》专栏作家托马斯·弗里德曼的采访，提出了许多俯瞰美国打压华为时值得注意的新视野。这里，我们将这场采访与下述采访一并考察：2019年8月20日任正非接受美联社记者采访，9月10日接受《经济学家》的采访，9月19日接受美国《财富》杂志专访，9月26日参与录制创新、规则、信任——与任正非咖啡第二期。这些交流话题很广泛，既有关于危机的缘起与发展的讨论，又有深度的全球化议题，更涉及深层思维与价值观。

▶ 世界正上演着两个故事

“现在全世界正在上演两个故事：一个是美国和中国之间的贸易之争；一个是华为和美国之间的故事。从我个人来看，华为和美国之间故事的重要性要高于中美贸易战的重要性。”弗里德曼用这样的话开启了与任正非的交流。

大师不愧是大师。弗里德曼透过现象看本质，他看到中美贸易战只是表象，中美科技战才是实质。美国正在倾“全政府”之力，碾压高科技公司的代表华为。看上去只是对一个企业，实质上是碾压中国经济的创新根基。可是，没有想到，华为没有被吓倒。灭顶之灾反而催生了无穷的创造力，华为凭借一种奋斗者的精神力，傲然立于世界。

中国现在物质国力不弱。从GDP看，2018年中国是13万亿美元，美国是20万亿美元；中国有960万平方公里土地，有14亿人口，有世界最大的工业生产能力，有世界第二的贸易能力。

普遍认为，中美比较物质国力，中国吃不了大亏，但问题在于，中国这40年来一些人的思想、情绪、意志出了问题，不少人急躁，显现出不自信。

然而，中国出了个任正非，他以不二的意志力和精神力，带领华为在逆境中艰苦奋斗创造出大美绝活，一切就随之改变。任正非让中国人重拾民族自信。

2003年是任正非的至暗时刻，华为曾经被作价100亿美元打算卖给摩托罗拉。合同签署后，摩托罗拉总裁换了，不买了。任正非很有远见，他知道如果华为在科技上做强做大了，美国垄断集团一定会以“断供”来碾压华为。于是，任正非当时就决定，华为要开始为美国摊牌消灭华为做准备，2004年初就上马研发海思芯片，十几年下来，花了几百亿、上千亿的美金，用了成千上万的人做“备胎”系统准备。

任正非的直觉力神奇。美国本以为对华为“断供”芯片，华为就会像中兴公司一样可以被任意处置，并且成为与中国贸易谈判的筹码。没有想到，海思早就设计好了芯片，中国台湾地区的台积电能生产时，已经将其在市场上试用了几年；美国以为，给华为“断供”安卓系统，华为就会慌神，没有想到，华为早就精心研发出鸿蒙生态系统，不但能用，而且可能兼容安卓系统。美国对华为的围堵，客观上却让华为的“备胎”显现，为中国芯片取代美国芯片，为鸿蒙取代安卓，扫清了障碍。

美国非但没有拍死华为，反而给华为在全世界70亿人面前打足了广告。任正非说，特朗普这个广告费，大得根本让人付不起。真是这样。由于特朗普发难，欧洲发达国家对华为的审查格外严格。鸡蛋里挑骨头的一次次审核检查，却成就了一个真正纯粹以客户信息安全为最高纲领的华为，成就了一个在信息安全技术领域好得无人能及的中国公司。以至于美国用情报、国防安全等手段威胁，欧洲公司都可以不再听。不审查，好公司就出不来。

▶ “做一两款拳头产品出来”

一个朋友从政30多年，在他青春勃发的时候，却遭遇了几年的审查，一次次高升的机会被压住。而他回想起来却说：如果没有严格审查，或许他也会张狂起来，很难有今天平和喜乐的心态。正是彻底的审查，才还了他一个清白的真相。过程中有三条经验：第一，一切都是最好的安排；第二，稳住阵脚，做好自己才是真正的安全；第三，人要有理想，在最难的时候也要咬住牙坚持再坚持，还要向上做出更好的努力。

人性是相通的。朋友的个人体会，我感觉跟任正非现在的体会差不多。确实，一切都是最好的安排，稳住自己的阵脚头等重要，在坚持中向前向上再努力一点。任正非开始创业前10年，有9年处于关门倒闭的边缘。一次次危机，一次次坚持，危机过后，任正非带领华为创造出新的大美绝活。

中国改革开放40年来成就辉煌，但是“贸工技”战略一时占了主流。以至于许多国营高科技公司，也选择了这样的道路。40年的一个大失误，就是一切向钱看，什么赚钱干什么，自主创新搞研发是最不赚钱的，所以很多关乎国家生死存亡的研发，就没人搞了，结果没有建立起自己完整的科技生产体系。

在“贸工技”左右人们商业思维的氛围中，任正非和华为改变了现状。公司刚成立时，任正非说：“做一两款拳头产品出来，一生都没有白活。”经过30多年的艰苦奋斗，华为终于顶住了美国的压力。这就等于告诉世界，中国人也是有尊严的人，外国人能搞的高科技中国人也能搞。美国政客最大的失算，就是算错了华为，因而也算错了中国，算错了世界。

保持饥饿，保持愚蠢。只去补偿性地学习远远不够，要主动意识到自己的不足和限制。当意识达到一定的强度时，有可能反转为突破限制的能量。无论是主动或被动，当既有的不足和欠缺浮出水面的时候，可以催生继续向上的欲望和功力，从而开拓出多维平行世界向上的斜行线。

不满足，没把握，困惑，发问，求索，构成任正非70多年的求索过程。在看不到未来的至暗时刻，任正非则收回心神，回到自己生命的本源。对世界、对人性怀着强烈的好奇，任正非大胆地刨根问底，小心翼翼地求索求解，找到了生命多维向上的斜行线。过去的一年，我们看到了华为一往无前的奋斗和创造，看到了任正非在每一个当下不断开启新维度思想的喜悦。美国的打压催生了任正非和华为的精神力，也催生了中国人的精神力。

“数字柏林墙”在逼近

在弗里德曼与任正非的交流中，提到了一个至关重要的概念：“数字柏林墙”。数字柏林墙与深层商品、深层贸易、深层技术密切相关。

▶ 深层商品、深层贸易与深层技术

托马斯·弗里德曼进一步开掘华为的意义。他说，中美贸易摩擦肯定会有解决的方案，例如中国多进口一些美国的大豆，美国多购买一些中国的产品。但在我看来，因为华为所代表的意义，华为和美国之间的故事的重要性其实更高。

有一系列缓解中美贸易摩擦的方法：华为多买一些高通芯片、英特尔芯片、谷歌软件、微软软件，华为多支持一些美国大学教授的研究，而不需要获取他们的成果……

但是，弗里德曼考虑到了更深的层面。他提出了“深层商品”“深层贸易”和“深层技术”。如果说帽子和鞋等“浅层贸易”无足轻重，那么“深层贸易”“深层商品”和“深层技术”就已经不是浅层商品了。华为向美国等发达国家销售的5G技术已经不再是“浅层商品”，而是关乎每个生命的“深层商品”了。华为走在中国最前端，研发出来的许多技术实际上会深入美国的大街小巷、家庭、卧室，会涉及个人隐私。这就与西方人的生命方式息息相关了，不可避免要引发美国的警觉。

此前，都是发展中国家向发达国家出售“浅层商品”，而发达国家向发展中国家销售“深层技术”，中国等发展中国家没得选。现在中国也想把“深层技术”卖到美国等发达国家市场，因为“深层技术”是先进的技术，美国和西方发达国家还没有和中国建立起进行“深层贸易”所需的信任度。如何解决中国向发达国家推销“深层技术”问题？

“技术是军事和经济实力的关键。”在2019年11月19日于参议院举行的听证会上，FBI负责反情报的助理局长约翰·布朗如此说。参议院听证会上的证词显示，FBI正在集中力量阻止中美学术及科研人员交流。“深层技术”已经引发美国政界和FBI的恐慌。

在弗里德曼看来，“要么解决好华为的问题，要么全球化就会走向分裂”。看今天美国这样的形势：“不让华为进来”，“要让美国的企业退出中国市场”，“无论如何我会赢，你会输”等等论调横飞。他问任正非：“您会怎么看美国？”

任正非的回应是肯定的：“美国会输！”

因为美国退出全球化是无路可走的。美国本来拥有很多尖端科学技术，处于世界最高端。而这些尖端技术如果不进入庞大的发展中国家市场，就会被束之高阁产生不了效益。

任正非很幽默，他用喜马拉雅山上的雪比喻美国的高科技。他说：“就像喜马拉雅山上的‘雪’一样，雪水一定要流下来，滋润周边的田地，生产了庄稼，从庄稼获得收成，雪水才是有意义的。如果美国不允许山顶的雪融化流下来，山顶上的美国公司是很冷的，员工要吃饭，如果不去浇灌农田拿到收成，他用什么去买牛排？美国的优势是高科技，如果高科技不卖给别人，美国的国际贸易就没法平衡，那美国人怎么涨工资？”

托马斯·弗里德曼对任正非的描述很以为然，并且深表忧虑。他提出一个更为深入的问题：“有没有可能由于现在的情况会出现数字柏林墙①、

---

① 柏林墙，正式名称为“反法西斯防卫墙”，是德意志民主共和国（民主德国或东德）在己方领土上建立环绕西柏林边境的边防系统，目的是阻止民主德国（含首都东柏林）和德意志联邦共和国（联邦德国或西德）所属的西柏林之间人员的自由往来。

出现反全球化?”

或许特朗普上台一直忙着“退群”和“建墙”，故弗里德曼用“数字柏林墙”一词，言状当今全球化的分裂非常准确。在任正非的叙述中，有两套5G规则标准、两套生态系统或多套全球化规则体系的提法，但是没有提出过“柏林墙”。弗里德曼惯常做理性思考，他会把一个简单的现实概括为一种普世的理性，让人一接触就知道其具体含义。

任正非反应很快，随时切换，马上接住了“数字柏林墙”这个话题。他进一步指出了美国建构“数字柏林墙”，在没有害人之前只会先害自己。

两个全球化的先锋，一个是理论上的先锋弗里德曼，一个是实业上的先锋任正非，高强度共振，火花四射，才思喷涌，让人目不暇接。“数字柏林墙”，一个高度概括的理论视角，就在你来我去的思想碰撞中产生了。两个人都没有停下来。

先按下两个人的思想交锋不表，就“数字柏林墙”这一议题，我们引入2019年9月10日任正非与《经济学人》的访谈，以及9月26日任正非与两位科学家就同一议题的交流，以丰富我们的认知。

▶ 美国把华为5G政治化，实际在构建“数字柏林墙”

弗里德曼喜爱探讨现象后面的本质、规律或理论。而《经济学人》的记者们却不跟任正非探讨理论，他们更愿意直接进入主题：2019年，美国外交家做了很大的努力，试图说服美国的盟国不要使用华为的设备。美国这一系列围堵华为的举动现在功效如何?

任正非就以一个常人的心态，来看待美国的围堵。

他认为，大众买不买一款产品，有许多考量。但是，美国一部分人，硬是把5G作为一个政治因素，作为一个危险品来看，硬是从中看出“中国阴谋”，看出你死我活的斗争，这种无限上纲上线，只有立场，没有真相，就完全错了。

这不就是故意在平坦的路上挖沟，在开阔的地方构筑“柏林墙”吗？内在有什么，就会看到什么。有些美国人内在有阴谋，就会看到阴谋；内在有“零和游戏”意念，就会看到弱肉强食；内在有残酷的阶级斗争，就会看到你死我活的阶级斗争。

其实，一如汽车、电视机、无人机等纯粹自然的高科技产品，5G就是一种连接方式，这种连接方式有无数可控的路径。而出于政治上的偏见，美国就借用国家机器来打压一个公司的好产品，这是不公平的。迄今也没见到美国拿出华为5G产品有什么信息不安全的证据，这纯粹是一种臆想病，是一种病态的思维。

1 000多年前，中国文明瞩目世界。几百年前英国哲学和社会制度变革，促进了工业革命。英国人发明了火车，还发明了轮船。而中国基本上还是马车，马车的速度和载货量都远远不如火车和轮船。速度使得英国成为世界强国，英国的工业品卖向了全世界，对各国的社会进步都产生了巨大影响。至今，全球三分之二的人口会说英文，这就是速度决定了社会进步。任正非从英国人历史上引以为傲的火车和轮船，切入“速度话题”，引入5G，很有带入感。

任正非说：“5G是一个高速度、高带宽、低时延的信息连接技术，代表了信息社会的速度，谁掌握了速度，谁就会快速前进。在信息社会中，放弃了速度，放弃了对优秀信息连接技术的选择，也可能使它的经济减速。”

任正非的话，高度概括了5G对这个时代的作用。在信息社会，连接技术、计算技术、运营技术等三个技术至关重要，而数据接入技术是最基本的。在数据接入技术上，华为有独特的优势。包括后来的6G，华为也已经集结了很多重要而基础的专利。

基于光纤网络的5G技术，可以连接超级计算机、超级存储系统，并可以支持人工智能。如果人工智能可以在现有基础上提升10倍效率，英国就会变成几亿人口的大国。“提升10倍效率”，都有点保守了。在极端的条件下，提升百倍、千倍效率都是可能的。速度决定了一个国家会不会走向胜利。

任正非有一个特点，很容易与对谈人共情。接受《经济学人》访谈时，任正非自然地在谈话内容中提到了英国。

英国人很有智慧。英国大学是世界上最优秀的大学之一。英国如果要重振经济雄风，一定要在信息社会中掌握高速度。人工智能的鼻祖是英国人图灵，克隆小绵羊的多利也是英国人。如果基因技术与电子技术融为一体，这个世界会变成什么样？真是难以想象。英国有巨大的提升空间！历史上英国人的运输速度，曾经决定了英国的强大领袖地位；今天智能时代信息的连接速度，决定了英国会不会走向胜利。

至于自2019年5月华为被列入“实体清单”以后的影响，现实已经很清楚了。

美国2019年5月把华为列入“实体清单”以后，华为的收入增长变得缓慢，收入增长率在递减。年初的增长率是30%左右，年终是23%，8月是19.7%。利润和2018年持平，没有增长。这主要是因为战略投入大幅度增加，华为增加了几千名员工，这些员工都是高素质人才，比如一些天才少年、应届博士毕业生等等。他们的紧急加盟，都是来应付“实体清单”所产生的紧迫的“补洞”问题。现在从5G到核心网，网络的“洞”，已经基本上补完了，通讯BG基本上没事了。华为在2019年9月18日发布升腾AI集群1024，这还是目前世界上最快的人工智能平台。但是终端的“洞”还没有完全解决，还需要一定时间才能修补好。面临Google的GSM系统断供威胁，华为的海外终端销售出现了下滑，下滑的速度在减慢，现在是-10%左右。

任正非在这里发出一个重要信号，除了终端以外，华为的通讯BG受美国断供的影响已经不大，但是终端确实还面临谷歌GSM系统的制约。华为必须建构起强大的鸿蒙系统，形成自己的操作系统。

▶ 华为是全球化的坚定支持者

记者对“烂飞机”图有兴趣，而且一拐弯转化到全球化方式上来。他问：“请问这张图究竟是体现了经济全球化进程中的一种短期波折，还是说我们正在朝某种形式的脱钩发展，而这种脱钩将对全球经济技术的运作方式造成重大影响？”

任正非起初发现启用这张图，只是感受到一种精神上的共振。在美国发布实体清单禁令的过程中，华为上下要有一种打不烂的精神，而没有想到这张图跟中美科技脱钩的关联。任正非郑重表示：“但是我们始终坚决支持全球化，决不会只顾着埋头补‘飞机’，就忘了还要在全球化道路继续前进。我们还是在等待美国商务部批准后，美国厂家向我们恢复供应。”

任正非是在说，如果美国恢复供应，华为补好了洞也不会用。他们不想“自力更生”，全球化是合作共赢，做自己最擅长的事，把一些部分让最专业的人士来做。30多年，华为就是这样发展起来的，他们知道这是一条多快好省的路。我们不可以不看世界大势，而闷着头搞自己的。现代无数案例，说明这条路走不通。华为坚信这一条。华为期待即使他们补好了“漏洞”，如果美国开放供应，他们仍坚持用美国货，跟美国一起为世界生产最好的产品。

如果美国政府审批的时间过长，会对美国形成极大的不利。因为美国高科技公司是需要全球市场的，如果美国与世界脱钩、人为地构筑起“数字柏林墙”，这对美国的先进公司是一个打击。任正非说：

比如微软这样的先进公司，它的Windows和Office实际是在全球市场居于垄断地位，如果美国政府不允许某些市场使用微软产品，这些市场就会有新的替代产品出现。当出现替代产品，就显著削弱了先进公司的市场占有；当它从这个市场退出时，就把市场空白区域让给了新兴成长的公司。当没有石头压住小草的时候，小草成长得更快乐了。

任正非乐观。世界还有1 000条路可以走。你封闭了你开辟的路，人们就会开辟出另外的道路来。慢慢地，你那条路就没人走了，人们会向着更为通畅的道路走。科技发展史上有许多这样的案例。至于对华为的影响，没有多大。因为5G核心网络，华为已经全部是用的自己的了。有影响也只是对终端业务，也就是损失100亿美元的收入，三两年后华为会建立起自己的生态系统。

建立自己的生态系统，长期看，对华为是一件更好的事。但是任正非的逻辑却与别人不一样。他说：

华为规模发展越来越大，命运越来越不能掌握在自己手里，心里会忐忑不安。我们坚定不移地拥护全球化，但，我们怎么能生存下来呢？所以最好是我们能够自己建立生态生存，同时并不排斥使用别人的生态、支持别人的生态。我们和有关公司有协议的，我们还是在条件许可的情况下，要坚守。

华为长期是可以建立自己的生态系统的。不然，这个关键基础卡在别人手里，会让人忐忑不安。而且物联网的世界，也需要一个电脑、手机、无数终端等兼容的生态系统。华为一直在为此努力。当然，华为不会排斥使用别人的生态系统，可以支持其他生态系统，更欢迎全球同道一起来搭建一个全球化的生态系统。这些都要有契约精神，华为会遵守契约。

任正非就是搞不明白，全球化是美国提出的，但是美国却在破坏全球化规则。或许有哪些规则，当真已经不适合时代的要求？还是“逆事例”有着更深的背景？这些是需要广泛探讨的。对一些影响重大的“逆事例”，不要一下子拍死，而要梳理其来龙去脉。

▶ 现代科技史表明，封闭自雄要付出代价

任正非在快要结束采访时，又主动回到了这个全球化的主题上。他说，在未来很多技术方向上，美国还在走错误的道路。讲几个故事，这几个案例很重要。现代科技史表明，封闭自重是要付出代价的。

第一个案例：德国确定国家的电信标准是ISDN，ISDN只有64K。当德国市场饱和以后，德国公司走向世界时，发现世界已经变了，不需要ISDN。当然，今天变成GPON，家庭至少可以获得1G或10G的支持。所以德国公司就垮了。

第二个案例：日本为了防止别的制造商打进日本去，就把上下行频率标准反过来做，把下行频率变成上行频率。当日本市场饱和以后，走向国际市场，发现国际市场不接受，导致日本公司退出了历史舞台。

第三个案例：北美的三大设备商朗讯、北电、摩托罗拉，强行推动全世界接受CDMA，接着是WiMAX，它们认为WiMAX非常好。WiMAX是电脑公司设计的，在局域网里是非常优秀的，但并没有考虑全球的问题。它们的WiFi从里往外打，企图建立一个全球网络；欧洲公司和中国公司走的是WCDMA的道路，从外往里打。不幸的是，美国公司从下往上

打的方向走错了，让WCDMA赢得了全球通信网络的胜利，美国公司就不存在了，剩下中国公司和欧洲公司。所以，美国公司的死亡，不是华为崛起之过。

第四个案例：日本在20世纪七八十年代是全世界电子领域最强实力的国家。他们有钱，几乎要把整个美国买下来。90年代，美国大规模运用数字电路，比日本的模拟电路的运算放大器成品率高，因为运算放大器要求严格的线性，成品率只有5%左右；美国数字电路用于设计产品，芯片成功率在33%以上，美国就重振了电子工业的雄风。当然，今天芯片的成品率是99%以上。当一个企业不放弃传统的时候，可能就会失败。

前车之鉴，后者之师。任正非说，如果华为各方面都很强，华为的领袖们会不会也变得固执、僵化？也可能像美国一样，不思考就下结论？任正非说："我很担心华为公司下一代领导人会被胜利冲昏头脑，所以我宁可拿着鞭子打下一代领导人。"

任正非不忘幽默，他说：

> 我一直打击我们公司内部的情绪冲动，最近还再次发文，支持内部服务的流程IT部门用"美国砖""欧洲砖""日本砖"修一个"万里长城"，千方百计地防止内部员工冲动，在IT服务上要自主创新，去创造一个自己的内部管理IT平台。这样不仅成本高，而且拖累大。

华为是美国发起的全球化的真正受益者，华为坚定地支持全球化。如果说美国人在砌"数字柏林墙"，那么华为就是坚定的拆墙者。

建构终极生命信任之道

06

美国还没有和中国建立起进行“深层贸易”所需的信任度。

——托马斯·弗里德曼

全球化是高度信任世界才能发生的事。随着全球化的深入发展，对生命至关重要的产品越来越成为主流，而这些产品的交易，需要建立在终生信任的基础上。而现在中美之间很难产生信任感，这个问题该如何解决？

——《经济学人》

以客户为中心，以奋斗者为本，长期艰苦奋斗，坚持自我批判。

做企业就是磨好豆腐给最亲的人吃。

——任正非

全球化正遭遇信任危机。国际上大的上市公司，为资本的市场表现使尽了浑身解数，而把最终用户的利益置若罔闻；国内更有一大批公司，正在以损害客户利益的方式，来增进一己的利润。而华为30年如一日，用宗教般的虔诚，在最终用户心中建构起终极生命信任。

随着全球化深化发展到今天，过去只能提供服装鞋帽的中国公司，现在已经可以提供与生命息息相关的高科技产品。这些高科技产品交易，需要建立在终极生命信任的基础之上。每个中国人，每个中国公司，内在都有信心。从“信心”转化成外界对我们的“信任”，这是一道必须跨越的坎，也是对全球化新军的挑战和考验。中美新冷战和科技脱钩危险的产生，都是因为缺乏信任。

人类在经历一个个灭顶之灾时，一种内在的能量被激活，就对自己的信任开始建立。当他对自己的信任开始建立起来之后，他也在世人心中建立起来信任。大苦大难，最能磨砺一个人的心性，也最能让人展现真正的心性。

1990年代，有人举报华为，政府曾经派出了几路审查小组，从财务到进出货流程地，对华为做了极其严格的审查。如果一旦查出问题来，华为就要被关闭。几经审查，华为一切事都守规矩，结果查出一个清清白白的好公司来。正是因为经历了严厉的审查，华为才可以在中国市场渐渐上位。

从2018年6月以来，美国对华为不断打压，2019年5月推出实体清单，全面限制华为的供应商。一波又一波的审查，反而真正审查出一个把客户隐私作为最高纲领的公司，反而审查出一个全球信息安全独一无二的公司。以至于欧洲舆论说，美国之所以打压华为的原因是：你们都买华为产品了，还让我怎么监控世界？

任正非相信只要华为对客户的诉求有宗教般的虔诚，华为的信任，一定会在客户心中牢牢地建构起来。2015年，华为以“血淋淋的芭蕾脚”为主题在全球做广告，就是要向全球展示华为的大美绝活是怎么出来的，就是要在全球用户心目中建立起终极生命信任。

历经磨难，任正非满眼阳光：

> 日本有特别优秀的地方，美国有特别优秀的地方，欧洲有特别好的地方，中国有一定的努力，大家加起来，才能成为世界最好的东西。因此，世界一定要坚持全球化道路不动摇。
>
> 美国之所以这么伟大，是因为用文化、制度和严格的产权保护，吸引了全世界人才到美国去创新。而且这种创新是上百年来的积累，一个国家有这么庞大的积累，带来的土壤是非常肥沃的……我坚决支持一定要走全球化的道路，不推动自我封闭。

华为如何建构信任

终极生命信任，是一个好命题。但是若对终极生命没有一个清晰的认识，达成信任就很难。尤其是在这个急躁、迷乱、不知方向的世界，你怎么跟方向不一样的人建立信任呢？

弗里德曼作为著名的IT理论家，他考虑的问题深邃而富有高度。《经济学人》的资深记者们，熟谙经济关系的底层逻辑。他们从美国政客不遗余力地打压华为，看到了全球化关系中至关重要的“信任”。

《经济学人》的资深记者们则直奔“信任”主题：“您是全球著名的商业领袖。全球化现在遇到了什么样的问题？技术提升给全球化带来哪些挑战？全球化是高度信任世界才能发生的事。随着全球化的深入发展，对生命至关重要的产品越来越成为主流，而这些产品的交易，需要建立在终生信任的基础上。而现在中美之间很难产生信任感，这个问题该如何解决？”

这是个很透彻的问题也是全球化新军在提供对生命至关重要的产品时必须跨越的坎。无论多艰苦的环境，都可以通过一点一滴的积累，创造大美绝活，建构自己的信任，建构世界对自己的信任。《经济学人》的记者，一下子把“信任”提到了全球化相当的高度，问题又很具体：从中美之间的信任关系谈起。在美国人对你已经确定不信任的基础上，中国人怎么去建构信任？

丰田方式的创立者大野内一对建构信任有独特的感受。他的至理名言是：“昨天最好的做法是今天最坏的做法！”昨天的时空跟今天的时空不一样！昨天的你是昨天的你，跟今天的你关系不大。如果能有这样的归零心态，一个人或一个公司的“信任工程”就上路了，就不会“掉链子”了。

从这个角度说，建构信任，就是每个人每时每刻的“断舍离”。不去掉贪婪急躁，不丢掉废物，不离开昨天的执念，如何能够活出一个新的自己？每个人每时每刻都在重塑信任。每人每天都在从事信任建设工程，只是我们不在意罢了。

英国人提的问题是，把全球化高度概括成信任问题，接着就提出，在中美不信任的条件下，如何开展全球化？任正非首先感谢记者直爽的好问题，他也同样以真诚来回应。

任正非是从缘起上来看全球化。他说，西方提出全球化的缘起，是从全球分工的大格局出发，西方提供先进的技术设备和软件，发展中国家提供市场、原材料和低端劳动，以此来推进全球化。但是西方没有想到，发展中国家从低端生产开始，会逐渐走向高端。

在原本全球化的机制设计中，西方高附加值的产品利润丰厚。1960年代，西方工人罢工，要求涨工资。随着工会实力增强，西方渐渐进入“高工资、高物价、高消费”的循环，而这个循环的前提是“高收益”。当发展中国家逐步发展起来之后，他们的产品也开始进入发达国家，他们的产品从低端逐渐扩展到高端产品，他们的收益也在增长，由此就形成了与发达国家的冲突和矛盾。

西方发达国家强势的地方是科技和服务业。西方的科技产品对发展中国家有一定的封锁，而服务业薄弱的发展中国家也设置了一定的壁垒。如何打通这两个层面的壁垒，这是全球化当下面临的问题。这不是全球化本身的问题，而是发达国家与发展中国家两个发展机制之间的协调出了问题。原来那种固化收益比例的机制无法持续，于是产生了各种各样的问题。

任正非认为，从中国与发达国家的关系看，确实是原本的预设出了问题。中国人勤劳勇敢肯学习，中国市场广阔，中国人消费观念很开放，从高档商品到出国旅游，成为世界市场上一股很强劲的力量；中国原创科技的发展突飞猛进，超出一般发达国家的预期；中国对履行WTO承诺，大规模开放服务业和制造业，虽比承诺晚了一点，但这两年开放的速度加快了；西方发达国家尤其是美国，民粹主义当先，“美国优先”，对全球化也是一个反动。中国在向着更为开放的道路走，美国等发达国家在向着收缩走。这是两个比较明显的趋势。

不是全球化本身错了，而是全球化的预设机制遇到了一系列新问题。比如，发展中国家对服务业的开放承诺。后发国家优势也明显，可以照着发达国家的路走，避免了许多弯路。当发展中国家的硬件产品上来了，而软件服务市场的开放没有跟进，发达国家就遭遇了发展不平衡问题。现在全球化中出现的问题需要磋商，需要一件一件去协商解决。

发达国家也需要自我调整。比如美国、英国都实行了减税政策，效果很好。这是内部激活经济必须采取的措施。不能只守着原来的老旧套路不动，发达国家也需要开放。比如，将技术向发展中国家开放。中美实物贸易之所以有逆差，一个很重要的原因是美国的高科技产品向中国出口有限制。美国自己限制自己的市场，这是作茧自缚。今天高科技产品的迭代速度非常之快，如果一味地得意自珍，实际上也已经是抱残守缺了。不抓紧在技术窗口期把产品卖出去，就是自己在与技术进步对抗。

在中美实物贸易上，中国的贸易顺差在4 000亿美元左右。但是，这4 000亿美元中，有60%是美国公司在中国生产的商品转而又卖给美国公司。此外，还有漏算的一大部分，就是美国在服务业上的强势垄断利益。每年中国有30万至40万留学生在美国消费，每年中国有几十万游客在美国旅行消费，更重要的是2018年中国在手机应用上就付费4万亿元人民币给美国，2019年这笔费用会达到6万亿元人民币。因为互联网的基础设施和根目录都在美国，除了享用互联网产品要购买，这笔巨大的服务费的支出也惊人呀！

任正非认为，美国是世界上最强大的国家，他理应承担维护世界秩序稳定的责任。作为回报，世界各国都将美元作为国际流通和储备货币，美国通过发行美元向世界征收铸币税。任正非说：

> 如果美国继续承担维护世界秩序稳定的责任，它并不会吃亏。但是现在美国自己把这个机制破坏了，大家不再相信美国在维护世界秩序，也不相信美元是最可靠的储备货币。当全世界对美国和美元的信任产生摇摆时，美债和美股就会发生危机，这会引发

美国内部巨大的经济政治动荡。

▶ 在美国建构信任：把5G技术卖给美国公司

美国政府打压华为，显然是中美之间的信任出了问题。但是任正非一直对美国人和美国高科技带着敬畏之心。正是在这样敬畏的基础上，任正非在与弗里德曼的交流中，有了更为切实的思考：该做点什么具体事，推倒“数字柏林墙”。他提出了一个破天荒的建议，震惊了弗里德曼。

任正非第一次提出一个大胆建议：可以向美国公司转让5G所有的技术和工艺秘密，帮助美国建立起5G产业，通过授权方式，允许美国公司使用全部华为的5G技术和工艺软件，由美国公司自己开展5G网络建设，这样美国就不会再起疑心了。这样，中美欧形成一个三角平衡体系。华为愿意这样做。

后来，在9月10日接受《经济学人》的采访和9月26日与美欧科学家对话时，任正非又提到这一点。而且，他在26日明确提出，接受技术转让的美国公司，可以在全球市场上与华为竞争。华为很愿意全心全意培植出一个美国竞争对手，从而来激活华为内部的惰怠。

弗里德曼看到了一个解决华为问题的曙光：这样一来，美国就不会担心华为监视美国了！美国的猜疑就会没有基础，或许“数字柏林墙”就会动摇了。

“这是个非常重要的提议。”弗里德曼做了判断。他接着追问这个建议是不是首次提出，是不是还没有开始跟美国公司接洽等问题。在得到确认后，弗里德曼提到了华为的老对手思科是一个可能的对象。2002年思科发起了碾压华为的诉讼，最后以华为把公司卖给摩托罗拉才做了了结。可惜，协议都签好了，摩托罗拉换了掌门人，否定了交易。华为才可以活下去从头再来。

对于弗里德曼的建议，任正非则提出现在的数字巨人亚马逊可能更适合，还有微软、苹果等突飞猛进的高科技公司。亚马逊在物联网上取得了极大的进展，一直是任正非心目中的对标公司。他在几个场合都表达过对亚马逊的仰慕。

由此弗里德曼想起了一个新问题：为提高透明度，华为是否可以去美国上市？

任正非再一次明确表示："不是我们去美国做生意，是通过转让技术支持美国公司在美国做生意。这样华为提供了一个5G的基础平台以后，美国企业可以在这个技术上往6G奋斗。美国可以修改5G平台，从而达到自己的安全保障。跳过5G，直接上6G是不会成功的，因为6G的毫米波发射范围太短，因此构建一个6G网很困难，而且是10年以后的事了。"

托马斯·弗里德曼释然了。他问："如果亚马逊或微软想这样做，付华为许可费就可以？是这样吗？"

任正非幽默地说："是的。最好把我也买过去，希望我的工资比库克少一点就行，我对美国的高工资太羡慕了。"

为推倒"数字柏林墙"，任正非做出了坚韧不拔的努力。诚可谓："世界上最宽阔的是海洋，比海洋更宽阔的是天空，比天空更宽阔的是人的心灵。"

在任正非心目中，技术卖给美国公司比较好。美国是全球最大的信息市场，对全球有重要的引领作用。美国无论如何不会承担5G落后所带来的被动。只有美国用上了最先进的5G技术，美国人才会安顿下来。其他部分的市场，就活跃起来了。爱立信和诺基亚有可能接盘，但是价格可能还不一样，因为双方有着广大的竞争性市场。而美国公司开拓美国市场，是天经地义的事。用任正非的话来说，就更为妥帖："主要看你能打下多少市场来，如果你买了技术，占领一个很小的市场，那是不值得的。必须要占领一个很大的市场，自己要先评估是否有能力占领这么大的市场空间。”

▶ 为什么华为愿意出售5G技术给美国？

转让5G技术给美国公司，是给予许可，不等于华为自己不再做了。任正非只是希望西方能缩短往前走的平台路径，所以许可其他公司完整拿到华为的技术。转让技术不是华为前进的终结，华为获得资金以后会更大踏步前进。对于6G研究，华为也是领先世界的，但是任正非判断6G在10年以后才会开始投入使用。

任正非提出与美国共享5G技术这招非常高明，可谓一举多得。

1. 让美国人走出尴尬的现状

美国人对华为的全球性围剿，在中国人看来是美国无来由的霸凌。但是在美国人看来，关系国计民生的重要产业，怎么可能由一个意识形态全然不同的国家公司来操控？信息技术接入、计算和存储，这是信息时代三个重要的部分，是需要建立在生命信任的基础之上的。中美这样的信任还没有确立，由华为主导肯定不行。而华为在5G技术上又是一骑绝尘，美国不用华为的技术又会落后一大截，没有与之竞争的公司，这又是美国人所不能忍受的。毕竟美国有反垄断法，任何一个行业的供应商不可以由一家垄断。

任正非洞察美国的尴尬，有了这样一个创意，这是在美国人需要梯子的时候，华为马上给建了一座桥。一次性转让5G核心技术，提供源代码和所有根技术，还包括生产服务的建设培训系统，允许购买者升级改造与开拓全球市场。

这种开放的心态，让美国人安全走出尴尬的现实，对美国人民有好处，对世界人民也有好处。美国人民和世界人民会因此而享用5G技术的福音。

2. 推倒“数字柏林墙”，避免出现割裂的两个数字生态

华为5G一骑绝尘，这对客户而言不是一件好事。如果市面上只有华为的5G产品，那运营商就不太敢买，运营商缺少了选择空间和议价能力，这个产业是做不起来的。

美国难以信任华为。势必推动全球耗费资源进行新一轮昂贵的投资研发。据华为估算，美国一国就要多投资2 400亿美元，创造新的5G产品，如此就会形成5G的另一套标准，形成新型的“数字柏林墙”。这种做法，浪费资源不说，还会阻碍信息交流的通畅，形成两个标准下信息的断流。华为把5G技术全盘卖给美国公司，还送上所有交付使用的服务培训，等于是给美国培植了一个强大的竞争性公司。这个公司不仅仅可以在美国经营，而且可以在全世界市场上与美国展开竞争。华为培植一个竞争性公司的好处是，可以倒逼华为产生内在的创造活力。

华为可以永远不在美国市场上现身，而在其他国家的市场上，则可以展开竞争，高端市场的多元化就实现了。

华为强大的竞争力，不仅仅在技术上，更在无微不至的全服务上。这可不是买断技术就可以一扫天下的事。当然，在设备生产上，美国公司缺乏成熟的供应链，从头再来肯定得不偿失。很大可能是继续购买华为设备，或是由华为支持美国公司建立自己的完整供应链。

美国把华为列入实体清单，背后有一整套逻辑。欧美发达国家分别在1949年和1996年签订了协议，禁止向中国等国家提供一些技术产品。美国是全球电子信息化的领导者，开辟了一个数字化的新时代。许多技术斗争盘根错节地跟美国有关。美国凭借霸主地位惩罚与列入实体清单公司的交易是毫不含糊的。

美国的实体清单，是悬在华为头上的一把利剑。在科技上与发达国家脱钩，这是作为高科技公司的华为承受不起的。如果在5G上让步，并积极配合美国建立竞争力，有可能换来拿掉“断供”利剑的确定性，这对华为是一个极大的利好，对电子科技行业也是一个极大的利好。这就是在小地方做出让步，在大局上保持主动。

3. 将督促华为进步的鞭子交给美国人手里

这个提议不单纯是商业交易。任正非认为，华为是亦步亦趋跟着美国公司走进电子化的通讯领域，他始终对美国老师怀有敬畏和爱戴。即使特朗普政府打压华为，这一点依然没有变。他想的是，如何化干戈为玉帛。这样的情怀，是从事商业报道40年的《财富》CEO所不能理解的，他认为这个想法很疯狂，因为“疯狂”，所以就不真实。

任正非没有告诉《财富》CEO内在的情愫，但是告诉他一个迫在眼前的真实：

> 现在，督促华为公司进步的鞭子在我手里；未来，我将把这个鞭子转交给美国公司，美国公司进步成为强大的竞争对手，逼着我们19万人心惊胆战地努力前进。

这个理由更为强劲。任正非不卖情怀，只讲商业的真实。对于从事40年商业报道的《财富》CEO来说，看惯了公司的起起落落，他当然知道竞争对手甚至“敌人”会给自己注入多么强大的生命力。

出售国之利器，华为的5G核心技术，是不是需要中国政府的审批？《财富》急着表达了他们的关切。

任正非说，这是商业性的交易。合作共赢是中国的一贯主张。华为也不是把自己的技术完全卖了，而是许可给美国公司。华为会与美国公司展开和平竞争，双方都可以在此基础上往6G走。

任正非认为，这笔交易美国政府也没有必要审批。因为5G基站完全是一个透明的系统，是信息包不打开直接往后传。安全问题在核心网，核心网是以软件为中心，美国有大量公司都能做出核心网来。如果需要华为的核心网，核心网技术也可以卖，包括芯片技术都可以卖。华为已经很透明了，美国公司拿到技术以后可以修改，建立独立的安全体系。

未来是人工智能社会，美国伟大的科学家冯·诺依曼，1946年就提出这个架构。这个架构是以超级计算机、超级存储器为支撑的，美国的这两项技术是领先世界的。但是超级数据中心和超级存储之间一定要有超速连接，如果没有选择一个最好的5G来替补，很多人工智能的先进技术不能广泛应用，美国可能会落后。分析了一大篇后，任正非真诚地说：

> 美国落后以后，又会找一个好的厂家打，我们可能会第二次受打击。与其如此，不如协助美国解决超速连接的问题，避免以后还要受二次打击。因此，我们和美国公司在同一个起点赛跑，宁可让美国公司跑快一点，我们跑慢一点，也会有稳定的成功。

够真诚的。美国科技力量足够强大，可以对任何看着不顺眼的后起公司打压。如果不帮助美国补上这个短板，可能要遭遇美国的第二次打压。华为已经被打压怕了，于是就提前想了个不被打压的方法。这样的委曲求全，在商业史上罕见。

任正非最后交底："现在我讲完以后，大家就不认为我这个主意很神秘。其实我这个主意是华为高层领导一致通过的，不是我接受采访时的胡说八道。"

世界不是平的

弗里德曼打开了任正非的话匣子，让他提出了把5G卖给美国公司。后来这个说法在后续的访谈中不断丰富，以至于有了一个整体的认识：这是华为推倒“数字柏林墙”工程的一个重要部分。

“特朗普就坐在你对面。如果你有机会跟特朗普直接聊华为，你会怎么说?”

弗里德曼又问出了一个好问题。这个问题猛一触及，还真有老虎咬天不知从哪里下嘴的感觉。任正非则瞬间抓住了实质。

任正非幽默地说，特朗普不可能坐在这里。如果他坐在这里，或会跟他聊聊《世界是平的》。

▶ “世界是平的”，在现实中遭遇尴尬

任正非认为，弗里德曼的著作《世界是平的》，揭示了当今社会的本质。确实，全球化会优化世界资源的配置和效能。比如一个零部件，全世界只有一家供给市场可能更为经济，其他公司就不去重复研究，这样对人类进步事业的贡献也会变大。比如说，华为5G技术，华为投资巨大，如果美国人想重新研发，不算时间，必须投入2 400亿美元。如果受让华为的5G技术，这笔开支就没有了，就是美国公司净赚的了。全球化的概念是美国人提出的，美国的全球化走得最远，其能源、高科技、金融、文化产业等一直在世界绝对垄断地位，以至于在美国还出现了对全球化趋势高度概括的新理论：《世界是平的》。可是，美国为维系其垄断地位，动辄

设置障碍，试图建立一道道“柏林墙”，表明美国政府并不认为“世界是平的”。

华为坚持要把合作共赢进行到底，实际上是任正非很接纳“世界是平的”这个理念。当然，他也知道现实世界不是平的。上面提到研发经费的开支，在现实中并不是确定供应链的重要因素。美国有反垄断法，就是要禁止只有一家垄断的局面出现，这样会妨碍技术进步和性价比的改善。任正非对此思考很深，他从供应链建设的安全性展开来，分析了若干层面，说明了他对什么都不作理想化的考量，而是脚踏实地从现实出发去确定供应链这样的生死战略。

在任正非看来，基于自然环境安全的考虑，世界上没有哪一家大企业会放心全世界只有一个厂家做这个零部件，不会把“鸡蛋”全放在一个“篮子”里，可能会需要另一个替代的厂家来分散风险，这个“安全”是基于自然灾害的安全。虽然研发费用重复投了一次，市场份额减了一半，成本增加了，但是从安全考虑不能不这样。

托马斯·弗里德曼很敏锐，他说：如果微软的Windows、Google的安卓系统、英特尔的芯片，都不能卖给华为，华为会破产吗？还是会选择开发自己的Windows系统、安卓系统和芯片？任正非回应很干脆：

> 不管谁不卖什么，都一定会有另外的替代产品产生。我们要相信人类不会灭亡的，在没有粮食吃的时候，人们吃野果、树皮，不也活过来了吗？

两人很快达成了共识：华为不会死亡，会在危机中生存下去。只要市场有需求，就会有替代品产生；技术会在不断应用中不断迭代，限制技术应用就是自取灭亡。

▶ 华为有什么现在感觉后悔的事吗？

托马斯·弗里德曼老到，又提出了另一个难缠的问题：华为怎么有那么多敌人？美国政府情报界称华为从事间谍活动，高通、思科等公司说华为偷东西。仅仅是出于妒忌或阴谋论？还是华为也曾经做了现在感到后悔的事？

严峻的问题，却让人感到没有夹杂发问者的不信任。他只是说了各种可能性，等着回答者的真诚回应。

> 您曾说‘世界是平的’，我却感知这个世界不是平的。本来就是崎岖不平，中间说不定还有冰川。从这个角度来看，华为要有心理准备，遭遇各方面的不同看法。

任正非面向世界，仔细说明了华为起步的环境，说明了中国民营企业诞生的背景和面临的生死考验。

华为的诞生，在中国历史和社会发展规律上，也是一个偶然现象。中国在“文化大革命”这10年中，数千万青年成长起来后是没有工作，就上山下乡去农村。等到“文化大革命”结束以后，数千万青年都要求返回城市。中国政府允许这些青年返回城市。本来正常上班的工人都没有活干，回来的青年能干什么呢？国家很发愁这几千万青年回城以后没有工作，让社会不稳定。国家就动员一些企业办劳动服务公司来做杂七杂八的工作，包括打扫卫生，但还是不能满足就业。有些青年实在没有出路，就去街边卖大碗茶，或者做一些馒头卖。所以中国的私营企业就是从卖大碗茶、卖馒头包子开始的。国家发现这是一个解决问题的办法，就在政策上允许这些小企业卖面条、卖馒头、卖茶。大碗茶不是像今天这样的好茶，而是在街边搭一个烂棚子，一分钱一碗。有些企业做好了。中国的私营经济是环境逼出来的，不是计划出来的。

华为就诞生在那个时代，华为不止雇用了8个人，当时增加一个人都非常难，因为办不了深圳特区的证件。但是“春色满园关不住，一枝红杏出墙来”，因为私营企业效率高、很努力、很奋斗，不断急剧扩张，最后中国就承认这种经济形式是合法形式。

华为在国内外受到非比寻常的挤压。任正非具体生动地描述了这个过程，不带情感，没有怨尤，只有真实。而也怪，正是这种排挤和打压，强健了华为的骨骼和抗击打能力。华为在历史上不知经历了多少个极限施压，在公司成立的前10年中，有9年几近破产倒闭。就是到了2003年，还被迫要转让给摩托罗拉。

在艰难的过程中，华为始终把客户体验放在第一位。在为客户创造价值的过程中，华为走出重重困境。2018年爆发了中美贸易摩擦，极大的压力反而激发华为团队万众一心创造大美绝活。可以说，华为创立30多年，一路被打压，一路奋发努力，才有了今天。

任正非的话，给托马斯·弗里德曼留下了很深的印象：华为是一路打拼才到顶端的。可是总有人对华为有许多质疑。而且在美国流行很广的语式：“你如果知道我所知道的事实，你肯定不会购买华为的手机和5G设备。”弗里德曼在这里重复这个语式，他曾经听不同的美国朋友当面说过。

托马斯·弗里德曼很谨慎地提出一个问题：“我想再问一个比较棘手的问题。有一个非常资深的美国政府官员告诉我，华为的PCB板和手机上都可以安装一个针头大小的装置，用于从事间谍活动，相当于一个后门，所以我们不能信任华为。”

任正非哈哈大笑说：“这是一个天方夜谭的科幻故事，如果华为有这么高水平，还用得着卖5G吗？任何人在一个公司参观可能都是高度机密的，唯有华为公司，在美联社参观的时候，允许他们对我们的整个展厅拍摄，也允许对新5G基站的电路板拍视频，拍了很长时间，他们还对所有设备都拍了照片。我们是一家商业公司，做这个‘小米粒’装置的目的是什么呢?”

托马斯·弗里德曼发现一个很有趣的现象。有人把华为看作伟大的公司，可以给世界带来新价值；有人把华为看作间谍和偷盗，认为它是一个破坏人类福祉的坏公司。外界对一个公司的评价反差如此之大，是弗里德曼很少见到的。他直接问任正非:“为什么外界评论反差如此之大呢?”

任正非却很坦然。世界万事万物都会有两个极端。如果没有人说“华为是伟大公司”，只是说“华为就是小松鼠、尾巴大是假的”，那么说“华为是危险的公司”的人也就闭嘴了。两个比赛谁说得更极端，谁就更吸引眼球。而华为还是那个华为，像地下钻探的煤矿工人，默默无闻地向前推进。外界说什么，跟它没关系，跟它命运相关联的是它能够在安全的条件下钻探出多少有价值的煤炭。

▶ 华为有“瑕疵”，愿意通过真诚谈判解决问题

弗里德曼很有智慧。一个话题有了结果以后，他又开启了另外一个重要话题：矛盾的双方除了经过法律程序之外，要有一对一的交流和谈判。他说:“听到一些传言，说华为在跟美国司法部沟通，想通过和解的手段去解决历史上美国和华为之间的所有问题。想确认一下，历史上美国和华为之间有很多问题吗?有没有这样的沟通?如果没有的话，华为愿不愿意做这样的沟通，以解决和美国之间的遗留问题?”

任正非回应，现在还是在走法律程序，还没有主动去找美国政府交流。“如果美国真正有诚意主动找我们沟通，改变他们现在很无理的做法，我们是可以谈的”。

敏锐的弗里德曼紧接着问："美国无理的做法是指什么？哪些东西可以有变化？"

任正非回应："比如，美国不能抓住微末细节想置华为于死地，如果觉得我们有什么问题，可以带着诚意来讨论，双方做出一个合理的处理方案，我认为这是可以接受的。"

注意，任正非没有说华为自己毫无问题，而是承认华为有一些"微末细节"的瑕疵。这些瑕疵是可以避免的，也是可以得到惩戒的。在这一方面，华为是愿意接受惩罚的。可是美国借这些瑕疵就想置华为于死地，这个让人无法接受。其实，只要美国带着诚意，双方是可以坐下来谈的，双方会达成一个合理的处理方案，使得双方都接受。

这个意见很重要。迄今为止，华为公开承认运作中的"瑕疵"还是第一回。美国的"霸凌"，跟华为的"瑕疵"是有关联的。

弗里德曼马上就抓住了这一点。他指出，如果双方都有诚意，就事论事，华为愿意在这样的条件下与美国司法部谈，一切都可以谈？

任正非回应："是的。一切都可以谈。"

"失道而后德，失德而后仁，失仁而后义，失义而后礼。"走法律程序，是在最低层面的沟通与交流。在此之外，华为与美国政府有着广阔的空间可以交流。而且，一旦交流超越了礼或法的层面，就像站在高维看世界一样，会有完全不同的认识。

思想碰撞思想，两人交流得很投机。交流的最后，托马斯·弗里德曼又郑重其事地问："最后确认一下，与司法部的沟通，谈什么话题有限制吗？还是只要态度合适，华为什么都可以谈？"

任正非："没有限制。"

托马斯·弗里德曼："只要他们的态度合适，什么话题都可以谈？"

任正非："是的。"

托马斯·弗里德曼:“我迫不及待想去香港把消息分享给全世界了。”

任正非:“我认为，您的信息转发出去以后，会发生事情的。”

任正非相信美国的高科技优势，相信美国人的理性。任正非说:“美国的人工智能处于世界领先地位，美国的超级计算机是世界最发达的，美国有超级数据存储能力，但是两者之间必须要有超速连接，如果走普通的‘公路’，汽车到达时也没有用了。需要用光纤连接起来，需要用5G连接起来，这两者美国都非常短缺。美国寄希望于6G，华为的6G研究也领先世界，但我们认为6G在10年以后才可能正式投入使用。美国不应该错失这10年人工智能发展的机会，人工智能的发展速度是3—4个月翻一番，所以我们都要去追赶。可能赶到的时候，我已经不在了，但是人类社会不会因为我不在而停下发展。”

托马斯·弗里德曼听明白了任正非的意思：如果美国不让华为进去，美国是跑不快的！弗里德曼很开心。他说:“我非常乐意成为华为对外传递信息的纽带。谢谢您！”

理性的大脑只会臣服理性。任正非的理性，让弗里德曼佩服得很。

▶ 中美不可能发生科技冷战与经济冷战

中美两国的智者，都清楚中美脱钩是梦幻泡影，而且是很有害的。2019年11月21日，美国第74任财政部长亨利·保尔森，在“2019创新经济论坛”上发表了主旨演讲。亨利·保尔森在讲话中表示，他认为中美两国的全面脱钩将是一个非常危险的先例，会对美国经济造成严重影响，并削弱其作为全球领导者的地位。他还警告称，四分五裂的世界技术体系将带来许多风险，应该担忧军事领域竞争的“零和博弈”思维正在取代正常经济领域竞争的“正和博弈”思维。有一些领域脱钩是自然的，但是大规模和全面脱钩以及经济铁幕的妄想，会让中美两国和全世界都陷入泥潭。

弗里德曼提出的“数字柏林墙”，有着普遍的意义。一连串的采访和与任正非的咖啡时间，他都反复提到这个问题。

亨利·保尔森在2019年11月21日的主旨演讲中，不无忧虑地说：“中美科技、经济脱钩，对北京和华盛顿的压力在过去一年并没有减轻。实际上，压力反而增加了。如果中美两国之一试图将全面脱钩强加给第三国，其他国家肯定不会效法。这样，无论是美国还是中国，都会面临将自身孤立于世界的风险。”

保尔森关于第三方的预言很准确。作为第三方的日本，就很关心这个问题的走向。在2019年10月16日接受日本共同社采访时，共同社社长抓住脱钩的话题不放，正是表现了日本这个第三方的惶恐心理。

与日本共同社社长讨论中美是否会进入科技冷战

任正非对日本共同社社长提出的这个问题也思考很深。他所要思考的问题是，如何可以让日本听众听得懂他说的话。就中国说中国，日本人没法建立连接。他说：

> 我认为，中美不会进入新冷战。随着美国不断封闭自己的过程，中国一步步加大开放，美国封闭一步，中国就更大开放一步。两个国家都想把自己封闭起来才会出现冷战，开放状态不会出现冷战。
>
> 美国需要中国的市场，如果它少了一部分市场，就会对它的经济有影响。以汽车为例，中国现在汽车保有量是4亿辆，如果按照平均10年更新一次，每年对车的需求量为4 000万—5 000万辆。在汽车产业中，中国去年已经确定未来5年加大开放的时间表，汽车产业可以独资，可以不转让技术，而且5年中关税在不断下降，

最终会降到非常低。

欧洲汽车是高档汽车，日本汽车是高质量汽车，中国人民非常欢迎、非常喜欢。美国汽车主要体现在车型很大，耗油量很多，美国应该积极争取让中国人购买它的汽车，结果贸易摩擦还使得它的汽车被加了25%的关税。美国汽车不加关税都很难与日本汽车竞争，加25%的关税后是不是更困难？如果美国政府过几年想明白过来再开放，中国市场已经让欧洲和日本的汽车占领完了。美国退出全球化是不可能的，它还是需要中国市场的。

中国金融业会有很大程度的开放。只要中国保持开放的姿态，全球化不可能分裂为两个群体。现在两国在贸易摩擦上有一些争端，是可以通过协商来解决的。中国和日本在这个问题上处理得比较好，这些年中日之间也有矛盾，日本政府从来都是把政治和经济分开，政治上有冲突，但是经济上打得火热。相信以后，中日关系会到一个新高度，政治上缓和起来，经济上合作起来大发展。中日之间有非常大的互补关系。中国有一定的系统集成能力，日本有非常优秀的材料科学以及精密制造工艺，双方结合起来就能形成很好的产品。

但是，这里最关键的是中日之间的关系，中日之间化解矛盾，团结起来，可以在这个区域起到核心的连接作用。

任正非从日本人关注的商业视角开始，由日本的传统产业强项到中国市场对日本等开放，更进一步发展成为一个亚欧大陆、中东、非洲、美洲在一起的大经济区，建构了一个经济上的命运共同体。这个创意，依据经济运行的基本规律，是一个很不错的构想。贯穿这个共同体的大道就是所在国人民的福祉。而且，这样一个开放的共同体，会随时准备接纳任何区域的国家，会造福全世界。这个视野，确实是非常开阔而又深入人心。

中美之间的矛盾主要是高科技霸权争夺？

任正非开放、谦虚、包容而又有整体观。中国经济与科技刚开始在健康的轨道上走，就有来自两个方面舆论的撕扯，让中国经济走进窄胡同中去。一种舆论是中国强大了，中国可以挑战科技经济上的任何权威，中国已经开始领导世界了；另一种舆论是中国人偷窃知识产权，要毁坏人类文明。这两种极端荒谬的舆论在国内外都有市场，他们相反相成，都会把中国经济拖上不归路。任正非对此有着深刻的警觉和敬畏。他说：

> 我不赞成技术霸权争夺战，因为全球化是相互依存的，一个公司独自做出一个产品来一定会落后的。热力学第二定律讲“熵增”，一个封闭系统，不与外界交换物质能量，不打破平衡，就会不断熵增，最后就陷入熵死了。我不赞成走完全自力更生的道路，要通过全球化分工协作，用来自各个公司的最好的零部件整合成最好的产品献给人类。如果每个零部件都要自己做，不可能整合成最好的产品。
>
> 我们现在用自己的零部件渡过美国“断供”的危机，可能会活下来，但不能保障我们三五年以后还是最先进的、还是领先的。所以我们必须依托全球化的分工合作，才能做到持续先进。日本有特别优秀的地方，美国有特别优秀的地方，欧洲有特别好的地方，中国有一定的努力。大家加起来，才能成为世界最好的东西。

因此，世界一定要坚持全球化道路不动摇。

我现在不担心美国实体清单对华为公司的生存构成威胁，但是对于华为在三至五年后是否还是先进公司，我有一定担忧。所以我们坚决依托全球化，并希望中国科学家像吉野彰先生一样，用38年时间孜孜不倦攻克一点，提供先进要素使得我们能够前进。

美国之所以这么伟大，是因为用文化、制度和严格的产权保护，吸引了全世界人才到美国去创新。而且这种创新是上百年来的积累促成的。一个国家这么庞大的积累，带来的土壤是非常肥沃的。美国说，再过几年会做出比我们更好的设备，这点我完全相信是可能的。我是担心我们公司渡过生存危机之后，所有人以为华为就能继续好下去，这不可能。因此，我坚决支持一定要走全球化的道路，不推动自我封闭。

任正非不担心美国实体清单下华为的生存问题，但是他担心三五年后华为还是不是全球领先的公司。对于一个行业领导公司来说，不领先就是死亡。他还看不到自己有本事可以持续保持华为的领先地位。美国封杀围堵华为一年多以来，真让任正非体会到一种幸福和愉悦：华为上下内在的创造激情被激活了，华为具备了继续勇往直前的驱动力！他一再强调，这种驱动力不是任正非的人格魅力，而是被美国的打压激发的。华为是被置之死地而后生。所以，他真正担心的是，度过了三五年的实体清单封杀后，华为是不是还有充足的动力。考虑到这一点，他再三强调开放和全球化。

美国要实现与中国之间的脱钩？

任正非胸有大义，他不会放大美国对华为的封锁，而无视中国经济的大局。美国可以把华为列入实体清单，但是美国没有把所有企业都列入实体清单，不能用个案判断全局。在这个点上稍一疏忽，就会有夜郎自大的风险。他说：

> 我认为，中美两国科技不会脱钩，还是要互相依存的。实体清单不撤销，封锁的只是华为公司，别的公司还是可以买美国东西的。华为的能量不足以改变全球化的轨道，还有很多不受制裁的公司，推动全球化的道路往前走。华为只是经济发展过程中一颗小小的米粒，对社会的影响不会那么大。我更希望社会不要因为同情华为，就去和美国分裂，我们被打击了，别人没有受打击的就趁机好好发展。
>
> 历史已经证明，封闭会导致落后，只有开放才能先进。少数政治家希望脱钩，但很多企业是不愿意脱钩的，因为脱钩了东西就会卖得少，他们怎么会接受呢？大家都想多卖一点飞机，多卖一点汽车，多卖一些电子部件，没有一个厂家说“我想少卖”。办企业的目的就是想多卖产品，只要有人想卖、有人想买，就脱不了钩。

“只要有人想卖，只要有人想买，就脱不了钩。”大白话，真通透。是否脱钩，是由经济供求决定的。有供应，就有需求。经济内在的黏度更有力。任意干涉，只会使黑市猖狂，使供求双方受损，而使走私商大行其道。这对经济的破坏性是极大的。

从任正非的话里面也可以看出一些无奈。他认为哪怕中美贸易协议达成，美国依然不会对华为解禁。任正非不出恶言，从来不说背后的原因，但是明眼人都知道。美国前情报人员斯诺登在最新出版的《永久记录》

中，已经把美国监控世界的计划细节曝光，其中暗含的原因是，如果全球都用上了华为的设备和软件，还让美国如何实现它的监控计划？也正是这个计划摆在那里，所以欧洲盟友也不顾美国的恫吓，打出“数字主权”旗帜，照样对华为敞开大门。

脱不脱钩，脱钩到什么程度，主要不取决于中方，而取决于美方。现实中并不是只有绝对“脱钩”和“完全咬合”的“不脱钩”两极，而是有许多种中间过渡状态。美国对华为等高科技公司的脱钩势在必行，但是与中国不可能实现完全脱钩。咬合的程度或许是30%—75%？没人知道。具体的度量，取决于双方多重因素的交集。

中美达成贸易洽谈协议，对华为的禁令会松动吗？

中美贸易博弈只是表层，深层的是科技博弈。日本共同社社长围绕脱钩这个话题刨根问底，不是刁钻，而是一层层深入。他还是要来探测，华为是不是中美贸易谈判的筹码。任正非一再撇清这期间的联系，这也是有深刻含义的。华为绝对不愿意因为一个公司拖累一个国家的政策，更不愿意让华为成为美国的筹码，而牺牲中国人的利益。打压中国高科技，打压华为，这是美国政治上的正确。任正非和华为已经做好了最坏的准备，他说：

> 我认为，对华为的出口禁令，美国政府谁都不会站出来帮我们说话的，要求改变禁令不太可能。如果美国议会中有哪个议员出来为华为说话，一定会被其他议员指责的。在遏制华为的问题上，美国有两大政党，民主党和共和党，现在两个党都有比较统一的看法，美国内部还是比较统一的，所以我们已经做好实体清单长期不能撤销的准备。
>
> 为什么政治家有比较统一的看法呢？很难说。就像日本在20

世纪七八十年代发展到高峰时期，差点能买下全世界的时候，美国要压制一下日本。后来他们认为苏联的军事力量太强大，要打击一下苏联，导致苏联解体成15个国家。现在美国认为中国又会像当年的日本和苏联一样，所以也想压一压中国，想让中国发展慢一些。但是他们没有想到，只有中国发展了，才会有更多的钱去买美国的飞机、美国的汽车、美国的粮食等各种产品，如果中国经济真垮了，也会把美国的经济拖下来的。

当然，我们华为要更多投入基础研究和理论研究，来弥补我们从世界上买不到的一些新理论和新技术的欠缺，保持跟着世界同步跑的步伐。

任正非不去做过多的解释。只是联系到日本在20世纪七八十年代发展高峰期遭遇美国打压的历史事实，说明打压就是无中生有。一切挂在嘴巴上的说法都是借口而不是原因。美国所没想到的是，今天中美经济的深度连接已经如此之深，是没有办法采取一些非经济的手段撕扯开的。

中国和美国会形成两个技术圈吗？

日本共同社社长："现在有人认为这是一种变相的脱钩或者分离，未来或会形成中国拥有的技术圈与美国拥有的技术圈，甚至扩展为中国和美国两个经济圈子，您认为有这样的可能性吗？"

从技术经济脱钩，到技术经济圈，共同社社长坚持把他的话题进行到底。任正非很有耐心，知道这是个作了充足准备的先生，应该认真对待。他说："不会。如果高通所做的芯片与华为做的芯片不能互通，那一个人就要带两个手机。你看，过去手机导出文件非常困难，现在非常快，就是因为有统一标准。因此，两个标准、三个标准是迟滞了世界的进步，个别政治家可能会这样想，但是人们不会选择走这条路的。”

任正非从虚拟互联网、物联网所连接的深度，否定了不同意识形态经济圈的可能性。人类已经受够了冷战时期两大经济圈的危害。时代已经从工业大生产的经济前进到万物互联的经济。这个时候，再来一个经济科技圈的设定，是荒唐的。

日本共同社社长：为了保持华为的领先地位，对接班人有什么样的期待呢？

这是许多媒体都关心的问题，任正非一再给出答案。他说：

> 我们公司在制度性接班机制上已经没有任何问题，接班不是指定哪一个人接班，而是一个制度性的接班。可以把我在股东大会上的讲话稿发给你们，那个稿子已经讲得非常清晰了。
>
> 我实际上没有具体操作层面的权力，我拥有的是一个否决权，但我就没有否决过。本来去年底否决权就到期了，我们担心出现突发事件后所有员工一表决，企业就走歪了，所以继续保留了否决权。但不是由我一个人做否决，也不是由我家人来继承，而是从退出历史舞台的董事会成员、监事会成员和高级领导中，选举7个人组成一个核心精英团队来拥有否决权，保障公司不要一哄就散。

▶ 华为被美国列入实体清单可能是长期的

2019年8月20日任正非接受美联社采访。美联社记者提出一个很有趣的问题，引发了任正非的浓厚兴趣：美国把华为列入实体清单，这个阶段是不是华为最大的危机？还是说历史上有其他类似的危机？这个问题在此前的一系列访谈中没有出现过。

任正非坦承，30多年来华为公司危机不断，有些危机甚至严重到危及企业的生命。所以，美国这次危机对华为的打击是大的，但也不是非常大。美国的这次打压，还危及不到华为生命，反而激活了华为公司上下一心的创造力，给华为生命赋予了不同一般的能量。他说：

> 过去我们既没有人才，也没有技术，也没有资金和市场，不知道明天能不能活下去，那时的危机可能比今天还要大。现在这个危机，毕竟我们已经具有一定规模和能力，我们是有可能克服的，所以我没有感到多么恐怖。

华为会寻求国家救援吗？

特朗普总统之前也暗示过，如果中国政府愿意在贸易协议上跟美国达成某种程度上的共识，他不会对华为下狠手，或把华为从实体清单上拿掉，或者进一步改变孟晚舟的状况。美联社记者追问任正非：“您对特朗普总统的表态是怎样的反应？他似乎把华为作为中美贸易谈判的棋子或筹码，对这个表态您怎么反应？”

任正非回应这个问题很有一番考究。任正非早就提出过，华为遭遇的问题，不是华为的问题，也不是中国的问题，而是人类文明发展中，如何处理后进国家超越先进国家，后发小公司动摇大公司垄断的问题。确实，美国打压华为，是在掀起中美科技战。无论如何，不是华为一个公司的问题。

他表示，通过华为这个“棋子”能解决问题，听起来是美好的。但是要国家为华为做出让步，华为是不会去推动的，这是国家与国家之间的问题。任正非明确意识到，单凭华为一个公司对抗美国“全政府”的围剿，显然没有胜算。但涉及中美科技战的国家行动，他不会参言。但是有一点他特别强调指出：

中国的很多老百姓是贫穷的，让贫穷的老百姓让一些利益给美国，来救一个有钱的华为，我良心上过不去。所以，我认为，我能坚持多挨打几年，包括我女儿多受一些罪，也不能把中国的利益让给美国。其实，美国也应该看到，中国还有不少贫穷人口，他们的生活还在低水准上。如果国家拿很多利益去换取华为生存，我总觉得对不起自己的国家。

任正非强调，华为还能扛得起打击，就是发展慢一点而已。他说：

如果美国说“任正非出一点钱，改善一下”，我可以考虑；美国说“5G技术对美国安全有威胁”，我们可以对美国公司完全转让5G技术和生产工艺体系，让美国在5G基础上开发6G，缩短美国的技术发展进程。这些我都愿意做，因为这是牺牲我们自己，不用牺牲中国其他人的利益。否则，将来我走在街上，别人会骂我的。

美国的封杀必有原因。在任正非看来，都是一些微末小事上出的错，华为早就改过了。美国要出口气，华为可以赔点钱，可以转让敏感技术，这些都是华为愿意做的。但，华为不会主动去寻求国家救援。

这是任正非第一次公开谈华为的国家救援问题。华为的危机，确实不是华为一家公司可以独立担当的挑战。美国打压华为是在打压中国，是美国发起的中美科技战的一个重要组成部分。中美科技战的进一步发展有可能导致中美科技脱钩。面对中美科技脱钩的这个事实，任正非不可以回避。中国还处于发展中，美国在科技力量上统摄全球，应尽量避免中美科技脱钩。从这个意义上说，中国政府出面与美国政府谈判，也是势在必行。

打压华为，不是美国个别政客的临时冲动，这已经在美国形成了一种舆论氛围。美联社记者问："华为对此是否有所准备？假设实体清单和相应的限制长期存在，华为需要在哪些领域实现自给自足？如何实现这一点？"

任正非很坦然。美国的实体清单是不可能撤销的，因为美国不可能有一个人站出来高呼要撤销对华为的实体清单。打击华为在美国有着某种政治正确，美国人站出来踩华为一脚是"正确"的，美国人帮华为一次可能会受到群体的攻击。所以，华为做好了实体清单长期存在的心理准备。

从短期来说，华为要抓紧补足一些供应链以前的缺陷，把"烂飞机"的漏洞补好；从长期来讲，面对未来发展，华为还是要眼光远大，加强国际合作，坚决支持全球化下的分工合作，在人工智能、云技术等方面取得成功。反求诸己，不抱怨，不投降，实现新科技的突破，这是华为自强所必须做到的。如果在新技术上不成功，华为可能会被边缘化，也会死掉的。

还应该看到，美国举"全政府"之力打压华为，醉翁之意不在华为这个小公司，而是要打击中国高科技领域的进步。如果当真发展到美国在科技上与中国脱钩的地步，华为可能不容易获得美国一些先进技术要素的支撑，华为有可能在发展中盛极而衰。这种可能性是否发生，取决于华为能否与中国科学家和科研机构的共同努力。为了生存和发展，华为会把生命全部交给高科技事业，会与中国科学家与科研机构一起，形成一股强势的同盟，一起在绝境中寻找出路。从人类发展历史来看，正是在一个个灭顶之灾降临之时，人类的巨大无穷性潜能才得以爆发，实现了突破，从而有了长足的发展。中国在历史长河中生生不息，正是在无数磨难与挑战中实现了发展，华为有信心在这股滚滚洪流中，涅槃重生。

美国人民是智慧的人民。美国领导了战后世界的发展，领导了全球化进程，也领导了高科技产业的快速发展。华为本身就是美国高科技和全球化的受益者，华为是美国大公司的学生。任正非也相信，美国人终究是智慧理性的，终究会做出符合美国人民和世界人民的利益的理性判断。

任正非的内聚力

07

以平和通达保全万物的天性，以清静无为形成一个场域的张力，开启万物喜悦和通达的生命新契机，激发他人源源不断的天性创生力。这就是“才全”，这就是任正非的内聚力。

以空杯柔弱谦虚为表，以不毁万物自性为实。

——王育琨

全球一体化技术飞速前进，美国高举“美国优先”的旗帜，逆潮流而动，推卸大国责任，无理由打压华为，以至于法国总统马克龙哀叹：“北约正在经历‘脑死亡’。”

马克龙的忧虑不无理由。美国全国广播公司（NBC）首席驻外记者理查德·恩格尔（Richard Engel）于2019年11月17日发布的推特火了：“听闻美国成了世界上的‘坏人’，给了我重重一击。”美国著名调查记者李·斯特拉纳汉的回复更加直言不讳：“世界之所以认为我们是伪君子和骗子，都是由你在中情局和国务院朋友们伪造的谎言造成的。这事你是知道的。”

令人大跌眼镜的是，美国国务卿蓬佩奥在2019年初大张旗鼓地说：“我曾担任CIA的局长。我们撒谎、我们欺骗、我们偷窃。我们还有一门课程专门来教这些。这才是美国不断探索进取的荣耀。”

作为头号强国的美国，其价值观紊乱，带给世界一片迷茫。在说任正非如何找北之前，先说说生在春秋战国时期的庄子，其在没有方向的时代找北的故事。

孔子顶礼哀骀它的“才全”

庄子在《德充符》中塑造了一个现实社会中的所谓“不堪者”——他相貌丑陋，身体也不是很健全，更没有什么钱，但是却超级有魅力！就连孔子，也觉得自己望尘莫及。剧烈的反差，乍看之下让人觉得十分荒诞，但仔细品味，最终竟然也会为之折服。当然，这是庄子的魅力。

▶ 哀骀它和鲁哀公的故事

故事从鲁国的国君鲁哀公遇见的一件奇事说起。一次，鲁哀公心事重重，特地找来孔子诉说郁闷。

原来，卫国有个形貌很丑的隐士，姓名不详，众人叫他哀骀它。为什么叫这个名字呢？“哀”是指哭丧脸相，“骀”是指怠倦的神情，“它”是指驼背。通过名字就知道这个人有多丑，但让人吃惊的是这个丑人却非常有魅力。男士们见到他，一个个乐不思归；女士们遇见他，回家去和父母吵，都说：“与其嫁给张三李四王老五做正妻，不如嫁给哀骀它先生做小妾！”

而且这样的事情绝非个别，据说已闹过十多起了。男男女女、老老少少到底喜爱他哪点呢？真是个谜。论才干，从未见他出头露面创建任何事业，他一贯是随顺附和；论权势，他是白丁一个，不可能凭官职救人一命；论财产，他是寒士一名，不可能施恩惠赏人一餐；论声誉，丑名倒是远扬，荣名却谈不上；论学问，也谈不上，因为他对外界事物不想研究。

无才干、无权势、无财产、无声誉、无学问，可那些男女老少就是喜爱他，这说明他有某些过人之处。

鲁哀公很好奇，于是派人去卫国把哀骀它接了过来。当面验看，果然丑得吓死人！谁曾想相处不到一周，鲁哀公竟然也开始倾慕他了，3个月后就感到离不开他了。半年后，鲁公就信任他了！

时逢宰相出缺，鲁哀公想委任他为宰相，可是哀骀它却很淡然，几度想推辞。

鲁哀公觉得很扫面子，质问哀骀它是什么意思？看到没有退路，哀骀它只好应承下来。但几天后，他竟然逃回卫国去了，留下鲁哀公一个人生闷气。

哀骀它走后，鲁哀公发现生活变得没有意义了，失魂落魄，好像整个国家已经没有人可以懂他了。

鲁哀公诉说着，抬起头来问孔子："你说说，这个哀骀它到底是个怎样的人呀？"

哪里见过这种人！

通常，国君要把执政大权交给一个布衣，光是那份荣耀和激动，就不得了！就连坐在对面的孔子，不也是一直在等这样的机遇吗？可是，哀骀它就是不起反应！这完全是不同的价值系统。

我们常常认为，我们所珍重的好东西，他人就一定也会珍重；我们尊崇的价值，也是所有人都希求的价值。可是，并不如此。如果依照我们原本的价值系统，就不可能做出有价值的评判！

孔子静静地听完了鲁哀公的倾诉，回应说：

有一次我去楚国游学，路边看见一群小猪吃母猪奶。那母猪刚断气，小猪们不知道，还在那里争着吮吸，急得叫喊。过一会儿母猪的体温转凉，小猪们一个个瞪大眼，不再叫喊，抛弃老母猪的遗体，乱纷纷地逃散。

为什么逃散？因为小猪忽然发现，眼前这个肉堆不再活动，不再温暖，不再可亲了，而且有危险，所以惊惶逃散。

由此可见，小猪爱的不是一堆死母猪肉，不是外形，而是有内涵的猪妈妈。当母猪已死，内在的爱没有了，小猪就自然不爱了。猪懂得爱内涵，人却不懂得。世俗看重的是外形，是一些名利权的光环。

你说的那位哀骀它先生，不必表白便得到信任，不必创业便受到倾慕。使你把国事交给他代管，还怕他不接受。由此可见，他真是内涵完善的才全呀！

“才全”，被庄子用来形容一种内涵圆融浑然一体的玄德。按照孔子给鲁哀公的解释，这种玄德，至少包含以下4个层次：

层次一：看穿生命流转，不被意外打扰

死生、存亡、穷达、贫富、贤愚、毁誉、饥饱、寒暑、高下、宠辱、贵贱等等，仅仅是变化而已，一如白天夜晚的交互变化，没必要去较劲、去耗费心神，而去打扰了内心的那份安宁。

我们常会遇到一些出人意料的情形，哪怕说做好了一切准备，可有时偏偏有颠覆性意外发生。

随发生，随放下，不要让这些事情扰乱心境，不要让这些事情进入心灵深处。虽然这些琐事有可能形成我们的命运，但是不要让这些事打扰我们去发现和保全我们的天性。

层次二：保持喜悦通达，接纳所有发生

人们常常压抑自己的真实欲望。其实，这就是不通达的表现。要让自己心神的活动，不仅表现为平和愉快，而且要畅通无阻。

我们要让生命充盈着对生命真实感受的喜悦，随处意外，随处惊喜，带着愉悦的心情。这种喜悦是逢苦无忧、苦乐同受、一无所求的喜悦。

当我们主观的喜悦与客观事物接触，我们的心神所呈现的状态，并不会因为我们的精神而冲淡客观性。确实，保持主观的喜悦、灵动、通达，与客观事物新发生接触的一刹那，就会带出全然新的可能性。

层次三：保持原力觉醒，形成正向能量场

人的先天的这份平和之气，可以让人跟万物有一种自然的亲近。

人的先天近乎是个动物。动物有着欲望冲动之气，这是动物能够生存下去的基本力量。同时，动物作为存在，也必然有一种平和之气与宇宙整体共同和谐存在。人在动物基础上，又往前跨了一步，有了生命的原力觉醒。人之所以不同，在于人有了意识。而且，人可以透过意识，通过行为维持这种平和之气。

哀骀它就是这样，在任何一个场合做任何事，始终活在一种平和之中，可以绽放简约的原始天性，与天地万物相通，形成一个太和之气的能量场。

每个灵魂都有不一样的旨意，都想活出自己的不凡。当人活在一种平和之中，绽放出简约的原始天性，连接天地万物，形成一个活泼泼的能量场，催动每个人生命的新契机。

层次四：保持着内聚力，催动生命新契机

为什么一些智者，周身会满溢着机趣盎然的和谐共生之气，吸引所有的人和物都到他们那里去呢？他们并没有运作，也没有号召，更没有宣传推广，可是人们甚至万物都会自然而然地向他们靠拢。

当一个人刻意展现自己的时候，就会给人一种压力。当德沦为自以为是的强势或显摆，无疑会毁坏了他人内在天性的绽放机会。

有德者，在清清静静中就可以带给人不少启迪。他在不言之教中，就传递给人一种正能量，催动人们内在的创生力。生而不有，为而不持，长而不宰。这就是内聚力，这就是“才全”。

孔子给鲁哀公解释，哀骀它虽然看上去丑陋无比，但是他却有这四

个层次的玄德。他自己内心既充实又平静，他不想建立功绩，不想留下贤名，不想获得利益。他绝不愿意被外在的财权名等物束缚，所以他逃回故乡继续隐居修炼去了。

鲁哀公听完孔子对哀骀它的解释和评论，眼界大开，感叹说："先前，我以为当个君王，只需要掌握住百姓的生存纲纪，再就是悲悯心挂念百姓。我以为有这两条已经是达到政治的极致了。"原来更重要的是，人要形成圆融的内聚力，成就喜悦、灵动、通达的能量场，催动人们创造绝活的激情，引发生命的新契机。

庄子用哀骀它的故事，说明了人的生命的完整性，形体固不可少，但是内在的部分、内在的精神，更是生命发光发热的根本中心。同时庄子说了，人世间的知识、礼仪、规范、小恩小惠、世俗功利，会遮蔽人的天性。

哀骀它的魅力，在于他的内场域与外场域的无缝隙对接，在于两者相互叠加推动以至于产生了不可思议的张力。显然，庄子借哀骀它，系统地阐述了他关于内心能量场如何作用于外在能量场，使得所有置身其中的人获得无穷的创生力。在庄子笔下，哀骀它又极大地开拓了自性光明，光而不耀，成为直接点亮他人的心灯。

一如哀骀它，任正非也有着如如不动的内聚力：

> 以平和通达保全万物的天性，以清静无为形成一个场域的张力，开启万物喜悦和通达的生命新契机，激发他人源源不断的天性创生力。这就是"才全"，这就是任正非的内聚力。

如果哀骀它与任正非见面，那一定是历史上最完美的瞬间。哀骀它的"平和之气"，或会被任正非说成"灰度"。

任正非的平和之气

美国的无妄之灾突然压向一个小小的公司华为。但是，任正非和华为没有焦躁不安，更没有病急乱投医，而是沉静下来，上下同欲，专心修补被“断供”造成的“漏洞”。

20年前，内外交困的生存危机，曾经一度使任正非陷入重度抑郁症的阴影。在最艰难的时日，任正非想起母亲的“面子是给狗吃的”，就一层层剥下了那些虚头巴脑的“面子”，卸掉了一层层的盔甲，更提炼出“灰度哲学”。灰度，是一种生命的本色，灰度是开放包容的象征。任正非的灰度哲学，点亮了自己的心灯，更照亮了华为以及被遭遇磨难的族群。

▶ 任正非包容，接纳一切发生

走出了重度抑郁症的阴影，任正非不再孤独，更拥有了开放、妥协、包容的灰度哲学。哪怕美国在全球围堵打压华为，他反而满是悲悯地看着美国那片土地。他感恩那片土地上的人民，感恩那些先进的高科技公司，华为步步紧跟、虚心向美国精神学习，才有了今天精神上自立的样子。

他带着大爱、敬畏和郑重，善待一切客户。对友好的客户善待，对不友好的客户也善待；对信任的客户信任，对不信任的客户也信任。美国客户可以有分别心猜疑，但任正非则如婴儿般纯真无差地依然喜爱他们，理解他们的视角和关切，理解他们对华为产品信任还没有建立的惶恐。

任正非已经停止用自我意识去思维。他关闭了肉眼和肉耳的门户，以防亲眼所见和亲耳所听的“虚幻”。他用心灵看、用心灵听全球客户合情合理的呼声。他已经锉掉了“土狼时期”争风逐利的锐气，跳出“零和游戏”的视野，站在宇宙的整体，用未来的整体思维和良性思维，来思考当下的事情。因此，他的情绪、理智、格局，完全不一样了，他已经不被远近、得失、褒贬所动摇，而是用自性光明穿透阴森的漩涡。

任正非可以接纳一切。从黑白分明到知白守黑，这是一个巨大的跨越。不管多离谱的发生，既然已经发生了，就要接纳，就要在黑暗中找到光明，就要想办法去应对。在他人还在抱怨、怒火冲天的时候，任正非已经调整好自己，为该做的事做好了准备。面对困境，你都必须拿出切实的办法，去转变降临在你面前的挑战和压力。怒火和抱怨，都是没有自信的表现。

和光同尘的任正非，借着回应对年轻人的期许，说出了对美国政客的真心话：

> 年轻人要开放。我们那个时代唯一能开放的，就是图书馆，现在年轻人的视野要开放。年轻人要合作，每个人力量都是单薄的。然后年轻人要执着，不要今天搞这个明天搞那个就荒废了。要扎扎实实认真做一些事情，我看到小孩二三岁几十遍看一本书、一个光碟。能力有限，不要认为自己全能全才，消耗太多能量，不利于前沿研究。

放在今天这个独特的背景下，任正非的话酷似一个饱经风霜的老人对美国政策制定者说的话：

视野要开放，要合作，要包容，要求真，要随顺自然而行，要扎扎实实认真做一些事情。每个人、每个国家的力量都是单薄的。不要认为自己全能全才，千万不要在无意义的事上消耗太多能量。这样就荒废了自己，不利于未来。要回归自己的本源。要对自己有信心，对未来有信心。造物，造物，造大美绝活，自性光明会照亮眼前的混沌。

一如特蕾莎修女，任正非以德报怨，那是比之于赤子般的天真纯净。

▶ 任正非给自己画像：我就是个无能的傀儡

2019年10月22日，应欧洲新闻台记者之邀，任正非给自己画了一幅素描：一个无能耐的人。

我是个没有水平的老板，我不懂财务，不懂管理，也不懂技术。其实我并不懂具体事情，有很多能干的专家、管理者在运营公司。

在华为公司，我自己的权力是受到限制的，有权力也不能随心所欲。因为我们公司实行民主集体决策制度，受制于集体决定和否决权力。我个人好像天天都在上班，实际是形式上在上班，并没有直接运作公司。就是上面悬着一个否决权，好像我有权力，但是我没有用过。因此，将来公司任何一个人都可以扮演我这个傀儡形象，只要他们这些执政者愿意退到我这个位置上，他就变成一个傀儡。因为我一直在这个位置上，外面看起来我们公司30年好像没有变，实际上我们下面的人事都在变。我是否存在，都不会影响公司的实际运作。

至于什么时候退休，第一，当我的思维方式有了障碍的时候；

第二，美国政府批准我可以退休的时候。现在公司在危机状态，有时候我还需要做一做傀儡，出来见一见记者。

我的生命中是有遗憾的。因为早期奋斗时，我到非洲、拉丁美洲一出差就是几个月，回来没两天又走了。那时是为了生存而挣扎，没有时间陪过太太，也不记得给太太买礼物，不记得给小孩买礼物。对现在家庭的遗憾很多还是可以补救的，但是我没能照顾父母，是不可能补救了。“子欲养而亲不待”，这对我人生而言是很大的遗憾。但是每个人都会有遗憾，不是每个人都有完美人生，后悔也没有用了，只有继续前行。

如果公司受到更大的挫折或者崩溃，这留下来的遗憾其实要比其他遗憾更大。现在我们共同努力在划这条“船”，虽然我年老力衰，也划一划。我年轻时，每项运动都参加，叫乱动，但都没有达到过低级运动员标准、都差一点，这是人生遗憾。现在运动不动了，身体状况也会有下降，我会明智处理这个问题。社会要放心，我不会把终身献给华为，这我没有想过，还是要留一点时间去游山玩水的。

任正非看得清人生的大局。他深知一代又一代活在这片土地上的人所承当的责任。不是被苦难淹死，而是要为这个世界做点有益的事，这是父母前辈一致的期许。人生和企业是一个整体。任何艰难困苦，都不会动摇任正非的这个意志。这是个已经把一己生命与广宇的能量场做了连接的人。他知道，“大道至简，唯嫌拣择”。只要守住这一根筋，用痛苦创造欢乐，什么无妄之灾都可以成为锤炼自己的机遇。

▶ 自己渺小了，行为才开始伟大

任正非放下自己由来已久。他在《一江春水向东流》一文中提到，一个40多岁的老男人，被国营企业炒了鱿鱼，又离了婚，没有人雇用他，他只能创立公司自己雇用自己。

> 我是在生活所迫、人生路窄的时候，创立华为的。那时我已领悟到个人才是历史长河中最渺小的这个人生真谛。

任正非走得最窄的时候，没有怨天尤人，却省悟到一个一般人不愿意面对的生命真相。人是过了不惑之年，而他对这个世界知道的太少了。任正非当时置身深圳，感觉到发展的无穷性，可是已过“不惑之年”的他一无所成。

任正非立志要搞高科技公司，要做出一两款产品来。搞研发需要招聘高级人才，可是公司又没有钱，银行也贷不到款。任正非在父亲的指点下，从简单朴实的爱出发，搞了一套股份分享制度，来激发每一个一线员工的积极性和主动性。

同时，任正非充分放权给各路英雄。开始10年华为很少开大会，他就深入一个又一个一线现场去学习。公司发展了，可是山头主义也来了。公司的整体意识没有形成。

那是一段不堪回首的往事。因为没有上马小灵通，华为被逼从零开始全球化。开始设备白送人都没有要的，业务直线下降。而公司内部的思想混乱，山头林立，公司不知该往何处去。于是，华为展开了自下而上的大讨论：公司为什么生存，公司该如何生存。讨论的结果，就被写成了《华为基本法》。

基本法虽然成形，但在瞬息万变的人性面前又显得无能为力。于是，华为从1997年开始，又请IBM等公司来进行体制和流程建设。到2012年轮值CEO制度建立，任正非从开始被逼成为“无事人”，转变为一种有体制保障的“无事人”。这已经不是权宜之计，而是一种理性审视的选择。对任正非来说，他坚定了自己的选择，因为他有了自己的灰度哲学。

> 想起蹉跎了的岁月，才觉得，怎么会这么幼稚可笑，一点都不明白开放、妥协、灰度呢？

当一个人知道自然宇宙的真相，当他知道自己每天每时每刻都是面临着一个巨大的无穷性变化，秒秒钟都有无穷多意想不到的可能性发生，他就不会再自以为是了，他就会感受到自己的渺小，他就会坚定不移地开放！开放是对灰度的敬畏，是对灰度中巨大无穷性的敬畏。

内在价值罗盘成型后，任正非放弃了所有的人财物的签字权，他真正成了一个“无事人”。他开始也很不习惯。干坐在自己办公室一天，没有一个高管找他签字。那种落寞的滋味，也很折磨人。

按照通识的标准，只要交出人财物的签字权，就是交接班了。任正非实际上早已经功成身退。他已经交出华为人财物的签字权，他乐得当个“无事人”。但任正非是闲不住的人。他开始没事找事，甚至“无事生非”了。他组建了一支“蓝军”，专事对主力军团“找茬”，借以发现问题和解决问题。有形的东西交出去了，他就揽来了无形的“文化思想权”，开始自觉主动地营造机制流程和文化能量场。开始“为无为，事无事”了。一把手从有形的权力退出，转而抓无形的思想建设，成了华为腾飞为通讯行业世界第一的重要密码。

从任正非的这一段切身体悟，我们看到了他的归零心态。他深知在历史长河中自己很渺小。这样一个无能无知、空无所空、谦卑归零的心态，很有点像老子在《道德经》中多次提到的玄德。玄德就是身心灵与道合一的状态。

▶ “保持空杯，保持开放”的归零心态

做一件事，就是把生命全部交给这件事。人生所有的追求，都在当下这件事上，这就是任正非说的“力出一孔，利出一孔”的境界。当把生命全部交给当下这件事时，就是身心灵合一了，就会像婴儿一样，干啥都一心一意、天真纯净了。天真纯净，就不受外在的东西染着了，就没有了一切不必要的粘连，就不会端着，更不会爱惜面子。“面子”跟成事相比，分量太轻了。

任正非接受访谈，像入定的乔布斯，既专注又空杯，一点也不受情绪或激情的打扰。他以微笑面对任何尴尬的问题，却可以丝丝入扣不离本真，好像他就是个空空的管道，一种高意识能量直接就通过他的嘴巴流出来了。任正非在每个当下都表现得很真实。真实透出来的力量，是没法用三维世界的视野看到的，却可以被人清晰地感受到。

任正非善于抓“无形之力”的建设。或许正因为他创造了一个与众不同、穿透力强大的文化场，才可以无缝隙地渗透每一个员工的显意识和潜意识。如果他只是简单复制各种各样的“成功的模式”，说一些成功学的理念，他早就泥沙俱下没有踪影了。

▶ 为什么灰度可以推动企业和个体生命发展呢？

唯有灰度，才可以建构一个活泼泼的能量场；唯有灰度，才会释放企业的无穷可能性；唯有灰度，才会让忠诚、毅勇、创造充盈组织的每一个末梢；唯有灰度，才能驾驭每个当下的无穷性；唯有灰度，才可以接通高纬度的天眼看世界；唯有灰度，才可以创造大美绝活造化这个宇宙。

任正非意识到，不只是自己要当一个“无事人”，他也希望他的高管团队也成为“无事人”。他不仅仅是要管住自己那双“闲不住的手”，他还

想从制度上管住高管那双“闲不住的手”。于是他在2008年就提出了“让听到炮声的人呼唤炮火”。他坚定不移地以激发一线大头兵的无穷潜能为顶层设计目标。华为还规划在未来15年落地这个体制，并且已经做出了350亿美元的预算。

“让听到炮声的人呼唤炮火”，一个关键性的目标就是形成一种“自下而上的活力和创造力”。为此，所有高管都要跟任正非一样成为“无事人”。

但是，让高官们都做“无事人”，显然华为现在的管理机制还不支撑。也正是站在这样的基点上，任正非说：管理至关重要。华为如能提升管理，效益至少能增加50%！他在2016年接受新华社访谈时还说：

> 我们花了28年时间向西方学习，至今还没有打通全流程，虽然我们和中国公司相比管理已经很好了，但和爱立信这样的公司相比，我们比他们多了2万管理人员，这是什么概念呢？我们每年多花了40亿美金的管理费用。所以我们现在还在不断优化我们的组织和流程，从而提升内部效率。

对于新体制的探索，华为还在路上。华为移植的IBM等一流公司的机制流程，基本上还是20年前的模板，虽然华为有与时俱进的改善，但是其基本目标和架构，已经不适应今天的时代。现在数字化技术已经高度发达，许多公司比如酷特智能，已经建立并运行了新机制：“去领导化、去科层、去审批、去岗位，一切以数据驱动，一切都在阳光下，全员对准利润目标，利润目标对准全员。贪腐怠惰藏无处藏，躲无处躲。”显然，华为还在摸索中，还要拿出搞技术攻关的资源和意志来攻克数字化管理的体制和流程。

任正非自发当一个“无事人”，并且还要创造条件让每个高管都成为“无事人”，这就重点要看高管团队“为无为，事无事”的能力了。这个能力包含两个方面：一是数字化体制流程的硬件，一是每个人的底层思维操作系统。这两个建设齐活，才会有激发员工内场域与公司外场域之间的正向能量互动。

强势人物，常常与有形的强势权力相连接。而任正非反其道而行之。他把无形的文化思想权牢牢掌握在手中。他借用华为这个鲜活的生命体，来系统开发了一套人文思想体系。他从一个物质文明的创造者，跨进精神文明的创造者行列。灰度哲学的意义，可用一句话来概括：

以空杯柔弱谦虚为表，以不毁万物自性为实。

他的志趣是开发出具有无形之力的文化的无穷可能性，目标是激发每个人的无穷性的创造潜能，是发掘具有通识意义的经营之道。他的心胸心量不断扩展，大道能量之光，驱散了他所有的纠结和黑暗。

华为走在健康发展的大道上

08

一方能够支配另一方，这样的想法再也不现实了。因此，那些曾经与众不同、独一无二的国家，必须习惯于他们有一个竞争对手的事实。竞争是永恒的。

——基辛格

华为把很多做未来5年至10年发展研究的科学家、专家调回来，组成“还乡团”，杀回马枪补“洞”。华为汇集了几千名科学家、专家和工程师，聚集在一起努力，两三年以后，华为的“破飞机”可能就会变成崭新的飞机了。

——任正非

在2019年11月6日的德国媒体圆桌会议上，任正非第一次向外透露，华为紧急抽调了1 000多名研究未来5年至10年发展研究的一线科学家，组成“还乡团”，专门修补由于美国断供所造成的“破洞”。“还乡团”用精神力与匠心匠魂，创造了不二奇迹。现在修补初见成效，华为这架飞机已经可以正常飞行了。再过两到三年，一架崭新的飞机就诞生了。

美国举全政府之力打压创立30年的中国民营公司华为，没想到华为已经基本解决了供应链问题。美国把华为推上可持续的健康发展轨道。

美国继续保留实体清单，华为也能生存得很好

华为会宾楼一楼楼梯旁边的走廊上，有一幅很大的油画，画的是法国国王拿破仑的加冕礼。另外一边则挂着一幅展现滑铁卢战役的大幅画像。滑铁卢战役意味着拿破仑帝国的灭亡。一位德国明镜报记者受这两幅油画启发，开口问任正非：“挂这两幅画意味着什么？华为帝国是正在崛起还是已经在衰落？你们是不是正处于战时状态？”

任正非解释说，这两幅画与华为的现在没有一点关系，纯粹是艺术装饰。《滑铁卢战役200周年纪念活动》的照片是他在比利时博物馆看到的，觉得挺漂亮，就买来作为装饰；《拿破仑加冕》这幅油画是一位员工家属用四年时间画的，本来准备送给任正非挂在家里，但是他家太小挂不下，

就转送给公司了。这些画和公司的经营状态没有任何关系。

这两幅画的寓意很深：登顶的荣耀与衰落的孤寂，常常是一体两面。任正非虽不是有意而为，但是潜意识把这两幅画挂在会客大厅，或许有一种提示或者预警的想法。这是任正非的一贯思想，所以他提出“下一个倒下去的是不是华为”这一疑问，让每一个华为人警醒。

▶ 总体来讲，目前华为在健康发展

任正非说：“华为的发展与指数曲线一样，总体是在上升的，上升中有个波折。总体来讲，目前华为在健康发展。”

“目前华为在健康发展。”平淡的一句话包含着多少信息。美国把华为纳入实体清单以后，不仅仅是要封杀华为的市场，还要断供华为的生产要素。美欧等西方国家的推测是，华为挺不了多久，或者像中兴一样缴械投降，或者关门大吉。谁知道华为能挺过来了，也就是说基本上自己解决了供应问题，而且活得还不错，总体上在健康成长。

华为在遭遇美国举全政府之力封杀的危机中，有如此非凡的表现，引发全球媒体的好奇。有一些外国人通常以为中国物质力丰富，但是精神力贫弱。而在华为身上，却表现出超常的精神力与物质力的完美融合。华为表证了中国人绵绵不绝的精神力。

任正非深刻洞悉资本的本性，不心存任何侥幸。2003年就拍板搞“备胎”计划，2004年就大量招收软件工程师，2012年华为中央软件院欧拉实验室成立华为手机终端操作系统开发部。在面对全球智能手机市场已成形成Android、iOS、Windows Phone8三足鼎立的形势下开始华为公司自主的手机操作系统研发。任正非认为华为公司自主研发智能手机操作系统与华为公司自主研发的高端芯片具有相同重要的战略意义。“不能让别人在核心技术上断了我们的粮食！”

▶ 美国资本不会舍弃中国庞大的市场

德国记者不依不饶。任正非说破飞机可以正常飞行了，他们马上提出一个尴尬问题："中美渴望达成阶段性贸易协议的第一步。任先生，如果这项协议能达成，您对此有什么期望？这能帮助修补华为这架飞机上的洞吗？"

这个问题很直接，任正非认为，华为在美国没有销售，所以中美贸易谈判与华为没有直接关系。他说：

> 我们已经不需要美国就能自己解决供应问题，美国继续保留实体清单，我们也能生存得很好。不知道你们在参观我们的展厅时是否有拍照？美联社参观展厅时，我们允许他们对每块电路板都拍照，上面已经没有美国的芯片和零部件了。美国实体清单伤害的是美国公司，而不是我们。

"美国实体清单伤害的是美国公司，而不是我们！"这个回应好霸气。德国记者还在担心华为是否可以生存，而任正非却说，实体清单伤害不了华为，但是却严重损害了美国公司的市场。万一有竞争者捷足先登，填补上供应的"缺儿"，美国公司可就惨了，它可能会坐失全球增长最快的市场。美国不会这么傻。为了一点意识上的分歧，可以舍弃这么大的市场。

2019年11月14日，美中关系全国委员会2019年年度晚宴在纽约举行，96岁的基辛格出席并发表了讲话，呼吁美中双方克服困难，通过坦率对话管控分歧。基辛格说：

> 一方能够支配另一方，这样的想法再也不现实了。因此，那

些曾经与众不同、独一无二的国家，必须习惯于他们有一个竞争对手的事实。竞争是永恒的。

谈到自2018年至今的中美贸易摩擦，基辛格表示摩擦是不可避免的，但长期这样下去，对两国乃至全世界都会带来灾难性后果。美国网友对此评论说：

基辛格认为持续冲突是灾难性的，这是正确的。我们随心所欲地制裁和禁运，如果世界上其他国家都不支持，其实对他们来说是无关紧要的。中国已经赢了。他们已经在改变他们的经济运行方式，大概两三年就能完成了。我们可以选择加入，从与之来往中获利，也可以眼看着其他国家与之来往获利。

看来，美国网友比大多数美国政客都能更客观地看清现实。统揽任正非的这次答德国记者问，都是在鼓励德国人抓住空缺及时跟进，抢占中国市场份额，给德国经济注入活力。

德国记者不依不饶，他们还是关心华为的断供问题："从销售的角度看，美国对华为来说并不是一个重要市场。但从采购的角度看，美国却是华为的一个重要市场。华为打算如何克服当前面临的采购困难，特别是谷歌、安卓这方面的困难？"

任正非回道："我肯定地回答你，在没有美国供应的情况下，我们也能继续高速发展。但是，我们永远愿意与美国公司合作，永远拥抱全球化，我们不会走封闭的自主创新、自力更生的道路。"

这是一个历史性的时刻。美国断供，想压制华为的发展，结果却在更为宽阔的市场上，缔造了一个强有力的竞争对手。不知始作俑者作何感想。

如何让德国政府信任华为？

德国政府目前正在针对是否应该允许华为参与德国5G网络建设进行讨论。部分政府官员仍心存疑虑，表示还是不能信任华为。德国记者把这个问题端了出来，要听听任正非的反应。

▶ 华为承诺维护客户信息安全

“我们要与德国政府签无后门协定，这就是我们的承诺。”任正非郑重地说：“德国在电信网络附加的安全要点文件上，对5G技术供应商的安全提出了要求，对所有供应商都是一视同仁，我们是响应支持的。要用事实来证明供应商的安全可靠，德国政府自己进行评估，我们只是积极地接受德国的评估。”

任正非的回应很简单，让政治归政治，让商业归商业。中德关系的大局，还是由政治家去讨论。华为没有条件和能力参与政治讨论。我们相信德国议会和政府会做出正确决定。华为作为一个技术供应商，主要责任是承诺把产品做好，保护客户的信息安全。

德国在讨论与华为相关的问题时，不仅涉及技术细节，还包括信任以及华为总部所在地中国的法制建设的问题，因为德国有一些政治家认为中国的法治水平没有德国的高。因此，对来自中国的公司，他们是缺乏信任的。德国记者听到了任正非的回应，却还是把这样的问题端出来，一方面说的是实情，另一方面也在构筑采访的心理优势。

▶ 商业的本质是等价交换

任正非理解德国记者的立场和动机：他看穿了这些词汇后面的东西。离开一个公司本身资质的审查，而要以企业所在地作为政治判断的标准。这明显是违背商业规则的，有点似是而非。任正非理解，毕竟这是深层产品的终极信任问题。任正非当即抓住了德国记者的漏洞，直接回应说：

> 中国法制社会建设也在进步，逐渐走向法治化、市场化。如果你们觉得中国做的程度还不够，华为的商品不能卖到你们那里去，那你们把汽车卖到法制环境不够的国家来，不是支持这个国家的法制环境不够吗？我们要在一起积极沟通、交流和磋商，从而促进双方的共同进步。作为一个企业，最重要的是遵守所在国的法律要求。

西方发达国家明显持双重标准。推销产品时可以什么都不顾，只要能赚到钱就行（历史上为了赚钱甚至启用国家力量推销鸦片）；而购买商品，却不以商品品质为准，而冠之以“出生地正义”的标准，明显背离了商业等价交换的本质。

以出生地为标准判断供应商的可信资质，这样的标准靠谱吗？这样的标准行得通吗？每个公司要想走向世界，必须接受世界各国客户的挑选，接受各国政府的评价，也要听取反对者的声音。如果这样端着身份，以道德优势固步自封，不实事求是，恐怕再强大的帝国都会走向封闭、走向死亡的。或许这也在某种程度上揭示了某些欧洲发达国家停滞不前的原因。

商业的本质是等价交换。商家根据自己的利益决定自己的选择，而不需要政治插手其间。当然，一切都是可以谈的。分歧的双方，需要坐下来，从互利互惠的角度，多想想别人，不要总在自己封闭的框框里看人看事。世界本来辽阔，把自己圈起来，就狭窄了。

一如西方政客，德国记者在谈法制理念时，考虑更多的是利益。看到任正非在法治问题上说得入情入理，他们担心如果德国政治家做了“正义”的选择，华为会不会从德国撤出投资。

“投资不会撤出，投资与销售无关。如果你们说我们的产品不符合要求，你们不买，我们可以不卖。我们不会感情用事的。”任正非笑了，“如果德国不选我们，并不影响我们在德国前进的步伐。如果我们不考虑自己的利益，只考虑一种政治上的企图，这样做太幼稚了。”

华为敬重德国人的匠心匠魂，敬重德国人的务实。德国人与日本人一样，可以安下心来，把手头的活做成大美绝活。许多德国村子里，就有不少名列世界第一、第二的公司。他们的产品领先世界，当然公司就是领先世界了。德国人有哲学，德国人的智慧具有无限的潜质。华为在德国获得了最重要的战略资源，在任何条件下，华为不会主动离德国而去。而德国人的智慧，也不会拒绝广大的市场和巨额投资。

任正非还举了加拿大的例子。加拿大政府受美国委托，扣留了孟晚舟，但是任正非并没有因此去恨加拿大，更没有因此减少对加拿大的投资。华为2019年在加拿大的投资还是很大，还增加了200多名科学家和专家。华为支持加拿大把自己变成像硅谷一样的创新中心。因为加拿大人和美国人主要都来自同一个民族，生活习惯相同，隔得又很近，很容易吸引一些朋友加入创新的队伍。同时，有许多科学家拿不到美国签证，但许多国际会议可以转去加拿大参会。加拿大的会开多了，创新就沸腾了。任正非是把个人恩怨和公司发展是分开的，他也不会轻易放弃心目中瞩目的战略高地。

当然，在商言商。任正非也有自己的态度："从我个人的技术性判断来说，德国是非常需要我们的，因为人工智能对德国工业4.0极其重要，而德国精密制造业需要低时延、大带宽的传送系统来支撑。因为我们做得最好，客户明白要选择我们。"

德国记者们做足了功课。但任正非的回应不卑不亢，直奔真实，让他们有点心虚。他们听出任正非在反复向欧洲伸出橄榄枝，希望与欧洲开放合作。

他们继续提问："华为已经这么强了，为什么还要做出这种姿态？从更广泛的层面看，西方国家对华为的未来业务发展究竟有多重要？"

▶ 这是个全球化的开放时代

任正非很擅长用人人听得懂的大白话描述做企业的本质。他不会去跟你讲情操和理念。情操和理念都在产品中，一切用产品说话。他说，做企业当然希望自己的商品要卖遍全世界，卖得越多，收益越好。华为每年拿出150亿至200亿美元做研发，为的是拿出前端科技成果，但这些成果有多少能盈利、是否能盈利，都是未知数。而华为要冲抵研发成本等，还是需要一定的市场规模。无论欧洲、非洲、中东……都是华为的市场空间，华为都要积极为这些地区的人们提供服务。

非洲的经营比较艰难，不可能赚很多钱，但华为还是在非洲努力去服务，把客户服务的满意度，作为华为发展的重要战略目标。华为的一切工作都围绕着这个焦点来展开。对产品的选择，主动权永远掌握在客户手里。正是因为客户掌握了真正的主动权，市场经济体系才能如此发达。每一个客户从维护自身利益出发做出选择，是全球化进程重要的可靠的保障。

任正非坚信这一条。华为不需要人们超越市场交易原则以外的关照。华为是靠拿出对人人有利的大美绝活，才让大家不得不买。他说：

> 我们相信德国议会和政府将选择符合德国人民利益的政策，同时我们也相信基于事实、证据和充分讨论，有利于德国做出最好的决定。如果欧洲有少数国家明确不选择我们，我们也不会对这些国家有什么想法，退出这个国家的市场销售就行了。
>
> 这是一个全球化的开放时代，走封闭的道路是不会成功的。华为和欧洲科学家一起研究未来的产品，也支持欧洲发展自己的软件能力、应用能力和工业能力，合作起来为智能社会做贡献。

在华为的生产线上，使用的是西门子、博世和达索的软件，生产设备大多是德国、日本的。华为加进了一些人工智能在西门子、博世、达索的软件里，就基本实现了生产线的高效率。华为在欧洲有几个高端科学研究所，聚集着一流的数学家、物理学家、化学家等科学家。

任正非是一个好奇的小学生。他不懂科技前沿的原理，却有一颗空无所空的心，可以听得懂一流科学家的心声，也可以听得懂他们的奇思妙想。比如，有一个年轻的俄罗斯数学家，拿着顶级的年薪，但加盟华为十几年以来没有做出任何有益的贡献。一般公司都会心存疑虑，而任正非就没有动摇过。他几次跟年轻的数学家坐下来，为数学家身上的那种安静和灵动所打动。这样的人，对生命时间的敬畏和尊重，对创造新算法的期许和执着，远远超越我们这些凡夫俗子。任正非静静地等，华为静静地等，终于，年轻数学家拿出一套顶级算法，一下子解决了华为技术上的难题。若没有任正非和华为的包容和尊重，哪里有科学家大美绝活的呈现？任正非说：

华为是很开放的，不仅在欧洲研发新产品，也给欧洲提供服务。比如，无人驾驶、汽车智能化这方面的人工智能，华为目前是世界上最强的。我们在很多方面加大与欧洲企业合作，在汽车的智能计算可以整块合作、切开合作、只卖芯片的合作……与欧洲企业共同成长。所以，我们同时也在欧洲做大贡献。

任正非苦口婆心又坦率直接，使得德国记者们，渐渐地放下了预定的思维惯性，开始跟着任正非的谈话走了。

▶ 原来德国人担心在华为供应链中的位次

记者问："为什么华为在无人驾驶方面这么强？"

任正非说："因为我们一开始就是按L4标准设计的芯片，所有芯片都是按这个标准设计的。欧洲、日本、中国遵循的是同一个技术标准，美国走的是另外一个技术标准。华为的智能计算在世界上有非常高的地位，因此我们这方面就很强。"

华为从一个电子信息行业的小跟班，到后来发展成为行业第一之后，有一段时间很彷徨。进入无人区，没有人指路和带路了，需要华为自己琢磨探寻新的路径。任正非回顾总结通讯行业技术进步的过程，发现标准制定是很关键的东西。于是，从4G开始积极参与，到5G时代，华为已经是标准制定的领军人物了。美国之所以在5G时代掉了队，就是因为在3G到4G的转换过程中，在标准上太过迷信自己，没有博采众长。所以，华为之所以在智能驾驶领域占据领先位置，就是因为它能与欧洲研发团队一起，选定了L4标准设计的芯片。欧洲、日本、中国一个标准，华为又因为有高级智能计算，因此就领先了一点点。

欧洲记者团为这次访谈做足了功课，这方面他们是了解的。在听了任正非的仔细认真的回应以后，记者们开始入心了，由此提出一个很可爱的问题："但是你们不该从日本购买工业设备，别的地方可能可以更优惠的价格提供。"

这个问题，明显带有对华为选购日本设备的抱怨。这个抱怨表明，欧洲已经全然认可华为技术上的强大与领先，已经开始计较进入华为供应链的位次了。这同时也是个敏感问题，还挖了一个坑：任正非是无原则地见了欧洲人说欧洲话，见了日本人说日本话，还是在坚持商业本真、一贯到底？

任正非当然知道其中的含义，他开诚布公地说：

> 那不见得，日本公司也是我们的战略伙伴，为什么不买呢？日本的管理和德国的管理是不同的，德国人很自信，产品生产到最后才检测；日本人太小心，每一个过程都检测。所以，我们在德国魏尔海姆和日本船桥分别建了工厂，把德国和日本的优势结合起来，这样我们就能生产出高质量的产品。客户不买？不可能。关键我们还没有这么多产品卖，我们在动员中国客户能否少买一些，让我们先供应外国客户。大家知道，新产品扩充生产线是需要一个过程的。

任正非是语言大师。本来欧洲记者提出的问题是，你们华为有东西卖，我们不一定要，因为你们这里的法治环境还有待完善，对在这样的土壤里培养的企业的可信度是打问号的；而现在讨论却转化成华为的供货能力有限，要给国外客户供货，就要说服国内的客户少买点。而这个点竟然也为德国记者们所接纳。他们关心的焦点，已经从华为产品的可信度问题，转移到是否华为是否可以增加供货力度的问题。

▶ 任正非为什么喜爱欧洲

德国记者发现，华为采访厅的装饰风格全是欧式的，喝茶的瓷器产自德国，葡萄酒杯也是德国的，硬质刀叉也是德国的。中国也有很多很好的瓷器，任正非为什么喜欢欧洲的呢？

任正非对欧洲的喜爱，是不言而喻的。欧洲是西方文明的发源地，欧洲人走过了快速发展的阶段，进入成熟的稳定期，人的心也安顿下来，不为环境变化所动。所以瑞士、德国等国居民的平均寿命都已经达到81岁以上。除了饮食习惯以外，更重要的原因是欧洲人心静，那是匠心匠魂精神的基础建设。而且德国人有哲学，看人看事特别明晰。任正非说：

> 我曾经说过，如果德国没有劳动法，世界上所有的刀叉可能全是德国造。人工智能的使用，会让德国摆脱劳动法的羁绊，产生井喷式的发展。

德国劳动法其他细则不去说，单单一个提前解聘通知，即劳动者工作10年，要提前5个月通知，否则，解聘无效；单就这一条，任正非就或许认为对业主和员工，都苦不堪言。员工明明要被解聘了，还要在公司待那么长时间，其工作积极性和创造性注定会受影响，而且受影响的不是一个人，而是一个整体的工作氛围或能量场。

一个德国记者为准备这次采访，来之前读了一些关于任正非的介绍，他觉得任正非个人的发展其实很有代表性。任正非小时候家境平平，吃不饱肚子，没有多少钱，但是现在是个真正的成功人士，这从很多方面看都很像中国不断崛起的历程。于是，这个记者提出他的问题："以德国和欧洲为例，您觉得跟中国相比，欧洲是不是在走下坡路，而中国是不是正在不断崛起成为超级大国?”

任正非不会去涉及一些虚词，他愿意谈实质的问题。他说：

> 欧洲提供的高科技，可能你用肉眼是看不见的。华为的人力资源系统管理使用SAP的软件，产品的设计、生产、供应整个体系用的是西门子、博世、达索的软件，我们还是用了非常多欧洲先进的高科技产品。我们设备中所含有的很多数学、物理、化学、美学……也是来自法国、德国、意大利……应该说我们用了非常多的欧洲先进科技。

他感觉欧洲不是高科技发展不起来，而是受了冷战时期一些过时东西的捆绑。在被限制的国家中，中国赫然在列！这是欧洲发展受阻的一个重要原因。

任正非认为，欧洲现在应该改变这些过时的商业规则，敢于把东西卖给中国。欧洲和中国会打仗吗？既然不会打仗，为什么还要延续过去冷战时期经济封锁的规则来进行呢？美国不卖这个东西，正是欧洲大发展的好机会，欧洲为什么不趁机填补美国的空白呢？明明我们大规模需要芯片产品，欧洲为什么不大规模投资先进的芯片制造业呢？有钱为什么不赚呢？欧洲有大型的芯片工厂，只要他们加大投资，中国就会加大购买。当然，来自美国的投资要少一些，如果超过25%，美国就要限制你们的销售了。如果你们不需要中国的投资，可以吸收中东投资。任正非说：

> 社会信息化的速度越来越快，现在是供应能力跟不上。欧洲的英飞凌、恩智浦、意法半导体等很多基础性产业要加大投资买设备，芯片设备也是欧洲生产的。你可以说服他们投资，如果他

们没钱建厂，我们可以预付货款，支持他们发展。机会很难得，一定要趁机尽快发展，如果错失这个机会，就追不上了。

任正非的真诚，又一次打动了德国记者。他们已经不是在采访一个令人敬畏的华为创始人了。他们喜欢这个老头。这个老头说话简单易懂而且入心。听他不停地夸奖欧洲公司，记者就问了一个实际问题："在您看来西方企业和中国企业的区别在哪？"

任正非回应很快："西方企业很优秀。'德国''瑞士'这个名字意味着什么？意味着高质量。中国企业还不具有这样的品牌影响力。华为也还没有达到这样的水平。"

这个问题回应得实事求是。德国、瑞士是工匠精神特别浓厚的国家，因为瑞士人和德国人都懂得聚精会神出绝活。这样一种心性的养成，使得他们很少追求欲望满足的急躁，而在工作中时时刻刻研究物之性和人之性，全身心投入。在浮躁的世界可以静默下来，是一个民族精神气质最难得的部分。相对于瑞士和德国，显然中国有很长的路要走。就是领头羊华为，在这方面也跟瑞士和德国的企业有一定的差距。

德国记者对任正非的回应很开心。有一个记者心悦诚服地说，到了中国后，才了解到华为被中国人民视为国家的骄傲，越来越多的中国人现在选择购买华为手机，希望能帮助华为渡过贸易战的困难时期。他的问题是：

如果德国做出了政治决策，不让华为参与其5G建设，德国的汽车和其他产业在中国会不会受到反制？中国政府在此之前也做过这样的事情，大家对此会作何反应？

任正非他很郑重地回应：

第一，我已经批评了公司内部，不要过度消费国人对我们的热情，我们要坚持以客户为中心，把客户体验、客户感知放在第一位。第二，会不会对德国和日本的汽车产生一种心理上的反应？事实证明，中国遍地还是德国车和日本车。

任正非从来不提倡民族主义情绪，在美国记者面前，他公开说自己家里人也用苹果手机。对德国和欧洲，任正非永远谨守一个做企业的责任："磨好豆腐给最亲的人吃"。凭借以客户为中心、把客户体验放在第一位的工作理念，华为走到了今天；华为还将一如既往地以客户满意度为中心，走向明天。

华为从开创企业之初就坚持"整合全球资源做好产品为全球人服务"。今天华为已经成为一个全球化公司的标杆，就更要坚持这个原则。哪里有最好的生产要素，华为就要去整合，做出大美绝活，提升全球客户的满意度。欧洲乃至世界上任何一个角落，只要有满足客户需要的好的生产要素，华为就会义无反顾地去寻找、去整合。

欧洲拥有充足的科技要素和充足的智慧，这是任何一个快速发展的公司都离不开的生产要素。华为需要欧洲，欧洲同样也需要华为。

华为历史上和正在打开的机会窗

09

我们坚信，未来二三十年人类社会必然走进智能社会。今天，人类社会正处于新理论、新技术再一次爆发的前夜。发展潜力巨大，但也存在诸多不确定性。很多问题依然存在，但开放创新是最好的解决之道。

站在智能社会的门口，展望二三十年后华为在这个新的社会结构中扮演什么角色。疏导巨大信息洪流就是我们公司未来二三十年的战略定位。疏导、分发、存储与处理数据流量，就是我们的战略方向，也是我们长期的奋斗方向，奋斗必须在大方向上要有连续性，在不同阶段应有适应性。

——任正非

我想照亮地球。在地球内部，有喜悦、和平与爱的能量，它们的表情像花朵一样从大地上生长；我们从它们身上得到食物，以及创造人类家园的一切东西。我花了几年时间寻找这种可以影响人类的能量，玫瑰迷人的香味可以作为一种药物，阳光能作为食物。生命有无数种形式，科学家的责任是在每种形式的物质中找到它们。有三件事是必不可少的。我所做的就是寻找它们。

——尼古拉·特斯拉

20世纪90年代，当时中国通信市场100%为西方公司占有，呈现“七国八制”之势：七个国家八种制式，包括瑞典的爱立信、芬兰的诺基亚、法国的阿尔卡特、德国的西门子、美国的朗讯、加拿大的北电、日本的NEC和富士通。中国国营企业望而却步，感觉从零开始没有办法跟国际大公司竞争。于是通过出让市场，来获取一定程度的合作。而华为却能在铁板一块中抓住机会窗。

华为历史上的五次战略机会窗

当时，“七国八制”是适合城市使用的大型交换机，不适配农村的通信需求。规模太大，农村也承担不了这么高的成本。而华为作为民营企业，既没有资源与跨国公司交易，也没有过硬的技术在城市与跨国公司抗衡，华为的机会是在农村。国际跨国公司垄断了大城市，乡村需要更多小范围的覆盖和服务，大公司望而却步了，华为却抓住了缝隙空间。

▶ 第一个战略机会窗：中国不发达的农村

华为抓住了这个机会窗，才有了后来的长足发展。

当时中国农村通信市场刚刚启动，华为最早开发的产品是40门模拟交换机，今天看来那个东西超级简单，但当时对华为来说也是有很大压力的。那时中国刚刚开始开放改革，小招待所、小商店需要小型设备，给了华为机会。华为从研发小型设备开始，积累了人才、资金、经验，积累了客户的信任，才一步步往前走。

华为从40门交换机起步，做到100门，之后做到200门，再做到2 000门，然后开始做一些大型的程控交换机，能满足一些乡镇基层的使用需求，华为就是这样一步步往上走起来的。

华为在创业初期已经感觉到，要生存下来，唯有尊重客户、尊重客户的价值观、尊重客户的利益。钱在客户的口袋里面，只有质量好、服务好，它才会给你。那时华为上下对客户的态度有宗教般的虔诚，贯彻一种观念：宁可自己吃苦，都要让客户的需求、客户的价值观得到实现。这样华为在客户心目中的形象会越来越好，东西也会越卖越多。

当华为积累到一定规模时，代理商认为华为可能会控制市场，就不给华为供货了。“断供”，华为不是第一次碰到。也是“断供”，让华为意识到必须要开发自己的产品才能生存下来。

在整个过程中，华为不是赚到钱就自己赶快消费，而是很节约，把赚到的钱再投入到研发中，把所有一切精力都奉献给客户，赢得了客户的信任。直到今天，客户对华为的信任度还是非常高的。

任正非解释，早期政府对华为这个民企不了解，觉得将大型通讯设备交给民企不放心。而且，华为实行的是员工持股制度，也就是员工拥有资本，可能被误解为资本主义公司，不符合社会主义条件。政府曾经几次派出审查小组，几经督查审核，华为是干干净净的好公司。于是，这个误解在10多年前就逐渐消除了。华为从来都照章纳税，现在华为每年给世界各国纳税约200亿美元，其中大部分是缴纳给中国的。政府看到华为对社会的贡献，也看到华为公司讲诚信、遵纪守法，因此就逐渐认识华为、接受华为了。

开始西方也不接受华为，比如在美国偏僻的农村市场不赚钱，大公司不愿进入，而华为则“乘虚而入”，为美国农村提供廉价的通讯服务，树立了极好的口碑。华为一直是以最好的产品和服务，拓展欧美市场。虽然美国在欧洲频频宣传打压华为，在这种高压下，欧洲客户还是纷纷购买华为的设备，这是华为几十年为客户服务积累的诚信带来的价值影响。

▶ 第二个战略机会窗：到非洲去

华为在中国是走的“农村包围城市”的战略，在全球化中也实行的是“从农村包围城市”的战略，即从不发达国家开始启动。当时，非洲有些国家正在发生战乱，西方公司全部撤退了，它们不能给这些国家提供通信设备。而华为当时在中国农村市场卖的设备对他们是适用的，所以华为抓住了这个机会，并最终在非洲市场也站稳了脚跟，积累了一定资本。

华为在国外市场的成功，也给了中国政府一种信心。原来华为不是在中国赚了钱发展起来的，而且在国外也发展起来了。后来华为进入了欧洲，中国政府看到华为能进入发达国家，认为华为公司还是好的，误解也就消除了。

▶ 第三个战略机会窗：意想不到的技术突破

华为有位俄罗斯的小伙子，也是顶级数学家。他拿着顶级高薪，10年没出成绩。华为一点也不着急，结果，他用10多年时间研究一个算法，打通了2G和3G之间软件的算法，因此2G和3G可以合并在一个设备，理论上可以节约一半的成本、降低一半的重量，关键是减轻了产品的重量。产品重量对欧洲特别重要，因为欧洲没有那么多铁塔、电杆等安装基站，大部分都安装在旧房子上，如果设备太重，那么房子就会承受不住。因此，华为的设备在欧洲受到欢迎，就是从这个算法打通2G、3G设备开始的。

华为飞快地进入欧洲，这就是SingleRAN占有欧洲的故事。接下来依此算法，2G、3G、4G的软件也可以打通，2G、3G、4G可以是同一个设备，这大大地提高了效率，也提升了公司的利润率，才可能有更多的费用投入研发。

当时3G在世界上有几种制式：欧洲WCDMA、美国CDMA2000、中国TD-SCDMA，通过算法延伸，华为把这些制式又全部集成到一个设备里，在欧洲、中国等地都可以卖同一个设备，更好地满足了客户需求；同时又进一步提升了公司的竞争力，提升了公司的盈利能力。由于集成了制式，成本大幅度降低，华为的销售收入也在积累增加，增加的积累并不是拿来消费，而是继续投资到未来。

▶ 第四个战略机会窗："多频多模"

世界通信经历了七八十年的发展，政府在每一个阶段分配频率时，给运营商在这个频段上分一小段，过段时间在那个频段上再分一段。老牌的运营商有十几个频段，就对应需要十几根天线，每根天线都有不相同的电子部件组成，而且多根天线导致承重加大，这都是成本。华为利用俄罗斯数学家独特的算法，把十几根天线合成一根天线，把几种制式的设备合成一个设备，叫"多频多模"。

这是华为独创的技术，让华为的无线通信一下子站在领先世界的舞台上。华为的领先，不是从5G开始的，从4G开始就已经领先了。

▶ 第五个战略机会窗：移动互联网时代

通讯运营商的基站是有限的。华为卖完了设备，渐渐也就没有多少拓展机会了，因为市场趋于饱和，华为也快衰退了。感谢乔布斯发明iPhone，打开了移动互联网时代，一下子把电信设备网撑开了，大家多买设备，华为也就能多赚钱，从而活下来走到今天。

移动互联网时代，改变了IT产业生态，改变了经济结构，改变了经济的本质，也改变了政治生态。以前经济的本质，是围绕着土地、石油等物质资源展开的，谁控制了物质资源，谁就是绝对霸主，于是围绕着物质资源的垄断，展开了全球经济和政治的战争。而在移动互联时代，科技发明与研发的智慧机构，成了真正的核心资产。这些核心资产，在人们的大脑中，掠夺和霸凌适得其反。

移动互联时代的政治经济格局发生了重要的改变。正是在这样的时代，美国高举霸凌屠刀砍向华为，就显得不是那么得心应手。重要的盟友不再紧跟美国，因为在数字时代，每个国家都有自己的数字主权。数字主权，成为这个时代经济、政治独立的重要方向标。

▶ 开拓五个战略机会窗的体会

在美国实行“5.16”实体清单之前，华为在海外拓展市场没有多大困难，因为最主要的是客户选择。在“5.16”之后压力陡然增大。美国举“全政府”之力，打压华为，甚至以“情报资源”与“军事同盟”为要挟，迫使发达国家领导人就范。有个别顶不住压力的，就做了妥协。华为也只能放弃这个国家，也可能放弃这个客户。任正非说：

> 我们只选择认同我们的客户，做一些就行，并不要求所有国家、所有客户都接受我们。如果客户都听政客的，它是否能养活自己呢？决定企业命运的不是政客，而是企业的客户，客户购买的商品一定是能为它盈利，它才能活下来。

美国政府也指控华为，说华为可能通过电信网络、通信设备和自己的技术针对别国开展间谍活动。面对这样的无端指责，任正非一次次地回复：华为在美国没有什么产品销售，美国的网络安全与我们无关，信息安全也与华为无关。事实证明，没有华为，美国网络与信息照样会不安全。任正非说：

30年来，我们为170多个国家、30亿人口服务，至今没有任何事件证明我们有类似的问题。如果发生过类似事件，美国早就拿到桌面上给欧盟看证据了。历史已经证明，我们没有做过这种事，我们也没有动机做这种事。

未来怎么办？欧盟有报告认为华为5G技术是非常先进的，但是也关注非技术因素中的风险。所以，我们承诺遵守欧盟所有相关的法律规定，事先给所在国家政府进行承诺“应该怎么样或者不做什么”，事后接受这个国家的审计，这样使得信任会逐步增加。对华为监管最严格的是英国，我们很信任英国、德国，对他们开放以接受检查；他们很关注我们存在的问题，也批评我们哪些做得不够好，但是也建立了对我们的信任。事前承诺、事后审计，合乎欧盟对我们的管理要求。我们尊重欧盟的规定，为什么会没有市场机会呢？

现代经济的本质已经发生了改变。科技发明与开发机构，已经取代石油等物质资源，成为最重要的核心资产。信息、数据现在都被形容为“新的石油”。对信息资源的博弈，成为智能时代的新主题。在这样高度敏感的领域，华为如何在发达国家中建构自己的信任？

华为已经成为把客户信息安全作为最高纲领的数字公司。华为在欧洲设立数字安全中心，开放源代码，让客户自己掌控自己的信息。任正非不会去讲一大堆空泛的道理，他会从心里面蹦出最关键的信息。他说：

我们承认每个国家的数字主权，数据主权在所在国家，不在我们，我们拿了数据没有什么用。如果从事这样的事情，只要发生一次就会在全世界曝光，客户都不买我们的设备，那公司就破产了。员工都走了，留下我来还债，我还得起吗？

任正非很坦荡。华为没有动机和必要性成为数字间谍，也没有这个可能性。就如卖汽车一样，把汽车卖出去，装什么货是由司机说了算。华为把设备给运营商，是运营商在运营，受制于它所在的国家监管，华为根本接触不了数据。华为既拿不到数据，也不需要数据。

美国举全政府之力对华为进行打压，就算有伤害，最多也就是影响终端销售100亿美元的水平，5G方面不受任何影响。而反过来，这么多美国政治家在全世界游说，还给华为产生了正面影响。任正非开心地说：

华为原来这么厉害，还需要美国这么强大的力量打压，那设备一定好，赶快买，担心以后买不到。最近来访问华为的客户增加了69%，为什么？他们就是来看一看华为的设备是不是没有美国零部件也能生存？在没有美国零部件的情况下，华为能够持续给客户供应，让客户的信任度大幅增加。其实美国给我们做了广告宣传，我不认为美国的打压给我们产生了阻力。

面对美国的极限施压，华为不会出现财务风险，增长速度可能还会不错。任正非解释了具体原因：

第一，因为员工有了生存危机和压力，以前他们有点惰怠，现在不惰怠，反而更努力了，让生产能力提升了。这是内部原因。

第二，外部原因。有一部分客户不购买我们的设备，我们可以理解，但还是有很多客户购买我们的设备，因为我们有很多独特优点，这些优点是客户继续购买的理由。

中国的70周年国庆晚会，是通过5G技术转播的，播放过程中没有任何卡顿；转播使用的是华为的5G基站，非常小，不需要线连接。实践证明华为在这个问题上领先世界很多，因此华为有充足机会，不担心客户不用华为的设备，而是担心太多客户购买，华为供应不过来。华为还要请本国客户不要买那么多，以确保国外客户先用设备。

任正非说，因为美国的封堵，华为可能会发展得更快。因为华为大多数员工经历了30年的奋斗，经济有很大改善，可能会产生怠惰的情绪。美国一大棒子打下来，大家感到危机，奋斗精神更加发扬，具体体现是华为的销售收入本来应该衰退的，结果反而增长了。

任正非把19.4万华为人的心安在创造大美绝活上，员工的表现也让任正非很安心。他知道，在开始阶段他们可能是为着自己的私欲在奋斗，但是一旦将所有的升迁机会都与创造大美绝活连接，在创造大美绝活的过程中，今日之员工与昨日之员工已经全然不同了。今日之员工的奋斗是基于使命感，而不是完全受经济利益驱动。

华为实行虚拟受限股，是让员工分享过去劳动的价值，不能说发了工资、奖金就完了，因为劳动贡献还会延伸很多年而产生价值，用“股份”这种方式就能使员工因为昨天的劳动获得回报。华为员工的奋斗主要靠使命感，而不是靠金钱激励的。应该说，华为“大厦”不会有“将倾”的问题。任正非说：

我的担心是，大家努力奋斗以后，使公司利润增得太多，怎么解决？这是个现实问题。我们现在不是经营收缩，而是利润增长太快，将来还是要解决战略性投入增大的问题。

第六个战略机会窗：与全世界共建、共享生态圈

在全球经济低迷、创新乏力时，在美国霸凌全球的非常时期，漩涡中心的任正非点亮了火炬，高调宣告一个新时代来临！虽然存在巨大的不确定性，但开放、创新是最好的解决之道，华为坚持开放、合作、共赢，与全世界共建、共享生态圈，以开拓华为的第六个战略机会窗。

▶ 我们处在爆炸式创新的前夜

任正非在英国《经济学人》杂志特刊“2020的世界”中，发表署名文章《我们处在爆炸式创新的前夜》。文章虽短，分量却很重，里面提到了华为在未来一个时期内的战略定位和战略方向。

任正非在文章一开头就宣告了一个新时代的来临。他说：

> 我们坚信，人类社会在未来二三十年必然走进智能社会。今天，人类社会正处于新理论、新技术再一次爆发的前夜。发展潜力巨大，但也存在诸多不确定性。很多问题依然存在，但开放创新是最好的解决之道。

华为作为领导者，前边横亘着一些看上去无法突破的边界，比如现有

的定律和标准已经快到尽头了，现在已经不是科学研究有重大的突破的黄金时期，发展已经在曲线的饱和段，华为跑不快了，无限的忧虑和惆怅开始弥漫。造物者任正非却看到了一幅巨大的无穷性的画面："人类正处于新理论、新技术再一次爆发的前夜。"这期间有巨大的不确定性，同时也有巨大无穷性。保持空杯，保持开放，持续创新，合作共赢，是最好的解决之道。任正非不会空谈，他会提到一些具体的引爆点：

> 电子技术到了3纳米、1纳米后，不会因摩尔定律的失效而停下发展的脚步，还会继续前进，只是前进的实现形式还不知道罢了。我们曾经期望通过石墨烯来实现，但直到今天还不是很清楚；基因技术在这二三十年一定有大的突破，它将促使生命科学、生物技术、纳米医疗……的巨大进步，给人类带来的变化还不可知；分子科技可以用来合成前所未有的材料，新材料、新技术不断出现，我们现在完全看不清楚；人工智能在此期间必将得到充分应用，对社会进步的促进和改进，财富的增加形式，还无法构想；量子计算在这个时期的突破普及，带来信息流量的爆炸，对于其产生的影响，虽然想象得到，但绝对不会是我们想象的样子；光技术在各领域的深入应用……

技术进步太快了，电子技术的"摩尔定律"早已失效。而"摩尔定律"失效的背后，可能蕴含一场深刻的科学革命。既有的规范和逻辑，已经不足以诠释科学技术的发展。许许多多不可解释的"逆案例"已经涌现出来。

关键是，是不是有勇敢自由的战士，可以在现有规范失效的地方，发现新的机遇。这场革命究竟从哪里开始，率先在哪里引爆，现在还有着巨大的不确定性，也就是说有着巨大的无穷性。

万物互联，跨学科的“链式反应”，推出了一个巨大不确定性的世界。人们要适应这样的不确定性世界，需要思维意识有一个重大的转化。需要我们从“有”上升到“无”，去关注“无中生有”“无用之用”的科学世界观。

> 已经明确的是，我们要加强信息社会的基础设施建设。其中，基础有两部分：硬基础（技术本身）、软基础（应用技术所需的规则、技能……）。硬基础，特别是光网与5G的建设以及未来6G的应用。AI依赖一系列的信息技术，没有基础设施能力的持续突破，就难以进步，这就如同汽车没有高速公路就跑不快一样。软基础涉及人才、监管等，但关键在于人才。全世界要迎接这个新时代，必须发展教育，在提高全民族文化素质的基础上，在充分的学术自由、思想自由下，培养百花齐放的人才。

在2019年12月11日接受拉美和西班牙媒体访谈时，任正非不无骄傲地说“华为5G是当代最好的5G船”：

> 华为5G应该是当代世界上最好的5G船，轻易不会沉没，会把西班牙文明带给全世界。5G给人类带来什么未来？它主要是支撑人工智能，在人工智能的使用中，可以出现无人农场、远距离操作的矿山/港口……

在此次访谈中，任正非还饶有兴致地举了一个“牛联网”的案例。华为发明了一个“牛联网”，在牛的身上装上传感器，把牛连接到网上，可以监测到什么时间是牛最好的产奶时间。这样一头牛，每月能多挤价值156元人民币的奶。电信运营商通过出租设备，能分取20元的利益。因此，华为不是在意识形态下去改变别人，而是完全在没有意识形态的领域去努力发展生产。

> 站在智能社会的门口，我们要展望二三十年后在这个新的社会结构中扮演什么角色。我们想象得到信息洪水的巨大，疏导巨大信息洪流就是我们公司未来二三十年的战略定位。疏导、分发、存储与处理数据流量，就是我们的战略方向，也是我们长期的奋斗方向，奋斗必须在大方向上要有连续性，在不同阶段应有适应性。

在智能社会的门口，任正非提出华为在未来20年至30年的战略定位：疏导、分发巨大无穷性的信息洪流。战略方向是：疏导、分发、存储与处理数据流量，战略奋斗方向要有一定的连续性。常规科学愈来愈严格了，常规科学持续性的积累，也带来了知识的细节，带来了任何别的办法都达不到的观察与理论的精确配合。规范愈是确切、愈是广泛，它对反常现象，也即对规范变化的时机提供了愈是灵敏的指示器。

> 一花独放不是春，这么五彩缤纷的信息社会，没有百花齐放是不可能的，我们要坚持开放合作共赢，坚持与全世界公司共建生态，共享生态，坚定不移拥抱全球化。

百花齐放才是科学春天。科学上的重大新事物常常同时从几个实验室涌现出来，这个事实正是常规科学顽强的传统性标志，同时也是传统的探索为自己准备好了变化方式的标志。最后，在巨大不确定性的时代，任正非找到了真北：在智能社会新时代，“坚持合作、开放、共赢，坚持与全世界共建生态，坚定不移拥抱全球化”。

在虚拟互联时代，任正非历经人生和企业的磨难，提炼出灰度哲学以照亮黑暗和迷茫：(1)直面正反、是非、好坏、高下、前后、黑白、雄雌、曲直等一系列对拔的两端，在不断反转的过程中把握事物的发展；(2)叩其两端而执其中，在巨大无穷性的中间疆域，去拿捏动态平衡；(3)安住当下19.4万华为人的一颗心，聚精会神创造大美绝活，以创造大美绝活的确定性，把巨大的不确定性转化为巨大的无穷性。

灰度哲学是穿透科技发展与创新的方法论。当任正非提出要建立"让听到炮声的人呼唤炮火"的体制时，他就已经考虑要最大限度激发员工，最大限度激发一流科学家和天才少年，使他们内在的能量场与外在的能量场在交融共振中以取得更大效益。

▶ 华为未来科技的历史机会窗

任正非在2019年10月6日接受日本共同社采访时，曾经对未来社会与华为的第六次机会窗，做了大致的描述：

> 人类生活方式的改变其实是我不可想象的，信息社会发展的速度实在是太快了。我们不要忘记，几年前或者更早期，你们当记者很痛苦，用64K的电信系统传递信息需要两天两夜，现在一秒钟就传过去了。那时我们上网要在家里把电话线接进去，乔布斯的一个发明推动了移动互联网的进步，使互联网的发展像火山爆发一样，一个发明就带来这么大影响。所以，5G、人工智能结合起来，一定会推动社会很大进步，但是进步到什么程度，我自己也想象不到。
>
> 未来的人工智能所造成的影响比乔布斯的移动互联网产生的影响更大，但推动一个新时代的发明不一定是华为。
>
> 海量数据出来以后，一定要有传送和疏导。未来华为还是注

重于信息流量的疏导、分发、存储和处理，不会离开这几个环节。

假如说未来华为手机没有谷歌的操作系统，欧洲与日本等地的用户就不会选择华为终端。华为没有选择，任正非明确表示，能理解有些消费者可能在一段时间内不选择华为手机，但是华为会努力去改变现状。全球化推进者任正非，提出华为要向更为明确的方向加倍努力：与全世界公司共建、共享生态圈。

任正非说，将来的终端非常多，而且所有都可以连通，不用重新导入。软件怎么给人们体验呢？软件是摸不到、抓不住的，要以终端为载体。终端将来也会是五花八门，不仅仅是手机、平板电脑、台式机电脑。

“推动一个新时代的发明不一定是华为”，但是也可能是华为。历史上，乔布斯发明了移动互联网，推动了互联网火山爆发一样的发展。5G和人工智能结合，一定会在物联网信息流量的疏导、分发、存储和处理上有新的突破。这是华为未来一个时期的重中之重，而且华为在超级计算机的算力上也全球领先。言下之意，未来华为有可能推动未来“物联网生态系统”的整体大变革。

灭顶之灾，要么把你拍死，要么唤醒沉睡在你心中的巨人。

20世纪90年代初，华为历史上第一次遭遇供应商断货，华为开始转向全力投入搞研发，结果开启了华为的第一次机会窗。现在美国打压，激发出了员工无穷的创造力，华为的利润增长飞快。现在有着历史性机会，也有着全球一流人才的加盟，还有着充足的资金，华为正被美国推上了第六次战略机会窗，而且要与全世界共建、共享生态圈。

▶ 5G将怎样影响和改变人们的生活？

展望未来，5G很显然是华为商业版图中的一大块。在一系列采访中，任正非不断拓展着对这个主题的认识。

任正非切入这个问题很简单。5G的作用，其实与普通公路和高速公路的区别是一样的概念。普通公路可以走汽车，高速公路也可以走汽车，只是高速公路走得快一些。5G带来大带宽、低时延，对信息社会、人工智能产生支撑作用，5G本身对社会并没有直接产生价值，但是支撑的信息系统对未来进步是有巨大价值的。

“空客320计划”。空客320飞机上有17吨信号电缆，如果将来不采用线直接连接，而是用无线把飞机里的各种设备连接起来，这样空客会大幅度减轻重量、减少燃油、改善飞行状况，从而产生巨大价值。当然，华为的这个空客320计划不容易实现，需要有一系列艰难的攻关。

家庭全覆盖。过去家庭用很多线布置宽带系统，现在不需要了，只用这么小的一个无线盒子，家庭就全覆盖了，家庭里的所有电器、门、窗、洗手间、厨房等一应物件，都可以遥控操作。这是5G对生活最简单的影响。

5G的低时延。低时延主要可以解决自动驾驶等场景问题，用于工业自动化的改进。未来如何改善生活会超出想象，现在有一些初显的影响。比如，要操纵几千公里以外的一个机器设备，可能存在时延。操作机器的时候如果有时延，就会误操作。5G的时延只有1毫秒或者更低，它就可以实现远程实时操纵机械。这些应用都会给人类带来巨大改变，但现在还只是一些设想。

5G是一片黑土地。如何更多创造5G对社会的价值呢？还要靠千百万个公司共同努力。5G连接，只是提供了一块肥沃的“黑土地”，上面可以有巨大无穷性的庄稼生长。种什么“庄稼”，需要无限多的大小创新公司一起努力，创造出无穷多的大美绝活。

近期欧盟发布了关于5G和网络安全的报告，报告中提到由于5G的出现，网络遭受攻击的风险可能会更高。这些攻击可能来自非欧盟国家。更进一步，欧盟显然非常担心5G的安全问题，但欧盟也认识到了5G的潜力并且想把握住这个机遇。欧盟非常看重隐私问题并出台了有关数据保护的新规定。记者问任正非："民众也对自己的信息和数据如何被使用有所担忧。同时，也有人担心一些国家利用互联网或者社交媒体干预其他国家的事务。现在欧洲有些很严重的担忧。华为作为行业巨头，想对欧洲民众说点什么，让这些消费者能够放心？"

这是个很好的问题。任正非回应得很有层次。

担心是可以理解的，包括我也担心，我每天打电话，不知道是不是美国有人在监听。我们遵守欧盟网络安全管理规定，遵守GDPR规则，遵守欧盟所有的法规，好让欧洲人民放心，当然，放心需要有时间和实践来检验，我们现在能承诺的是遵守欧盟的管理规定，尊重所在国家的数字主权，这点是不动摇的。

在接下来几年的时间内，欧盟会逐步开展5G部署。欧盟也想确立自己在5G应用以及相应安全管理机制方面的地位。华为尊重、敬畏和全力支持欧盟在5G以及其他未来数字技术方面的工作，华为想跟欧洲建立可信任的密切关系。任正非强调了以下几点：

第一，我非常支持欧盟新的数字主权方面的战略。以前的财富是以物质为主，因此地缘政治很重要。现在是信息社会，信息没有边界，数字主权就显得很重要了。新的欧盟政策，就是要基于事实来判断，所有公司都应该事先承诺不做坏事，事后审计是不是做了坏事，如果都没有违反，那就是一家好的公司，可以在欧洲生存下来。当然，欧洲的规则应该是针对所有公司，不是针对华为一家公司的。欧盟关于5G网络安全风险的评估报告可能会在全世界推广，我认为这个报告是积极的、好的，我们不担忧，因为我们从来没有干过坏事，无论怎么规定，只要认真审查，我们都可能获得机会。

第二，在网络安全问题上，华为面临着美国的指责。但是，这些指责是空穴来风，因为历史事实已经证明华为是诚信的公司。30多年来，华为公司为170多个国家、30亿人口提供服务，至今没有出现一宗窃取别人信息的案例。华为已经用30年历史向欧洲和世界人民证明华为的诚信。

第三，中央外事工作委员会办公室在慕尼黑安全会议上已经表明“中国设备不允许安装后门”；2019年人大会议后答记者问也表明“绝对不允许安装后门”。因此，从政策上来讲我们不会做这个事；从利益上来说，只要做一次，全世界都会知道，我们30年建立的商业信用就崩溃了，员工都跑了，我自己要去还几百亿银行贷款，我在动机上决不会去做这个事。所以我们对北欧人民承诺，我们尊重北欧的国家数字主权，不会侵犯主权。

第四，就像汽车厂家把汽车卖给客户一样，汽车装什么东西是司机说了算，而不是汽车生产厂家说了算。我们把通信设备卖给电信运营商后，是运营商在实际管控数据，是当地政府在管控数据，华为没有管控数据，所以我们没有窃取数据的可能性，我们坚决支持数字主权。

第五，客户怎么决策，我们都是可以理解的。就如我们去商店买衣服一样，到底挑哪件衣服？我认为你应该挑这一件，但客户挑了另外一件。所以，不同衣服有不同的人喜欢，一个客户所喜欢的东西应该代表他的愿望。全世界这么多运营商，不可能让所有运营商都喜欢华为。过去我们也没有做到过，更不要说现在处于矛盾冲突中。迄今为止，我们已经有60个5G合同，已经发货40万个基站，还在增长之中。一两个客户不用我们的设备，不能代表大量客户对我们的看法。

第六，我们尊重和支持欧盟的数字主权战略。在数字主权的基础条件下，我们努力在欧洲实施AI、把基于ARM构架下的智能计算体系、我们掌握的Atlas深度学习体系等面向欧洲开源开放，给欧洲的中小公司提供创新的平台和资源，支持欧盟或欧洲某个国家建立自己的数字生态，形成共赢。

第七，我们也可以对欧洲的中小公司给予投资，支持和引导它们前进，而不是我们独家胜利。我们在欧洲建立一个“黑土地”，土地上种庄稼，可以由大量欧洲公司来做。我们要努力的，就是要逐步去推动欧洲的数字生态建设。

一个时期以来，欧盟面临许多困难，包括一点点身份危机。在欧盟内部存在大量深层次的政治分歧，成员国之间很难达成共识，这无疑会增加华为构建信任工程的难度。可是任正非却很有信心，他说：

我认为，解决这个问题的难度不大，最主要是把自己的事情做好，让客户真正信任我们。我们不会去介入这些纠纷，在政治上也不会选边站，就是踏踏实实做好自己的事，没有什么难度。

无论环境怎么变化，无论有多少漩涡激流，华为只坚持做好自己，建构自己的信任，这样才可以建构与欧盟成员国以及与世界各国的信任关系。

▶ 人工智能

在“创新、规则和信任——与任正非咖啡第二期”中，任正非几次说到人工智能。他在跟两位科学家（Jerry Kaplan，一名未来学家以及笔式计算和平板电脑领域的先锋；Peter Cochrane，英国皇家工程院院士、女王创新奖获得者和英国电信前CTO）的互动中，也拓展了对人工智能的认识。

Jerry Kaplan认为，人工智能的发展有所不同。大家都在猜这场竞赛中谁会胜出。政客和媒体朋友说这里涉及国家之间的对抗。其实人工智能是一种软件技术，主要由程序和数据两部分组成，其价值主要存在于大量的数据中。所以，人工智能的本质就是程序对大量的数据集进行分析，找出规律。这就是目前阶段的人工智能，关键在于每个人都可以接触到这些技术。数据的传输也很方便，美国公司也在向外传输数据，所以数据不是问题，问题在于如何使用数据。

任正非将人工智能看成一种财富创造能力，看成一种能自然而然地让生产率提升的方式。

人工智能会带来更大的创造财富的能力和更高的效率。人工智能不是什么魔法，人工智能是新一波的自动化。未来是光明的。虽然说人工智能会冲击劳动力市场，但是并不会导致工作机会的流失，新的工作机会还在涌现。人们会变得更加富裕。社会会产生新的中产阶级，催生出对新的商品和服务的需求。实际上，自动化只是改变了劳动的性质，并没有使人们失业。

人工智能是影响和塑造未来国家能力的核心变量，国家会因为人工智能的到来发生天翻地覆的变化，从而根本上变革国际社会的发展进程及方式。人工智能自身的发展，取决于基础能力，如教育、人才、行业成熟性、算法/算力、基础设施的提供等等，基础设施包括超级计算机、超大规模存储系统、超速连接等一系列的支撑。

要了解人工智能会带来什么，只要参考之前的自动化发展就可以。然后，我们就能知道人工智能将会如何影响劳动力市场以及将来会发生什么了。

▶ 华为的全球化操作系统生态圈

谷歌的安卓系统是开源的，美国限制华为使用的是GMS生态系统。GMS系统不让华为使用，华为不可能在一两天内就可能替代完成。

华为于2019年9月19日在慕尼黑发布Mate 30手机，就没有预装GMS系统。敢于发布不带GMS的手机，这表现了华为的一种决心和信心。华为公开发布不装GMS系统的手机，是一个信号，这表明华为不得不建构自己的独立的生态系统。

任正非预计，不用GMS系统，华为终端在国外的销售量会下降，但是华为总体不会出现亏损。一个艰难的时期是可以度过去的。美国让使用，是为了维系美国的一统天下；美国不让使用，是在培植未来的竞争力量。如果美国拒绝华为使用GMS系统，就是美国给华为机会，在被逼上梁山的过程中，华为还会做出许多意想不到的创造来。

2019年8月9日在华为开发者大会上，华为消费者业务CEO、华为技术有限公司常务董事余承东在当天的大会上宣布，推出华为操作系统鸿蒙OS。余承东介绍，鸿蒙操作系统是开源的。余承东说："我们要打造全球的操作系统，不仅仅是华为自己，我们希望开源，让全球的开发者力量参与进来，打造下一代最领先的操作系统。"

“鸿蒙OS英文名‘HarmonyOS’，是首个微内核的全场景分布式OS（操作系统）。鸿蒙OS实现模块化耦合，对应不同设备可弹性部署，鸿蒙OS有三层架构，第一层是内核，第二层是基础服务，第三层是程序框架。”

此前，华为注册了鸿蒙操作系统的商标，引起了世界范围的关注。任正非表示，鸿蒙系统不是专门用于手机的，而是为了做物联网用的。鸿蒙系统能够控制时延在5毫秒甚至达到毫秒或亚毫秒级。这套操作系统能够兼容诸如自动驾驶、工业自动化、印刷电路板、交换机、智能手机以及数据中心等。

鸿蒙系统的确存在，而且功能非常强大。任正非同时承认，鸿蒙的短板在于生态环境不如安卓。华为手机在海外的销售市场占有不菲的份额，但谷歌的安卓系统是海外市场的主流，鸿蒙系统在海外要想把安卓系统替换掉，尚需时日。但从任正非的话中我们可以分析出，鸿蒙系统虽然不是专门用于手机，但并不意味着它不能用于手机。

自打鸿蒙操作系统注册以来，一直有种说法，认为它是安卓系统的一个分支。这是一个误解。中芯国际创始人张汝京博士分析过，鸿蒙不是安卓系统的分支或修改而来的，它是一种全新的、独立的操作系统，是面向未来5G物联网开发的。鸿蒙OS的诞生，潜藏着华为的“野心”！鸿蒙OS承载的战略意图超越了谷歌和微软。

2019年5月中旬，美国政府宣布将华为列入实体清单，限制其购买使用美国企业提供的产品与服务。这意味着，华为可以使用开源版本的安卓，但它不能使用谷歌移动服务GMS。

故此，2019年9月19日华为在德国发布的Mate 30系列手机，其中并没有预装谷歌应用商店（Google Play）等应用。不预装其实并不麻烦，很快，一个名为LZPlay的应用就上线了，它能够帮助用户在Mate 30系列手机上安装GMS（谷歌移动服务），来使用谷歌应用商店下载应用。但是，LZPlay很快就下线了，谷歌官方对此出手了。

谷歌有一个系统，名为SafetyNet，目的是检查各家厂商的手机是否安全地运行谷歌的应用程序。任何安卓设备，只有通过这一系统认证才能够运行完整、受保障的谷歌应用服务。但是，Mate 30 Pro在上周通过的认证，现在被取消了。外媒评论称，这也意味着谷歌采取了行动，禁止华为Mate 30系列手机通过其他方式来获取谷歌应用服务。谷歌官方对此还没有说明或评论。

或许，摆在华为面前的就只有一条路：开发推广自己的鸿蒙OS生态系统。这或许也意味着，5G时代鸿蒙系统的生态战已经打响。而任正非在英国《经济学人》发表的署名文章中，更进一步把目标拓展为：与全世界公司共建、共享生态圈。

▶ 华为未来有无限的可能性

30多年来，华为坚持“力出一孔，利出一孔”，在高科技领域深耕细作，终于建构起一个世界高科技能力体系的全新样本。这是中国公司空前的创举。

华为不仅是服务2C、2B、2T数字全场景的企业，也是全球唯一一个拥有核心芯片、网络设备、服务器和终端、操作系统、应用软件、解决方案和ICT运营的全链条服务提供商。2019年9月，在第四届华为全联接大会上，华为首次发布计算战略，基于架构创新、投资全场景处理器族、构建开放生态进行布局。这就是说，华为将建立一个开放的大生态，开放给全社会，让所有人都可以在这里发挥创意，发挥创造、创新的潜能，引领人们可以预见新事物，开启一些创新性的场景。

如何构建华为的这个阳光充足、营养充分的开放大生态？

即便在物理化连接与数字化连接上，以及在技术上、算法上、算力上都达到登峰造极的水平，如果没有正确的方向指引，华为也不见得可以构建这样一个阳光充足的大生态。因而，数字化和智能化发展的异化现象值得华为关注。所谓“异化”，是指技术发展不是有利于人的全面发展，反而迫使人成为数字化工具的奴仆。对此，我想到了“造物之神”特斯拉。

被誉为最接近上帝的“造物之神”特斯拉，心地非常干净纯粹。所有外在的财富、权力、名声，对他都不起作用，但他对真理和智慧富有天性的热爱，视其为生命。他有很高的天分和灵性，他以自己的灵性与天地造物之能量对接。他特立独行的自性，独与天地共精神，“出神入化”拿出了一个个真善美的绝活。

特斯拉在晚年曾经说还有未竟的事业。他未竟的事业，对华为的未来选项，或有参考意义。他说 :“终有一天，人类将有能力，从宇宙的能量场中，直接摄取能量维生。有三件事是必不可少的。我所做的就是寻找他们。”

特斯拉要做的三件事别开生面，这三件事合成一件事，就是要唤醒生命的原初能量，让每一个生命原力觉醒。天下所有的生命都有意识，唤醒那些沉睡的意识能量，或许就会找到觉醒的路径。

任正非很有点特斯拉的味道。不管美国政客怎样打压，他只关注做好自己；无论苹果、谷歌、亚马逊有怎样的技术壁垒，他只关注做好自己的事。而且，他一直在默默无闻而又持之以恒地塑造着“华为魂”。

华为的顶层设计是“让每个人自我超越”。何谓“自我超越”？我的理解就是自性的解放。这就是华为的魂，一如特斯拉将灵魂与大自然的造物能量接通，从而达到他的“出神入化”。而华为这份“出神入化”的定力，跟特斯拉很像。

华为之所以能构筑大生态、承载亿万人的梦想，不只是因为华为技术有多厉害，而是因为有“华为魂”渗透在人工智能技术之中。华为可以做到一手硬一手软，它既是高科技产品和服务的提供商，又是人类精神和灵魂的服务商。在保持已有核心技术优势的基础上，华为从技术实践者上升为理念、思想和文明的推动者，借助人工智能手段，唤醒华为人和华为生态上的所有人，唤醒他们生命的本性潜能，让更多的人原力觉醒，接通宇宙能量，让他们保持赤子一样的干净和纯粹。

在这个万物感知、万物互联、万物智能的数字浪潮中，华为将保持以用户至上、信仰技术、极致造物、优质运营的先发优势，促进人自由全面的发展，并由此推动人类文明不断迈向精神自由的高阶社会，为商业文明和社会文化发展注入新动力，实现每个人的自我新超越！

励精图治，十年振兴

10

我们要活下来。以前这是最低纲领，现在这是最高纲领。

我们现在正和美国赛跑，到了提刀跨马上战场的时候了！美国不给我们科技要素，创造要素也要上。

我们只有承认先进，知道别人的强大，才知道尊重别人的创造。即使我们真正领先，我们也会公平、无歧视地去许可别人，决不会用优势去敲诈社会和别的国家的公司。

领先和领导是不同的。领导的含义是建立规则，建立共同胜利的标准。领先就是在技术、商业模式、质量及服务成本、财经等方面领先。

——任正非

“励精图治，十年振兴”，看看这题目就让人眼睛一亮。中美贸易摩擦初起，任正非就果断预判，华为需要沉默隐忍、勇猛精进，来一个10年振兴的计划。

中美贸易摩擦成了拉锯战，许多中国企业面临新的不确定性，而首当其冲的是华为等高科技公司。处在漩涡中心，任正非会用怎样的视野和思维，透视中美贸易摩擦呢？2018年6月、10月，任正非在内部发表了三个讲话，号召华为需要处变不惊，要进退有度地实现结构性思维性的突破。

从呼唤工程商人到呼唤科学家

第一场是与华为科学家大咖对话。因为是面对面的交流，我们正可以借此更好地观摩任正非的即时思想迸发。

华为科学家的第一个问题就很具挑战性：“我是2002年参加华为，在华为内部报纸上看到一篇讲话提到‘华为不需要科学家，华为需要工程商人’。现在又说推崇科学家了，为什么？”任正非回答很直接：

沙漠里是不能种郁金香的，但是改造完的沙漠土壤，是可以种植的。库布齐、塞罕坝、以色列不也是遍地绿茵吗？当年，华为是急着解决吃饭问题，还顾不及科学家这个长远目标。不同时期，有不同时期的指导思想。今天我们已经度过饥荒时期了，有

> 些领域也走到行业前头了，我们要长远一点看未来，我们不仅需要工程商人、职员、操作类员工……也需要科学家，而且还需要思想家，希望你们这些卓越的员工仰望星空，寻找思想与方向，引导我们十几万人前进。18万队伍没有方向、没有思想，会溃不成军的。

2002年，华为还在生死线上挣扎，追求的是很快见效的技术工程。那时，前方已经有人探路，而且还标上了指示灯。华为要做的就是把科学原理变成能赚钱的工程，所以那时华为迫切需要敏锐的商人，需要工程商人。那时，华为还养不起科学家。可是经过30年的艰苦奋斗，华为几万人、十几万人冲着一个城墙口猛攻，技术进步的量变引起了质变。华为已经从跟随者变为领先者、领航者甚至是领导者。为了适应这样的转化，对一个领先的高科技公司来说，科学家就理所当然地受到了推崇。

▶ 领先者和领导者的区分

任正非后来曾经对领先者和领导者作了严格区分：

> 领先和领导是不同的。领导的含义是要建立规则，建立共同胜利的标准。领先，就是在技术、商业模式、质量及服务成本、财经等方面一系列领先。

当华为进入无人区，开始肩负着寻找方向的使命，就已经从跟随者转变成领先者了。这个变化的实质，是华为从“1→N”到“0→1”的转化。因为处在领航者的位置，华为必须具有前瞻性地选择方向和标准，还要与全球顶级科学家一起探索和推动行业标准的制定。这时华为需要建立一支强大的一流科学家队伍。华为的主战场场景有了全新变化。

在虚拟互联网时代，领航者不能领先了就会死亡。为了保持领先，华为不仅仅需要一流科学家，而且还需要一流思想家。科学家和企业家都是造物者，造物者首先需要从零开始的建构能力。

科学家的建构与企业家的建构，有相似的地方，也有不同的地方。相似的地方就是按照根本规律，从零开始去一层层建构。这里的基本逻辑是一致的，对规律的尊重，自然而然，这些方面是纯粹一致的。唯有这样的人，才可以成为领导这个世界的思想家。当然，科学家与企业家在实现本质上的方式有所不同，组织动员的资源、方式以及达成的目标有所不同。

虚拟互联网时代，是一个需要寻找方向的时代，也是需要靠思想在混沌灰度中寻找方向的时代。领航者华为，需要一流科学家和思想家。华为还会直接或间接通过华为的科学家，与世界一流科学家结盟，一起把华为建设成一支强大的思想灯塔，以照亮人们的迷航。华为需要有更多的时间仰望星空，寻找思想与方向，引导十几万华为人往前走，更希望可以“拖拽着世界往前走”。

▶ 抓住人才大迁移的历史性机遇

“当前世界将出现第二次世界大战后的又一次人才转移潮，我们有充足的资金和充足的利润，我们要敢于拥抱人才，敢于拥抱时代。”第二次人才迁移潮正在出现，但“筑金巢，引凤凰”很难奏效。“凤凰”想离开美国，但不一定想到中国。他们都有他们成长的土壤和根脉，他们有自己想去的地方。华为把全世界看成一盘棋，不拘一格，科学家想去哪里，华为就给他们在那里建设研究所，让他们到思维最活跃的土地上去，因为那里的能量场最适合激发他们的天赋潜能。

需要从一个很长的时间轴来看科学家讲的话，不可以局限于科学发现的现实意义。如果用我们的已知来判断未知，人类怎么还会有未来？人类怎么还能前进？科学家的追求，远远胜过我们。他们比我们更珍惜他们时间的价值。他们是纯然靠自我驱动的人，华为需要给他们以信任。

当然，作为商业公司，华为也是有约束的。科学家关注的领域和专业方向要跟华为的主航道一致。合成生命方向的科学家很伟大，但是跟华为的业务不相关，华为就不会投资。如果聘用了不对路的科学家，就是对科学家的不尊重。

华为高管可能听不懂科学家的话，但是华为的“二等兵”可以呀！华为现在有一种独特的制度安排，有些高层级的会议，比如董事会级别的战略规划会、科学家大咖级别的战略研讨会，都会请一些二等兵或新兵蛋子参加。因为华为的二等兵，都是博士、硕士等受过高等教育的成功实践人士，他们脚踏实地、勇猛精进，在业务上取得了很好的成绩，还对科学保持着虔诚的向往。他们可能听得懂科学家的话，他们可能跟一流科学家有很强的互动，他们带有泥土味的问题，或许是科学家最想受到的激发。即使他们现在读不懂，也不能排除5年、10年以后他们读得懂。

科学真理的一句话，可能照耀新员工的一生，或许他们将来有一天一个个都当上了军长，就会在实践中推进科学家的大胆假说和理论。现在华为的博士招聘不分国家、民族、肤色，只看是否优秀，这是一支很强的生力军。科学大咖们的思想如阳光普照，说不准有许多人因为得益于科学家的一个新假说而成长起来。

每个人都有巨大的无穷性。华为高端员工和资深专家，多与新员工交流，不经意一句话就可能启发了新员工的一生。现在年轻人可塑性很大。与员工喝几次咖啡，可能就开了他们的天眼，他们在未来会多厉害都不可限量，诚可谓：“一杯咖啡接受宇宙能量。”

任正非以前曾经以“牙科医生”说明，在今天大数据的背景下，你想成为什么就会成为什么。这无非印证一个老掉牙的理论：熟能生巧。科学界也是这样，只要你专注一样，持续训练，认真再认真，你就可能是个有前途的科学家。在科学的道路上，往往不会有专业的局限，想想西方三贤苏格拉底、柏拉图和亚里士多德，他们同时又是数学家、天文学家、物理学家和思想家。今天的人工智能，信息充足，想要什么专业信息都有，想成为什么样的科学家，都只在你的愿望和意志力。

借用“牙科医生”的例子，任正非想到了开发新员工的无穷性，想到了新员工实现自我超越的路径。一如关注西方文艺复兴重在开启普通人的智慧，任正非关注科学家的热能，更关注新员工的成长。

华为以前是技术上的沙漠。招聘的博士有限，深怕他们在沙漠上会干渴而死。现在不一样了，经过30多年的努力奋发，华为这片土地已经不是戈壁沙漠了，已经开始草地葱绿、大树参天了。在这个新时代，华为要组成一支浩大的新军，向着人类的未知领域勇猛精进，探索可行的方向。华为要不拘一格在全世界招聘优秀博士，这是科学家大咖的后备军，可以补充进华为的继任计划中，10年以后他们就成长起来了。

科学家是华为未来的引路人。以前华为更突出高级技术人才的工程商人作用，那是不得已而为之。在今天华为已经是领导者了，会比之前对科学家给予更多的厚望。任正非说：

> 我今天强调你们的科学家作用，是希望大家能在公司主航道的范围内，更积极大胆地向纵深研究，没有产业技术的深根探索和核心控制，怎么会有产品与产业的控制力呢。所以，公司发展到现在，更需要各位发挥科学家的研究与探索作用。

对一流教授未来价值的走向，显然在座的科学家更有判断力。每个人都可以推荐，可以具体到在哪一个领域，然后华为就派出专业团队去寻找和建设。这些都是华为未来根脉的建设，很重要。作为领航者，华为可能需要建构一支庞大的一流科研团队。华为研发平台，是一个开放的体系，向着所有的资源开放。在虚拟互联网时代，靠自力更生是没有办法建立起一个强大的平台的。

经过30多年的积累和沉淀，华为公司的基础研究平台现在已经很大，在产品、工程、管理上的消化体系很厉害。华为要积极、广泛地寻找大学教授，资助他们并与他们合作，他们是华为体系新鲜的养分。对大学教授的研究，华为没有能力去评价。教授们自己有评价，科学历史有评价。只要教授的前期研究方向跟华为吻合，华为就可以在经济上资助。

华为的资助仅仅需要一个知晓权，华为不企图占有教授的研究成果、论文、专利……教授的研究和探索像灯塔一样，可以照亮华为，也可以照亮世界，这也算是华为对人类进步做的贡献。

如果他们的研究成果与华为接近，华为就可以把他们的博士生给招聘过来。教授亲自给我们培养了博士生，博士生招聘过来还可以派回去帮助教授工作。如果教授的研究不太成功，但是告诉了华为探索的边界，对在混沌灰度中孤独前行的华为，也有着莫大的意义。即便教授的探索和研究对我们没有什么用处，华为也乐见这些研究成果对人类进步事业有作用。

▶ 科学家可以照亮未来，同时需要利益保障机制

任正非善于激励人，他给科学家们画出了很诱人的图画。首席科学家，需要担负在一定时间内照亮公司未来的职责。个人和公司的发展都是不断迭代的。一往无前的年轻一代，可以担当华为的首席科学家。随着资源的积累和素质的拓展，可以做资深科学家，可以进而成为大思想家和哲学家，可以看到更为宽广的未来。

华为有无限的空间，科学家可以有无限的发展。人人希望自性爆发，人人希望开启自性元能量。华为就给科学家提供开启自性元能量最好的土壤和基础设施。科学家无论有多么雄伟的梦想，都可以在华为得到实现。

你们创造了华为辉煌的文明，公司尊重你们过去的贡献，也需要共同分享利益。

科学家过去创造了华为的文明，华为要形成一种机制，要让他们永远分享到华为文明成果的利益。这样的机制很重要，可以让科学家无后顾之忧安下心来。过往，他们带领队伍冲锋在前；后来，他们呕心沥血培育“上将”，功不可没。

如何建构这样一个机制？如何防范风险？首先每个人都要有契约精神。双方的契约，是最高约束。在契约之外，还可以起草一个宣言，可以覆盖到高端科学家和高级专家，还要包括一般的管理干部。不能人一走，茶就凉。

“人类文明成果，不是什么胃都能够消化的。”未来，华为需要更多科学家级人才。科学家不一定全部要研究理论，也可以是研究概念、假设、方向以及实现形式。当科学技术进入飞速发展而呈现更大的不确定性的时候，看准技术方向和实现途径非常重要，因此，更加需要科学家级的人才。

对科学家一定要宽容。宽容，这是任正非提到的最多的词汇。

任正非在华为坚持的，就是围绕着主航道，展开对未来的探索。对探索华为重要的是宽容，宽容创新，宽容失败。科学研究没有浪费是不可能成功的。华为走到今天，产品成功的转化率应该还没有超过50%。相当于每年有几十亿美元就被浪费了，但是却培养出一大批高级将领出来。

“宽容失败，才会有创新。”当然，宽容是双重的。第一，科学家对自身评价要有一些客观态度。大家都在努力奋发，谁的探索和研究对主航道有积极作用，就受瞩目一些。而对有一些研究，就没有给出恰当的评价，这时科学家自己要宽容自己。只要可以体面地生活、工作，可以对组织也宽容一些。第二，公司对科学家的评价也要宽容，不能过于情感化，对一时不成功的科学家，也要有让人可以接受的鼓励，肯定他们的贡献。

▶ 顶级科学家需要的能量场

顶级科学家人才，最需要什么样的能量场呢？他们需要一个自由讨论、碰撞的道场，需要在概念、假说、方向以及实现路径上跟他们有正负反馈，形成头脑激荡。正向反馈可以激发，负向反馈可以深入。

记得诺贝尔奖获得者丁肇中教授，在给复旦大学2019级本科生的开学寄语中提到20年前的一件往事。那一年麻省理工学院的校长，请丁肇中代表所有的教授给新来的学生做一个报告。他就和学生介绍了一下他正在准备的实验，就是在天空上寻找反物质所组成宇宙的实验。他展示了怎么做这个实验，实验的结果是什么样的。今天实验已经在天上实现了，而今天实验所做出比较重要的成果，没有一样是和丁肇中20年以前在麻省理工学院和学生所谈的理论预测是一样的，实验的结果和完成的理论有时是不一样的。

这是什么意思呢？就是说研究自然科学尤其是物理、化学、生物，是实验性的科学。再好的理论，与实验不符合，理论就是不存在的。理论不能推翻实验，实验可以推翻理论。一个理论在千万次试错的过程中往前走，任何一个有价值点的投入，都可以极大的推动研发过程。在顶级科学家圈层，围绕着这么多可以随时与之交流碰撞的科学家团队，是理论研究取得进展的重要推手。

今后华为的工作，会从部门业务出发前进到一个“场”态。

任正非这是在强调，不是一提出绝活，就是要出硬核产品和服务。做科学研发的场域或称能量场的建设，也是出绝活。无形的场域，更有奇妙的大作用。可以深度考虑的问题是，顶级科学家需要什么样的能量场？

科学家是孤独的，他们都是特立独行的开拓者。他们要往前走，甚至要走到颠覆所有假说和所有权威的地步！他们跟周边所有人的感觉和概念都不一样。在这个过程中，他们异常孤独，因为自然科学的进展，不是少数服从多数，是多数服从少数，是极少数的人把绝大多数人的观念推翻了以后，继续向前走。顶级科学家周边，最需要一个活泼泼的能量场。

华为的高级技术人才和科学家，最理解顶级孤独的科学家需要什么。他们要做最擅长的：建构一个推动科研向纵深去的能量场，推助顶层科学家向前进，拓展自己的认知领域。这个生命的能量场，不仅仅是为冲锋在一线的科学家所建，同样是为了从一线退下来的科学家所建。

世界上还有什么，比既能拿到钱，又能符合自己的兴趣，还能拓展自己视野，更好的事？如果有了这样的想法，内在动力就启动了，就有了无限丰富自己的创想。一个人随着视野的拓展和思维的深入，他身上所具备的能量与过去不可同日而语。在围绕着顶层科学家建设能量场的过程中，最先得到实惠的是参与者自己。只有自己内在的能量上来了，才可以担负建设顶层科学家能量场的使命和任务。

华为的科研军团是一个整体，既需要工程商人，又需要科学家。未来华为的大咖队伍也是多元的，有科学家，有工程商人，还有思想家。当然这个研发军团更是开放的，他们不断跟世界跟宇宙交换能量，有无穷多的机会接受宇宙能量。

中美贸易摩擦中华为战略的一系列调整

我们只有承认先进，知道别人的强大，才知道尊重别人的创造。即使我们真正领先，我们也会公平、无歧视地许可别人，决不会用优势去敲诈社会，也不会敲诈别的国家、别的公司的。

任正非认为，在虚拟互联网时代，寡头垄断被颠覆将成为常态，不会引发第三次世界大战;“中美两国贸易依存度很大，不会强烈冲突”。不仅仅如此，任正非还勾画了一幅战略联盟图：跟美国的朋友日本、韩国、德国、法国、英国、意大利、西班牙、非洲等建立广泛的联盟，开放中国发展的利益给大家，各个国家都能获得自己的利益，以此为突破口，跟美国建立战略同盟，就是自然而然的事了。

中国拥有14亿人的消费市场和开放环境。中国已经开放了金融，开放了制造业，降低了日用品、奢侈品的关税。往后开放的领域一个接一个，以此来塑造中国洼地，这样世界的水就会流进来。在这样的背景下，只要华为把最终用户的体验作为最高纲领，真正做好网络安全和隐私保护，中美双方最终会达成某种妥协和平衡。我们说过，这是任正非重要的方法论：在两个利益主体的竞争和争执之外，引入关键第三方——最终用户，也就是世界人民的福祉，为着这个最终目的，双方终会求同存异，达成动态平衡。

▶ 1. 承认中美差距，敬畏美国人的创造

任正非认为，美国在科技上很强大，原因有如下几个：第一，美国是

法治社会，对知识产权保护非常完善，法律的透明、公开、公正是这个社会稳定的重要因素。第二，对人才的尊重和保护。第二次世界大战以后，美国成为高科技人才以及高等人才的集结地，这是因为真正做到了对人才的尊重。第三，促使创新的能力非常强大。今天虚拟互联网的许多核心软件，都是美国人创造的，大部分在开放给人用。美国开了数字电子化的先河，华为正是跟在后边学习，才有了今天的发展。美国一些科学家，领先这个时代许多年，他们在把握这个时代的走向。

任正非还回顾了CDMA的历史。美国在20世纪40年代就已经发明了CDMA，而任正非那时刚刚出生，中国还深陷战争的泥沼中。美国高科技领先世界，不是说说而已。这是因为美国真正聚集了全球顶级人才，释放了他们的创造潜能，让他们拿出了一系列大美绝活。这样一段历史不应该被忘记，而且还会深深影响现在和未来。在这样回顾的基础上，任正非说了很重要的一段话：

> 5G的标准，是全人类共同努力奋斗的结果，更是全世界数十家公司、数万科学家和工程师、十数年的努力而推动的，华为只是其中比较努力的一个而已。后面的路还很长，也不知我们跟得上跟不上。我们只有承认先进，知道别人的强大，才知道尊重别人的创造。即使我们真正领先，我们也会公平、无歧视地许可别人，决不会用优势去敲诈社会，也不会敲诈别的国家、别的公司的。

这段讲话，体现了任正非的谦虚、低调、包容和本色。5G的标准，是全世界数十家公司和数万名科学家，十几年的努力所达成的。华为只是其中一个比较努力的公司，后面的路还很长，华为是否跟得上，还在两可里。把任正非惶者生存的境界，刻画得淋漓尽致。这跟后期被美国逼急了的讲话是不一样的。

一年多以来美国的围追堵截极限施压之下，华为人嗷嗷叫，华为创造出来的大美绝活泉涌。也为了鼓舞士气，任正非几次提到不用华为的5G产品就会在人工智能上落后，这个结果美国也承担不起。语气上有变化，但是在实质问题上没有变化。任正非起心动念还是哪怕华为登上山顶，也要与先到的美国人拥抱，一切为人类创造价值。

在2018年，中美贸易摩擦开启，任正非一开始就牢牢地区分开美国政客与美国实体公司。他一直把美国公司当成竞合的朋友们。但是他就说，2018年还要买高通5 000万套芯片，“我们永远不会走向对立的，我们都是为人类在创造。我们与英特尔、博通、苹果、微软、谷歌、高通……会永远是朋友的”。

同时，他也勉励大家，勇猛精进，努力冲锋。任正非还提出了内在的愿望：

> 希望你们科学家领导更庞大的后继队伍，努力冲锋，像美国一样具有这么多先进要素和先进理论，让我们的黑土地更肥沃一些，也能做出先进的产品，服务人类社会，自己也能生存下来。

任正非激励员工向美国学习，要跟美国人一样做先进产品，服务人类。这样的心胸，这样一种意志力，是任正非的一种真诚表达，也是任正非对美国人民的敬仰。他的一篇考察美国的心得文章《向美国人民学什么》，很好地传递了他的观念和意识。

▶ 2. 我们要活下来，以前这是最低纲领，现在这是最高纲领

2018年美国还没有提出“断供”狠招，但是华为大咖已经预判到这样

的风险，由此提出华为是否会减少对美国进口部件？

任正非对此问题的回应很周详，他提到了三个层面。

首先，华为会继续大量使用美国部件，美国也需要买家，支持它的产业发展。华为作为买家，要善待供应商，双方应成为好伙伴。

其次，华为要加强基础研究的投资。希望从每年的150亿至200亿美元的研发资金中，拿出30亿至40亿美元作为基础研究投入。此外，华为还要大幅度增加对大学领航教授和世界标准组织的资助。这是投资在未来，一如任正非所说："华为公司赚钱的一个目的是希望造福人类社会，支持标准组织及平台组织也是造福人类社会。"

支持大学教授做前瞻性研究这是个很重要的事，不要给他们限制。他们可以按照他们自己的课题计划往前走，理论研究成果的知识产权是他们自己的。大学教授们做的是后天的探索与研究，他们会为1万多名一线研发人员指导方向。大咖们是思想领袖和理论领袖，在思想上要对年轻的专家和研发人员起到引领作用，以推进华为的正向循环："研究是将金钱变成知识，开发是把知识变成金钱。"

再次，要清晰认识美国强大的领先世界的能力。华为与美国公司的差距，中国与美国之间的差距，估计在未来20年至30年甚至50年至60年还不能消除。我们所有的努力，就是争取将差距缩小到"我们能够活下来"。

任正非是现实主义者，他会直面最迫切的现实——美国"断供"，并且，要对那个最坏的可能做好准备。后来，我们看到了华为15年前就有的"备胎"计划，不能不佩服任正非思维的前瞻性和意志贯彻的彻底性。

中美贸易摩擦，一下子让任正非捕捉到美国攻击华为的重点：网络安全和隐私保护。任正非敏锐地意识到，这可能是美国打压华为的根本点。现在危险就在眼前，必须把网络安全和隐私保护作为华为的最高纲领。任正非郑重宣布：

我们过去把网络安全、隐私保护列入优先的项目来努力，以后我们要把网络安全、隐私保护列为公司的最高目标，确保用户的利益不受侵犯。

任正非更把隐私保护列为华为公司的最高纲领。美国借意识形态的分野，攻击华为的“隐私保护”有安全风险。任正非则几次强调：华为绝不留后门以监督客户信息，如果哪一天留后门了，华为就关门不干了。

随着华为在欧洲建立测试中心，客户可以自己去监督检查自己的网络信息安全，让欧洲国家安心了。竞争对手的恶意攻击，反而成就了华为的品牌优势。这个反转，给人极深的印象。

华为活下去的倔强，取决于它的落地执行力。华为一旦确定的事，从上到下贯彻起来一点问题没有。华为在实践中很好地解决了问题。华为有三个方面的努力，是一般公司做不到的。

第一，凡是公司决定了的事，员工在实践中不执行的，就地免职。这一条看上去简单，实行起来却有不少障碍。这就要看当家人到底要什么了。

第二，修改不合适的规章制度。规章制度本来就是限制人的，就是对人的不信任。这种不信任发展到一定程度，就会阻碍公司发展。这些方面是需要调整的。

第三，集中炮火攻击。可以把意见直接对向任正非，他知道了就会道歉，就会改正错误的地方。

▶ 3. 现在到了提刀跨马上战场的时候

中美贸易摩擦和科技战，已经到了这样的关头，投降是没有出路的，美国不给我们科技要素，我们自己创造要素也要上。创造要素可能会有更多失败，不宽容没法创造。关键时刻交锋的重点依然是客户体验，包括信息安全，都是华为重中之重。此前，华为想赢得客户，就要在客户体验上狠下功夫。亚马逊就特别注重客户体验，贝佐斯提出要把战略建立在不变的客户体验上，这个理念跟华为一致。

任正非习惯于在讲话的第一段把主题说出来，在一次战略会议上，他的讲话理念很重要：

> 我们公司整体情况是好的，整个公司嗷嗷叫，不怕谁。我们有能力自己站起来。大家要不断研究，加强国际交流，不断开放思想。我们只有敢于敞开心胸，容纳人才，我们才有未来！

▶ 4. 最重要的是保持华为的创新力

"控制横向扩张，聚焦攻破城墙口，做好充分的战略准备。"一个重要的现实问题是，每条战线上要收缩一些边缘性投资，同时在关键领域加大投资，避免生命线被卡住。而且，在一些核心领域华为都有准备或备胎，但是在一些非关键部件上，华为也撑不住断供的局面。战略上华为要做出调整，重新梳理供应链。

"要坚持不在非战略机会点上消耗战略竞争力量。"现在每个产品线上都有无穷多个点去横向扩张。华为这么大的平台，要在一些方面做鸡头很容易，但是，这样会削弱进攻主战场的力量。华为业务运营商BG一直在收缩，有许多成为鸡头的机会却不敢涉足。企业网也要控制横向扩张，聚焦攻击，做充分的战略准备。

中国现在出现了高科技投资潮。还有一大批初创小公司积极进取，华为已经是大公司了，如何保持华为的创新力？

华为已经拥有很强的行业领导力。过去30年，它从一个几十人、几百人、几千人、几万人的公司发展到19万多人，现在19.4万人都冲着一个城墙进口猛攻，攻打城墙口的炮弹已经增加到每年150亿至200亿美元。华为已经形成了单点突破，还会有同方向的多点突破。华为的发明专利已经有8万多项获得授权，许多还是新专利和基础专利。这些专利是对人类信息文明的贡献，也是对美国信息社会的贡献。任正非告诫：

高科技不是基本建设，砸钱就能成功，要从基础教育抓起，需要一个漫长的时间，我们公司也是急不得的。

小公司有活力，有强大的动力和欲望，代表着科技界的新生力量。他们的活力与勇猛精进，是华为学习的榜样。华为是领导者，领导者必须跑得最快，如果跑得慢了，被人追上了，领导者就会被超越。所以华为要做前瞻性研究，要想办法突破现有的假设，找出更多可能性空间。这是每一个华为人的责任，是每一个在座的员工的责任，是华为一流科学家的责任。

高科技是急不来的。芯片也是急不来的。现在上市公司为了圈钱，夸大太多。华为脚踏实地30多年，深深知道科技的内涵，深深敬畏走在前边的美国大公司，华为绝对不会泡沫式追赶。在这样急躁的风潮中，华为更要有战略眼光，更要有前瞻性强而又脚踏实地的战略规划。

华为需要仰望星空的人。作为领航者，既要有前瞻性，还要有可操作性。当然这归属于两支军队：一队是探索研究未来的仰望星空的科学家，一队是扎扎实实做好工程商人的变现的商业工程师。这样两支研发团队的结合，才可以达到任正非所期望的状态：

我们要站在后天看明天，也要从今天看未来，我们也要找到明天的技术曲线与商业需求曲线峰值的重合部，就是我们的战略机会，作为我们排炮攻击的“城墙口”。

当然，“城墙口”是随着时空的变化而变化的，而轰炸城墙口之“炮火”就是华为战略规划的责任了。中美贸易战、科技战，可能对华为的成长有一些困难。然而任正非内在有一股激情，他在讲话的最后强调：

华为要敢于加大战略投入，持续攻击前进，绝不屈服，从不畏惧，英勇进步，为人类社会的万物连接、万物数字化、万物智能化而不懈奋斗。

▶ 5. 以商业需求曲线和技术生长曲线叠加的最大值作为战略目标

在美国的重重高压下，华为将技术战略作为重中之重。如何保持不偏颇？任正非提出了一个确定技术战略的基本原则：

重视体验，以商业需求曲线和技术生长曲线叠加的最大值作为战略目标，并随时间漂移。

技术战略是高科技公司的根本，其他战略都在此基础上演绎出来。

技术无极限，商业有边界。公司技术战略，不要以纯技术为导向，还需要商业视角，要在技术和商业两条轨道交集的地方，确定华为的技术战略。当然，华为鼓励科学家向未知的领域进军。当科学家在向前进军的时候，商业工程师要及时把能够变现的东西拿出来。

任正非用很专业的语言，描绘着技术战略确定的原则。商业上的价值，就在于客户愿意付钱的商业边界。找到这个边界，把战略资源聚焦在商业需求曲线和技术趋势曲线重叠的最高波峰点上，当然这个点也是随机飘变的。

> 选择战略城墙口的时候，应该要找到商业需求和技术价值两个曲线，两个曲线叠加的最大值就是我们公司的奋斗目标。

现在是非常时期，华为在探索未来的大道上往前跑没有问题，但是一定要找到华为的战略城墙口。走过了最佳技术需求点还往前走，投资巨大，高精尖技术人员需要也多，在探索中形不成巨大商业价值的时候，华为就会被掏空。这是任正非担心的事，一是担心在探索未来的突破口时找不准技术曲线，二是担心技术曲线超越商业曲线。这两件事要是发生，都是灾难性的。在美国极限施压条件下，华为没有喘息的时空。

▶ 6. 实现5G战略全面领先

2018年10月17日，任正非在上研所5G业务汇报会上发表讲话，一开头，任正非就对领先和领导的不同定义作了界定：华为积极参与了全球5G标准的厘定，但还不是领导，华为在5G上是下决心战略领先。

5G战略领先是要全面实现领先

华为5G牛在哪里？华为5G率先突破了大带宽、多天线等关键技术，取得了先发优势。重要的是，华为还做到了销售、服务、市场销售和研发四组一队的一体化打通。在交付培训中，还要把公关、财经、供应链等都纳进来，他们是主力部队的“民兵”，要懂得该如何配合主力攻下“上甘岭”——世界高地。5G这一战，关系着华为的生死存亡。

5G先从组网做起，要做到网络架构极简而高效。交易架构极简，网络安全，隐私保护极可靠，能耗极低，把质量做上去，把成本全面降下来，全面实现领先。把复杂留给自己，把简单留给客户。用新的开发手段，不断进行产品架构重构，积累经验，培养力量，一个全新的网络就形成了。现在还是要把重点放在新产品5G的推广上，这是一个全新的颠覆性产品。至于网络的改造，是一个缓慢的过程。一个系统总在那里改、改、改，是件事倍功半的事，还常常讨不了好，要多从客户的体验入手来决定华为的策略。

在一线上架构维护网络的华为战士，他们卓有成效的工作，融进一个强大的能量场的建设，他们是华为的宝贵财富。

网络安全是华为的最高纲领。未来社会是云社会，网络安全挑战是重中之重。谁的网络更安全，谁就有竞争力。现在美国就网络安全、个人隐私问题打压华为，正是帮了华为一个大忙。这样华为一切关于个人隐私网络安全的努力，就都处于阳光下，谁都看得明白。

网络安全还有更多事要做。以前华为重视围墙建设，而没有把重点放在层层抵抗的安全机制建设上，不适合打巷战。而当今黑客的发展，攻城略地，打开城墙口已经相对容易。而网络围墙的层层防御，对信息安全至为重要。前一段比特币网络敲诈，华为公司没有出大问题，公司网络没有整体瘫痪，就是因为黑客攻进城墙以后，遇到了层层安全抵抗。

任正非不避讳问题。华为“围墙”堆砌得不错，但是每块“砖”里还有许多道道，不深不细，有点简单化。其实，每块砖的摆法，可以有很多种。华为正在实践中，发现了问题，就解决了问题的一半。

多梯次

从研发科学实验与验证，到科学样机、商业样机、多场景化样机、全简化样机，周而复始的优化就是多梯次。

A梯队只搞科学样机，重点是论证理论的可行性，不要考虑成本。试验不可行也是成功的，因为它验证了那条路走不通。不以成败论英雄，要大胆探索。

B梯队负责在科学样机的基础上发展商业样机，要研究它的适用性：高质量、易生产、易交付、好维护。

C梯队要面向客户需求多场景化，样品讲究合理、适用、节约，有利于用户的建造成本、运维成本的降低。

D梯队研究用容差设计和普通的零部件，做出最好的产品来。日本电视机的设计就是容差设计，他们并不是每个元器件都是最优的，但整体却是最优的。华为5G基站也要达到电视机容差设计的水平。容差设计就是让成本架构合理化。

每个梯次，挑战的内容不一样，但是挑战都极大。最重要的挑战是，敢不敢拿起“刺刀”对准自己的胸口。大胆试验，勇于创新，敢于革自己的命，也就是革整个网络的命。

华为要多梯次保持战略领先位置，人力资源考核也要设定不同的模型。A、B、C、D四个梯次采取不同的考核方式，对于A、D两个梯次，失败了就涨工资，成功了就涨级。考核不能以成败论英雄，就是这个道理。

多路径

技术上要探讨多条可以实现的形式。全球化也要多路径。华为是全球化公司，会坚持全球化的标准，但是也要随时适应各国的要求，坚持所在国的本土化。

自立必须有实力解决替代问题。10年前任正非就提出，要对美国公司的断供做好准备，必须自己搞好替代，也就是备胎计划。不是华为早有二心，而是要直接面对现实的挑战。当时，没有多少人相信“断供”的可能。任正非就说，原子弹是最大的备胎。人类就没有打过核战争，但是多个国家都在做着备胎的准备，就是为了以防万一。华为要坚持用双版本，80%左右都用主流版本，20%左右给替代版本留有适用空间。

多场景

多场景化的组网很复杂。多场景就是要解决网络问题，以降低建造成本和运维成本。未来5G面临网络堵塞问题。华为俄罗斯研究所已经有成功疏导网络流量的方法，可以让俄罗斯研究所辅导其他的理论研究部。同时华为还要招聘一些高端科学家，在基础研究方面要加大投入。太赫兹可能在未来得以大范围应用，刘盛纲教授也有可能成为“太赫兹之父”。华为会多支持像刘盛纲、李小文这类伟大的科学家，他们就是灯塔。

在所有任正非提到的这些战略调整或方法中，敬畏美国、学习美国，一直是主旋律。究竟要敬畏美国什么，学习美国什么？任正非以前曾经以两次考察美国报告的形式，做了说明。

任正非两次写美国考察报告是20多年前的事了。一次是1994年访美，他写了《美国考察散记》；一次是1997年底访美，他于1998年初写了《向美国人民学什么？》。这两个访美考察报告，说明了华为西天取了什么经以及如何取经的。

任正非于1994年访美时，还没有美国大公司出面接待，那时任正非就在憧憬想象IBM公司420平方公里的园区。1997年底任正非出访时，IBM等一流大公司却有了很高规格的接待。两次考察间隔3年多，华为的变化已经引发世界关注。从两次考察报告中，我读出了任正非内心真正关注的焦点：美国高科技的创新机制与创新精神，以及美国人的底层思维操作系统。

中美贸易摩擦正不断升级，这考验着中国政府的决策能力，更考验中国企业的真正实力。任正非在20多年前就注意到了这一点，在1998年初考察报告他写道：

> 中美之间的风风雨雨还会不断地出现，但不影响我们向美国人民学习他们的创新机制与创新精神，以促进我们更快地富强起来。
>
> 中国是一个大国，我们要像当年搞“两弹一星”那样，拿出伟大的气魄来，在经济上、科技上站起来。当前，应在教育上加大发展，普遍提高人民的素质；应认真学习各国的先进思想，在观念上对自身实现解放。从事高科技的产业更应向美国人民学习，学习他们的创新精神与创新机制，在软件技术革命层出不穷的今天，我们始终充满追赶的机会。

任正非看问题始终直落根本。透过中美经济科技的差距，他看到了两国战略上的差距，更看到战略背后的思维意识上的差距。他一再强调，需要普遍提高人民素质，需要学习美国的先进思想，需要在思想上进一步解放。高科技产业就是要瞄准美国，好好学习，学习美国的创新精神和创新机制，学习他们在高科技上层出不穷的实践。

在为客户创造价值的真正战场上，华为保持头拱地的势头一往无前。

11

找北需要当下的力量

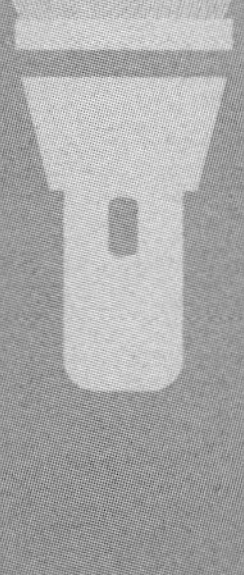

头拱地，出绝活！

头拱地没有过不去的火焰山！

车到山前必有路，出水才看两腿泥！

是人不要管，用管不是人！

哪有那么多顺心的事？哪有那么多说道？

你自己把它拨拉过来，头拱地做好就是了……

——王育琨的母亲

写任正非与稻盛和夫都很难，搞不好，就是造神。神跟普通人没有什么关系。希望每个渴望成功的中国企业家，千万不要把标杆人物和标杆企业的经验当作一道好菜。因为你们的时空、机遇、环境都不一样，不同时代成功的机会窗是不同的，那么听一些成功鸡汤又有何用呢?

因为有这样的敬畏，所以每当讲述任正非或稻盛和夫时，最后我都要把他们的经验还原。还原到他们生命的质点。这个质点，就是我母亲的一句口头禅："头拱地，出绝活。"

"头拱地"是山东农村流行的口头禅，指嫩芽拱开地墒露出尖尖角的劲道，也指在田间地头黄牛拉着犁头拱地往前走的韧劲。嫩芽拱出土墒是靠头部的力量，黄牛拉犁耕地时头贴着地皮走。头拱地，是脚踏实地，要用的你灵性、你的意识、你的智慧聚焦当下地头上的难题，聚精会神拿出绝活来。当下的绝活，可能是一个任务，可能是一个产品部件，可能是一个微笑服务，可能是对当下反应的一个直觉判断力。尤其是到了智能时代，笔者越来越相信，"地头力"作为一种原动力，正是智能时代元能量的引爆点，甚至可以引爆广域能量场。

地头力：母亲的精神力

笔者的母亲叫吕春华，是一个大字不认识一个、裹着小脚的女人。那时我的父亲在外地供销社当店员，她一个人在农村带大六个孩子，年轻时白天出去跟爷们儿一起推小车，上坡下河，晚上还要多干一份活儿好多挣点工分。

皮肉之苦好说，精神折磨难挨。因为我的父亲有点历史遗留问题，母亲在村里间或要被拉出来批斗。有一次母亲实在熬不过去了，被批斗完深夜回家，把大哥叫醒说“我们还欠了东邻居5毛钱，你可要记着还呀”，说罢就抹着泪走出去了。上初中的大哥一想不对，就跟着去看看母亲到哪里了，原来母亲拿了根绳子要去自尽。大哥一下子哭了抱着母亲不放，看着6个没成年的孩子，母亲打消了自杀的念头。从那以后，为了孩子，她更增添了一份隐忍、担当和意志力。

母亲头拱地，1961年把大哥送进了南开大学；母亲头拱地，1963年又把大姐送进了鞍山钢铁学院。母亲头拱地，让我现在回想起那些穷困和吃不饱饭的日子，竟然都是开心的画面。现在回头想来，我发现，支撑母亲活下去的就是一些口头禅：

头拱地，出绝活！
头拱地没有过不去的火焰山！
车到山前必有路，出水才看两腿泥！
是人不要管，用管不是人！
哪有那么多顺心的事？哪有那么多说道？
你自己把它拨拉过来，头拱地做好就是了……

头拱地，赋予母亲一种生命本原的大能。头拱地，是她开启自性元能量之道，也是我们母子潜意识连接的桥梁。头拱地，一直在不断拉抻着我的心性，塑造着我的人格。历经人生冷暖和跌宕起伏，我更体悟到一些深远的东西，诚可谓：原力充盈，心性具足，脚踏实地，圆通自在。

地头力公式具有普遍性

“哪有那么多顺心事？哪有那么多说道？自己把它拨拉过来，头拱地做好就是了。”这句口头禅是母亲的原创，也是我最喜欢的一句口头禅。

这句口头禅的核心是“拨拉”。“拨拉”很生动，是山东的土话。拨拉就是转换意念，母亲没有固守的框框，她懂得随时随地拨拉意念，以适应时刻变化的环境。作为儿子，我深深得益于母亲的“拨拉”，每每遇到困难，第一时间我就学着“拨拉”。一旦把自己的意念拨拉过来，好像一切事也就都顺遂了，而周边事物的发展，也进入你的掌控中。我体会拨拉的核心，就是把虚头巴脑的面子拉下来，好办法就自然流现了。

这句口头禅的第二个核心是“头拱地”表现的“专注”。“聚精会神”“全心全意”“如琢如磨”，这些都是表达专注的意境。但是，“头拱地”表现的“专注”，则更为直接、准确。它是在说，喜爱你的目标还不够，还必须把你的生命全部交给当下的目标，没有舍命全交的毅勇是不行的。死磕！死磕！死磕！没有向死而生的毅勇，不足以克服当下的挑战和困难。

这句口头禅的第三个核心是“做好”。世界很现实，没有关心你的初心，也没有人关心你经历了怎样的苦难。人们只关注你处理一件事的结果，你必须把事情处理得没有瑕疵可挑。

地头力方程式，用三个关键词表示如下：

地头力方程式 = 喜爱（目标）× 专注（死磕）× 做好（绝活）

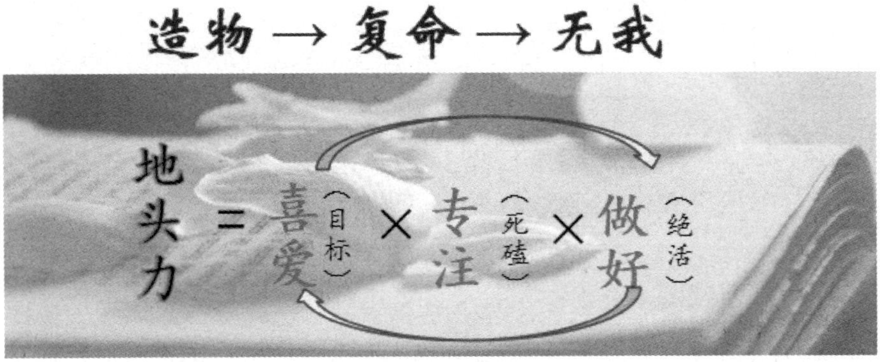

地头力方程式

喜爱目标、专注死磕、做好绝活，三个因子相互作用，形成一个闭环。做每一件事都要有闭环，有头有尾，善始善终。这个闭环是一个理性的过程。这个过程，可以分解为：开放空杯，直面问题，诊断盘整，生成目标，形成意志，设计结构、拿出绝活。

地头力方程式，恰当地表达出每一个危机处理者或是造物者所必须经历的过程。这也是松下幸之助、稻盛和夫与任正非最强调的东西。每个当下，都必须瞄准标靶。

任正非还建立了价值创造、价值评价和价值分配的闭环，以激发一线真正的大美绝活的创造者。“价值创造、价值评价、价值分配”这种闭环的激励机制的建立，直接把地头力方程式所揭示的要素和过程呈现出来了。内在价值罗盘清晰，才会激发员工全力以赴在本职工作中创造大美绝活。

这样一个造物过程，是可以改造人的，是可以转换人的意念的。因为这个造物过程，不是一个人之力所能够完成的，他必须“保持空杯，保持开放”，从个人之外去寻找资源和能量；他开放的程度，往往等同于他可以完成任务的程度。一个人，当经历了这样的造物过程之后，他的意识会发生微妙的变化，先前的自大会变成一种谦和与包容，因为这是连接外在资源和能量所必须具备的品质。

真实的造物过程，是一个改造人的过程，这就是为什么松下幸之助当年把公司的目标锁定为“造物造人”。简单说就是，在造物过程中造人。造物，实际上回到人类原初的本源。人的本质是活出一个自性爆发、不一样的自我，来丰富这个世界。当人专心致志地造物时，就归根复命，回到了人原初的使命。那个纯粹的、柔软的、自然而然的存在，一定是无我的，分分钟与外在能量连接的存在。

这就是地头力公式所揭示的“造物—复命—无我—造物……”这样一个循环的意义。正是从这个意义上说，地头力方程式揭示了宇宙间的一切，当然也解释清楚了公司的在职人员的天然使命。

河田信：丰田公司是建立在地头力之上

清空一切经验、束缚，用直觉力，对现实真问题做出反应，并创造性地解决问题的能力，是为地头力。

——河田信

2008年，笔者有幸读到日本管理大师河田信的著作《丰田管理方式》时，颇有醍醐灌顶之感。2008年11月，笔者邀请河田信先生参加了杭州地头力训练营。听完课后，他显得非常兴奋，他认为地头力是直接开启人的元能量，又丰富了个人和组织整体生命力，极有价值。

经过沉思后，他一字一句地告诉我：“丰田公司是建构在地头力之上的！”

河田信先生认为，地头力是一种世界性语言。任何一个组织形态，只要能够开启员工的元能量地头力，这个组织就会强盛。反之，这个组织必定会萎靡不振。他进而推测出：地头力是东方崛起、西方势微的根本。因为现在西方公司组织的发展，深深坠入科学数字管理的轨道，已经沦为二手货的俘虏。中、日、韩一大批公司都在追求最大限度释放个人和组织的地头力，这是决定东方公司是否崛起最关键的密码。

那几天，我们在西湖周边散步。浩渺的西湖给我们提供了一个强大的磁场，置身其中，在中日两国公司的现实困扰及其强势地头力的相互印证的讨论中，使得河田这个研究世界管理几十年的教授，一次次地激动起来。

河田信先生是系统设计专业的博导，他认为要给地头力一个标准的概念。一天，一路沿着西湖边走，他一路摇头晃脑地推敲着，最后给出了这样的阐述："清空一切经验、束缚，用直觉力，对现实真问题做出反应，并创造性地解决问题的能力，是为地头力。"

后来，他又增添了一个前提："在一定的框架下"。这个框架是"多维坐标"，你可以理解为一个"磁场"或"道场"，也可以称为"能量场"。这个"多维坐标"的思想或"情势"，解决了长期困扰我的问题。

返回日本后，河田信老师并没有停止思考。不久他特地发来了进行设计的一张图，说他关于对地头力的理解，都在这张图上了，见下图所示。

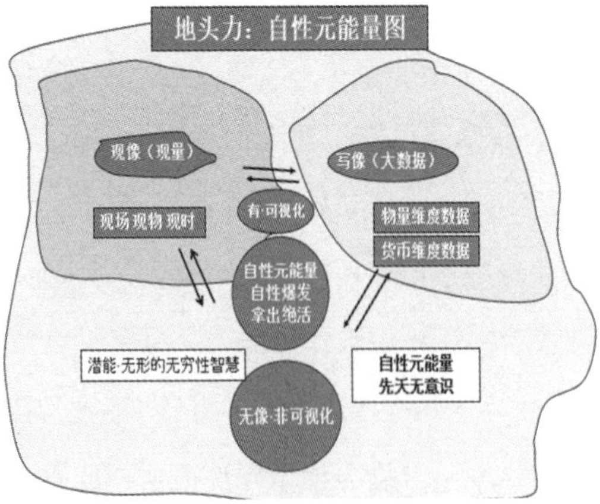

地头力三维操作系统

我在实践与思考中，努力理解着这张图，试读如下：

地头力是三个维度合力的一种表现。一是现像现量，即工作的现场地头的呈现，这是在特定时空交汇的能量场中现场与环境的应和、创造大美绝活或造物能量的呈现；二是写像即大数据，那里是过去累积的各种做法的集成；三是无像、空性，即无形的无穷性智慧，那是每个人的元动力，也可以是每个人或万物的“元能量”。元能量代表了人的潜能，更代表了广域万物元能量无穷多的可能性。

地头力是现像、写像、无像能量的聚合，而且无形无像的元能量占压倒性比例。现量与大数据被包容在绵绵无形的元能量中。这个图也是工匠出绝活的自性爆发图，很具象地呈现了工匠元能量的作用机理。当一个人聚精会神出绝活的时候，也是他跟广域万物元能量交汇的时候，从中甚至可以读出广域暗物质和暗能量的作用。

量子力学发现，宇宙存在着广博的不为人知的暗物质和暗能量。据统计，暗物质和暗能量，占整体能量的95%。地头力最微妙之处，在于如何激活最具震撼力的是自性潜能以及与广域能量衔接的部分。这是一个人空性的思维力。

我在与河田信先生互动的基础上，还有近年来不断跟进研究华为等新公司案例以及与企业家们的深度交流的过程中，将作为一个无极能量场的“地头力”新概念概括为：

在巨大不确定性的造物能量场中，清空一切经验、概念、预设和捆绑，用直觉力对现实真问题做出反应，聚精会神创造大美绝活。

直觉判断力，这是一个有创造性的人的本然能力，看上去是点到点的直接穿越，实际上也有一个“曲则全”的曲折过程。这个过程奥托·夏莫

(《U型理论》)给出了很好的诠释。这个模型，我在导论和第3章都做了描述，这里就不重复了。

稻盛和夫与任正非建构了一个能量场，让每一个员工都安心在本职工作上出绝活，这样公司整体就可以创造大美绝活了。尤其是过去的一年，美国启动国家机器对华为围堵和封杀，被逼入绝境的华为人反而整体点燃了创造激情，他们聚精会神“头拱地、出绝活”，华为的创新绝活如井喷般涌现。

吴家祥老师读了我的“地头力”很有感触。他认为：“‘头拱地，出绝活’是中国人几千年生生不息的基因，这是人们世代相传的不成文的生命宪章，是中国人代代相传的生命法则。中国自古以来的少数几本不朽的经典，都是对各种各样生命体验的提炼和概括，而大部分概念性演绎的所谓理论，已经迷失了生命的真实。在今天这个浮躁的时代，更需要回到生命源头上，梳理‘母亲说’的绝活。”

钱穆的关门弟子，台湾地区传统文化大师辛意云听了“母亲说”眼睛一亮道：“‘头拱地，出绝活’‘是人不要管，用管不是人’。你母亲这些话的意义可不一般。《道德经》总纲就是讲每个人要随顺自然，清静无为而无所不为。全部佛教经典加起来，也就是要诠释‘人人本自己具足’，‘人人具有创造性’‘人人是佛陀’。你母亲的大白话，承载了中国哲学的精华！现在所有的管理理论不就是说了这点事吗？”

母亲凭借头拱地的精神，还走进了《中国大趋势》。一次，我把母亲的故事和口头禅，讲给《中国大趋势》的作者奈斯比特说听，他一下子就兴奋起来了。他认为我母亲的故事可以打动地球人，于是在《中国大趋势》第一章“自由精神”中，写了我母亲的故事；他此书的第二章标题用了我母亲的大白话：“邓小平让全中国人出水才看两腿泥。”奈斯比特敏锐，一下子抓住了我母亲地头力的灵魂：精神自由和文化自信。他用这个视角，透视中国人，透视整个中国社会，在他看来：“地头力是一种自由精神，是一种文化自信。凭借地头力，中国人走到了今天，中国人还将走向未来。”

两位经营之圣的地头力特质

25年研究稻盛和夫，20多年研究任正非，我发现这两个经营之圣，都跟地头力有不解之缘。我在2009年出版的《答案永远在现场》一书，是由稻盛和夫给我作序，其中有三章阐释“华为建立在地头力之上”。近年来，华为的实践，对地头力有相当大的拓展。

“人靠绝活立身，企业靠好产品实现高收益。”这正是任正非与稻盛和夫的一贯思想。概括起来，稻盛和夫与任正非有三个共同的地头力特质：

▶ 1. 以造物为使命

企业家的本质是“造物者”。造物者就是要创造出让大家不得不买的大美绝活（产品和服务），没有完成造物者这个本职工作，去说什么企业家使命或哲学，都是扯淡！把团队的心安放在创造大美绝活上，在这一点上，稻盛和夫与任正非高度同频。

稻盛和夫在创立京瓷的初期，曾与创业伙伴签下血书：要把陶瓷技术发扬光大以造福日本、造福人类。为此他常常一天工作20多个小时，抱着产品睡觉，努力到“让上帝感动”，正是“现场有神灵”的直觉，让他攻克了一个又一个的难关，创造了一个又一个的绝活。也正是这些来之不易而又浑然天成的绝活，才构成了稻盛哲学的土壤和根脉。

任正非把19.4万的员工的心安在创造大美绝活上。他是一个使命感很强的人，他真真切切地触摸到中国人真正的痛：没有放心的产品可吃，没有放心的东西可用。他要从自己开始，给中国人在全球化市场上打下一个根深蒂固的桩——“磨好豆腐给最亲的人吃”，“创造大美绝活，让大家不得不买”！

▶ 2. 反求诸己，开启自己和团队的自性元能量

当无妄之灾突然降临，当意想不到的挑战突然到来，大多数人常常会一时举足失措，没有什么可以扰乱稻盛和夫与任正非的心神。他们不抱怨，不推诿，不撒谎，不欺骗，不抛弃，不放弃，他们从不慌张，多问几个为什么，往往答案就自己跑出来了。

他们把一切好的坏的发生，都看成是来成就他们的考验。挑战来了，他们内在的巨大无穷性的元能量会被激活。他们会点燃激情，开启自己和团队的元能量，连接公司内外的广域能量。

▶ 3. 现场有神灵，答案在现场：直觉判断力

直觉判断力强大，这是任正非与稻盛和夫的共同禀赋。直觉判断力最核心的三要素：第一，大道一以贯之，稻盛和夫有“作为人何谓正确”，任正非有“磨好豆腐给妈吃”；第二，保持开放，保持空杯，一切从零出发，可以找到生命和企业成长的路径；第三，把每一个现场拍遍，现场有神灵，答案永远在现场。

人们往往被知识、经验、挫折束缚住了，在反常事件发生时束手无策。在每一个当下巨大的不确定性冒出来的时候，也是巨大无穷性被启动的时刻，不确定性与无穷性是一体两面。常人被惯性绑架了，而经营之圣却笃信空杯与开放，笃信人人都本自具足，万事万物都有巨大的无穷性。他们往往会在一个又一个千钧一发之际，聚精会神地去捕捉被激活的无量因素之无穷性，形成不同凡响的直觉判断力和解决问题的能力。

在任正非与稻盛和夫身上呈现的三个地头力特质，恰恰是我从2009

年创立地头力学说以来，一直所推崇的三个重要心法。

稻盛和夫：京瓷公司是建立在地头力之上的

2009年稻盛和夫的书《人为什么活着》在中国出版时，敏感的出版社注意到我对稻盛和夫的关注与研究，特邀请我来写序。书出版以后，稻盛和夫对书序表示出特别的兴趣。到中国来访问时，特约见了我，他开头就问："你为什么那么给我写序？"

或许是序文的开头引起了稻盛和夫的注意？我是这样写的："成功对生命成长的障碍，常常会远胜于挑战和困难。"

我是这样回答的："我从1996年开始读您的书。在管理实践中我们一直在用您的哲学，主要有两个点：一是答案永远在现场，二是带着爱去工作。汶川地震后，中国市场出现了三聚氰胺毒牛奶事件，我由此写了一篇《带着爱去工作》，在网易博客上一天的点击量超过30多万。您的思想，照亮了大灾难之后的中国困顿。"

稻盛和夫听了很开心。

事后不久，我给稻盛和夫发去了一封邮件，说我的《答案永远在现场》就要出版，书中三章写了华为的案例，恳请他给我写个序。稻盛和夫很爽快地答应了，并要去10多万字的相关内容。一个月后，他将1 000字的序言《现场有神灵》给我发过来了。

稻盛和夫取得那么高的成就，却把自己一路走来的实践，概括为现场的作用，表示京瓷公司就是建立在地头力之上的。这是一个重大的加持，以至于10年后的今天，还不断有读者索要这本书。稻盛和夫惜墨如金，但他的每一个字都在诠释地头力。

现场有神灵

从1959年创业开始，我从事企业经营工作历经半个世纪。在此期间我赤手空拳，白手起家，先后创建了“京瓷”和“KDDI”两个企业集团，并使这两者都获得了长足的发展。现在，这两家企业集团的合并销售额达到4.6万亿日元（约合人民币3 285亿元），利润达到5 000亿日元（约合人民币357亿元）。

如此惊人的业绩，只在社长室和会议室开会是不可能实现的。实际上，给公司带来如此业绩的，恰恰是我在“现场”培育出来的、独有的经营哲学和经营管理体系。

我的经营哲学，也称“京瓷哲学”。它以“作为人何谓正确”这一原理原则为基础，囊括了企业经营的要诀、经营者与干部以及企业员工的行为规范、人生的活法等内容，是一套具有综合性、实践性的思想。

我的经营管理体系，也称阿米巴经营，是一种独特的管理会计体系。它将公司组织分为一个个“阿米巴”小集体，而各个小集体，就像是一个一个的中小企业，在保持活力的同时，以“单位时间核算”这种独特的经营指标为基础，彻底追求附加价值的最大化。

不论是经营哲学还是阿米巴经营，它们都是我在制造或销售“现场”与员工一起流血流汗、拼命工作中建立起来的，所以从这个意义上讲，它们是孕育于“现场”并经过实践检验的经营哲学和经营管理体系。

创业以来，我所做的不过就是无时无刻地贯彻和执行这种“现场”的经营哲学和经营管理体系。就像我前面所述，虽然我是赤手空拳，白手起家，但是我所经营的企业却得到了持续的成长和发展，这也正说明了经营中“现场”是何等的重要。

王育琨先生敏锐地捕捉到企业经营中“现场”的重要性，并对此进行了长期的研究，从而形成了《答案永远在现场》这一力作。据我所知，王育琨先生不仅做过中国国务院发展研究中心的研究员，还从事过企业的具体实际管理工作，同时也对佛教和中国古典思想颇有研究。

王育琨先生独具慧眼，令我十分钦佩。同时，我衷心希望，更多的中国企业家读一读这本完美诠释了企业经营要诀的力作，从中受益，进而使中国的经济发展取得更大的成就。

京瓷公司名誉会长

稻盛和夫

2009年7月31日

华为尽性之道的管理

华为尽性之道的管理，是东西方人类文明的成果。

古希腊哲学家苏格拉底观察天象宇宙，发现了巨大的无穷性；回头再看人世间，人们常常为一些浅薄的认知争论不休，苏格拉底发誓要高擎批评与自我批评的大旗，见人遇事就问“为什么”，他希望通过“为什么”

可以成为伟大自由思想的接生婆。自他以降，西方哲学有了自主自由的传统，在近现代更发展为一种精神和灵性体验。

社会心理学家马斯洛在晚年发现，20世纪50年代他提出的需求五层次论片面了，因为它催生了一批利己主义理论。因此，他结合东西方文明成果，在20世纪70年代提出了六层次论，在实现自我价值之上，还提出了自我超越和灵性成长。这个六层次论不简单，是西方对人人自我超越的尽性之道的清晰表达。中国传统哲学的儒释道三家，都特别推崇尽性之道。

一种沉醉于“一般”的苟且偷安的“群羊心态”正统摄着人们。而任正非就是要唤醒人，让人们丢掉“群羊心态”，跟随自己的心，走上活泼泼的生命创造之路。中国儒释道三家，就把尽性之道说清楚了。

《中庸》的尽性之道：

> 天命之谓性，率性之谓道，修道之谓教。
>
> 唯天下至诚，为能尽其性。能尽其性，则能尽人之性。能尽人之性，则能尽物之性。能尽物之性，则可以赞天地之化育。可以赞天地之化育，则可以与天地参矣。

《六祖坛经》的尽性之道：

> 一切万法不离自性。
> 何期自性本自清净。
> 何期自性本不生灭。
> 何期自性本自具足。
> 何期自性本无动摇。
> 何期自性能生万法。

一切般若智，皆从自性而出，不从外入，莫错用意，名为真性自用。一真一切真。心量大事，不行小道。

《道德经》的尽性之道：

众人皆有以，而我独顽且鄙。我独异于人而贵食母。

老子更设计了一个尽性之道的程序：道生之（阳光初心），德蓄之（厚德土壤），物形之（组织方式），器成之（大美绝活），势广之（品牌势能）。

人格的养成，心性的提升，灵魂的磨砺，都在当下一个个绝活中。人靠绝活立身，企业靠好产品实现高收益。头拱地，才能出绝活。

过去心不可得，现在心不可得，未来心不可得。充实地过好当下，就能看到开怀的明天，关键是要勇于打碎自己，千万不要活在惯性之中。拿出绝活的功力，不在昨天的做法里，昨天的做法是最坏的做法！如此勇猛精进，才能把人生建构在开启元能量的地头力之上。

地头力，从一个山东大地上的口头禅，成为能反应现代管理的尽性之道，经历了漫长的过程。许多企业家已经开启直觉的共识：在“二手货”充斥的商场上，开启人类元能量的地头力，具有至关重要的意义。

华为、京瓷、丰田，三个顶级的世界公司都是建构在地头力之上的！这个结论，会给迷茫中的中小企业指出一条康庄大道：

造物造人；

头拱地，出绝活；

实现每个人的自我超越；

让一个人和一个企业活出有创造力的大生命。

后记：
灾难催人觉醒

2003年非典期间，宅在家里，我读了《索尼的私人生活》，开启了我的商业人性观察。于是我对比研究了索尼创始人（盛田昭夫与井深大）与联想创始人（柳传志与倪光南），写出了《中国商业史上永远的痛》，直面联想选择“贸工技”而摒弃“技工贸”呈现出的人性丑陋之痛，画了一幅投机主义者的画像。2004年初该文在博客中国引发热潮，后结集成《失去联想》一书。

2019—2020年之交人类遭遇新冠肺炎之难，面对来无踪去无时的疫劫，人们一时有点惶恐。人们与此类病毒交过手，只是没长记性，这是人类的通病。为了唤醒人们的记性，在未来劫难中找北时有所借鉴，我聚精会神地研究了任正非的系列访谈和文章，探析了其公开说明的和没有被说明的部分。华为长期聚焦于技术创新，“力出一孔，利出一孔”，在百死千难中，终于建成世界高科技能力体系的全新样本。当我写完《任正非找北》的最后一笔时，也是新冠肺炎在中国得到基本控制时，内心充盈着喜悦。

从17年前的彷徨惆怅，到今天的笃定喜悦，中国公司在国际上的地位有了翻天覆地的变化。当然，世界不是平的。华为现在还正在遭受各种无厘头的打压和不公正待遇。华为今天遭受的困扰，是每个有创造力的公司未来不可避免会遇到的挑战，也是每个富有创造力的个人不可躲避的挑战。华为“反求诸己”的一系列“反围剿”的思维和做法，很值得后来者学习、借鉴。

感恩华为奋斗者艰苦卓绝的创造，他们是华为英雄史诗的创造者。一年多来，他们在巨大的压力下，集中华为的全球优势兵力，创新、“补洞”和重构供应链，尤其是在海思芯片和鸿蒙操作系统上的突破，向世界展现了中国人的精神力。感恩华为公司的透明和公开，公司管理者在第一时间发布任正非的内部讲话和答记者问，给千千万万想学习华为的人们提供了丰厚资粮。

感恩“在私欲上与员工同流合污”的任正非，他感知着战友们至隐至微处的心跳，实施“以众人之私，成众人之公”的独特企业方式，释放了华为奋斗者无穷的创造潜能。任正非坦荡、开放、敏捷，他与华为奋斗者向世界展示了技术创造以改善为人类服务的巨大无穷性。

感恩华为的高级顾问田涛老师，2020年1月19日与我在深圳喝咖啡时，对我进行了悉心指导。“一杯咖啡接受宇宙能量”，田涛老师从人类文明进化的大视野，透视了华为30多年的奋斗史，细数了过去一年多里华为在“补漏”、公务、法务等方面所做的改进工作。在我成书的关键时刻，田涛老师的关爱和洞见对本书具有指导意义。最后他还给我分享了他近期阅读《我是未来：特斯拉传》、亚当·斯密的《国富论》与马克斯·韦伯《新教伦理与资本主义精神》等书的体会，这丰富了我的视野。

感恩疫情期间静心给我作序的企业家和朋友。他们的每一篇序言，都画龙点睛般地指引我该怎样去透视和诠释华为这个富矿。

聂圣哲先生几经沉浮、百炼成钢，他最能体会任正非当下所处的浪更高、风更急、势更险的境况。“我们要相信任正非的智慧和定力，我们要保持沉默以给任正非一个相对安宁的空间——这就是对华为、对任正非最好的支持。”

做企业30多年的罗红，对“杰出是在大痛苦、大悲伤、大绝望中淬炼出来的”有切身之感。“在一个排行榜流行的时代，人们热心于数字，而习惯了忽略鲜活的灵魂，”她说，“很少有人像育琨这样进行如此深度的梳理和提炼。”

创业以来一直以任正非为标杆的王德根，他特别体会“灰度”的魅力，常常问自己和团队：“你灰度了吗？你包容了吗？你创造了吗？你超越自己了吗？”……每一问都引发他和团队更加贴近大美绝活的创造。

敖丽老师敬仰任正非先生的“灰度”哲学和无穷性的生命状态，就像她说的，任正非借此“可以穿梭在多维平行世界之间。他终将大彻大悟，走向无我，只为万有服务”。

武建东是一个特别具有深度的战略思想家，我和他是35年的老朋友了。起初我们一起成长，后来思想就追不上他了，每次交流他都有新的东西出来让我眼前一亮。他提出了一系列值得注意的新视角，他说透了企业家的境界，他看到了任正非的心之力，他读懂了任正非的心结，他看到了文明进化的精神力，他发现华为是大革命时代的弄潮儿。

感谢好友郝叶力少将和伟事达中国董事长徐向华，感恩好友阮开利、张弓惊、叶小叶、凌龙、周勇刚和罗进，在疫情肆虐的日子里，他们几次三番地连夜提修改意见，润色、修订文字，这部书稿里也蕴含着他们的思维和汗水。

感恩我众多老师和朋友，持续不断地给了我批评和指引。他们是：邓质方、稻盛和夫、任正非、张瑞敏、曹德旺、李强、张雷、周云杰、田涛、武建东、聂圣哲、罗红、王德根、张代理、茅忠群、孙尚传、薄连明、李洪法、任正娟、吴春波、胡启毅、闫兆万、马卫刚、胡金焱、桂国杰、张伟、胡宏伟、胡波、高青、易力、赵万宏、潘新培、姚智、赵淑芬、李子荣、任志强、辛意云、河田信、曹轶、徐文伟、余承东、陈培根、田庆军、阮开利、邱浩群、廖文剑、李梅新、顾继红、凌龙、周勇刚、罗进、陈正雷、张小波、郑渊洁、张弓惊、夏伟、柯言、高雄、陈兴强、喻书高、王凤秋、李红、谢岩、章晓明、傅成、王海宏、王村、赵鑫、吴稼祥、李海燕、陈兴强、周新平、余胜海、焦然、方泉、王巍、王进生、金辉、薛为昶、江可申、钱升、徐向艺、高勇、梁启春、周宝林、杨益东、杨俊杰、张家乐、王万翎、荆涛、侯俊峰、李利、李洪亮、张旭东、吴安鸣、金建军、魏继友、张瑛、相品兰、王溱、张燎源、杨清波、翟江波、黄海平、陈捷，等等。

感恩东方出版中心的高效率。郑纳新总编辑是个有心人，在微信关注我的动态一年半以后，我们于2019年7月终于有了一次聚会。他专赴扬州来看我，我们心意相通，一拍即合，他不断推助着我形成聚焦的主题。春节期间，他的团队持续作战，以高水平的工作效率，把这本书奉献给了读者。

生命需要自救。我跟高一的女儿打了一个赌：我不出户写书自救，她不出门在题海中突围。现在还看不清楚，究竟谁可以自救成功。无论如何，都感恩我的女儿和家人。

感恩“王育琨频道”的读者，过去几年他们不断给予有价值的互动，给我的研究注入持续的动力。感恩所有的朋友，尤其感恩现在正在读书的您！生命以负熵为生，华为以反惰怠为生。您反惰怠了吗？

疫劫唤醒生命。生命需要自救。自救需反惰怠，生命以反惰怠为生。

王育琨

2020年2月22日

图书在版编目（CIP）数据

任正非找北 / 王育琨著. -- 上海: 东方出版中心,
2020.6
ISBN 978- 7- 5473- 1623- 8

Ⅰ. ①任… Ⅱ. ①王… Ⅲ. ①任正非-生平事迹 ②通
信企业-企业管理-经验-深圳 Ⅳ. ①K825.38
②F632.765.3

中国版本图书馆CIP数据核字（2020）第062614号

任正非找北

作　　者　王育琨
策　　划　郑纳新　马晓俊　江彦懿
责任编辑　徐　丹
装帧设计　陈绿竞

出版发行　东方出版中心
地　　址　上海市仙霞路345号
邮政编码　200336
电　　话　021- 62417400
印 刷 者　山东韵杰文化科技有限公司

开　　本　710mm×1000mm　1/16
印　　张　23.75
插　　页　2
字　　数　252千字
版　　次　2020年6月第1版
印　　次　2020年6月第1次印刷
定　　价　59.80元

检